जन-कवि

केदारनाथ अग्रवाल, नागार्जुन
भवानी प्रसाद मिश्र, शमशेर
मुक्तिबोध, रघुवीर सहाय

कृतज्ञ-स्मरण

प्रस्तुत संकलन का प्रारूप दिसम्बर '81 में विदिशा प्रवास के समय कविश्री नागार्जुन और त्रिलोचन की कल्पना में उभरा था। मेरे द्वारा उसका क्रियान्वयन वस्तुतः उनके आदेश-पालन का प्रतिफल मात्र है जो कविवर शमशेर बहादुर सिंह, केदारनाथ अग्रवाल और श्रीमती शांता मुक्तिबोध के सक्रिय उदार सहयोग के अभाव में असम्भव था।

विजय बहादुर सिंह

1984

पुनश्चः

अब जब इस संग्रह का दूसरा संस्करण लगभग 32 साल बाद प्रकाशित होने जा रहा है, सभी संकलित कवि दिवंगत हो चुके हैं। इसलिए कहीं-कहीं इसे संशोधित परिवर्द्धित कर पाठकों के समक्ष प्रस्तुत करने की चेष्टा की है। आशा है, यह उन्हें उचित और परिपूर्ण लगेगा।

2014

सम्पादक

जन-कवि

केदारनाथ अग्रवाल

नागार्जुन

भवानी प्रसाद मिश्र

शमशेर

मुक्तिबोध

रघुवीर सहाय

सम्पादक

विजय बहादुर सिंह

वाणी प्रकाशन

वाणी प्रकाशन

4695, 21-ए, दरियागंज, नयी दिल्ली 110 002

शाखा

अशोक राजपथ, पटना 800 004

फ़ोनः +91 11 23273167 फ़ैक्सः +91 11 23275710

www.vaniprakashan.in
vaniprakashan@gmail.com

JAN-KAVI
Edited by Vijay Bahadur Singh

ISBN : 978-93-5072-712-6
Poetry

प्रथम संस्करण 1984
प्रथम (वाणी) संस्करण 2015
मूल्य : ₹695

हर्ष प्रिंटर्स, दिल्ली-110 093 में मुद्रित

वाणी प्रकाशन का लोगो मक़बूल फ़िदा हुसेन की कूची से

"देखो देखो–
वे आजाद आदमी से डरते हैं
सारी दुनिया आजाद आदमी से डरती है
क्योंकि उसकी हथेलियाँ
इस दुनिया को रचती हैं
और फूल और साँप के फनों का अन्तर नहीं जानती
उन्हें एक-सा थाम लेती हैं।"

–स्मृतिशेष सर्वेश्वर दयाल सक्सेना

अनुक्रम

दूसरे संस्करण की भूमिका

'जन-कवि' के दूसरे संस्करण के प्रकाशन की इच्छा वाणी प्रकाशन के स्वामी श्री अरुण माहेश्वरी की थी। इस बात को भी आठ-दस साल तो हो ही गये होंगे। इसका पहला संस्करण राधाकृष्ण प्रकाशन से उन्नीस सौ चौरासी में आया था। तब एक मुक्तिबोध को छोड़कर शामिल सारे कवि मौजूद थे। लगभग तीस साल बाद जब इसका दूसरा संस्करण आ रहा है उनमें से कोई भी कवि जीवित नहीं है। यहाँ तक कि 'जन-कवि' के स्वप्नद्रष्टा और मार्गदर्शक कविद्वय—नागार्जुन और त्रिलोचन भी। इस संस्करण में उत्तराधिकारियों की असहमति के चलते त्रिलोचन भी अनुपस्थिति रहेंगे किन्तु सम्पादक की दृढ़ मान्यता के आधार पर उनकी गिनती हमेशा ही हिन्दी के जनकवियों में होती रहेगी। तुलसी से 'भाषा' सीखने और जायसी, सूर, तुलसी, मीर-ग़ालिब और भारतेन्दु से लोकधर्मी कविता का संस्कार ग्रहण करने वाले कवि त्रिलोचन की गैरहाजिरी केवल सम्पादक को ही नहीं, पाठकों को भी खटकती रहेगी। अवध के हृदय-स्थल सुलतानपुर जिले के चिरानीपट्टी गाँव के त्रिलोचन में अवध के बहाने भारत के समूचे लोक जीवन की जो सुगन्ध भरी हुई है, पाठक उससे वंचित ही रहेंगे। सम्पादक के लिए तो यह भावनात्मक तौर पर और भी अधिक खलने वाली बात है कि वह भी उसी अवध अंचल के केन्द्र फैजाबाद, अब जिला अम्बेडकर नगर वाले टुकड़े का गँवई बाशिन्दा है। कुल खानदान की दृष्टि से भी उसकी सन्निकटता त्रिलोचन उर्फ वासुदेव सिंह से थी। अतः इस संग्रह में उनकी अनुपस्थिति कवि के उत्तराधिकारियों के कारण चाहे जितनी हो, सम्पादक के नाते उसकी अपनी भी है।

अवध अंचल के ठेठ गाँव में जनमे और पले-पुसे त्रिलोचन ने वह जीवन देखा था जो जितना अभाव ग्रस्त, मुश्किलों से भरा, संघर्षपूर्ण था, उतना ही जिजीविषाधर्मी और पुरुषार्थ-विश्वासी भी था। 'उस जनपद का कवि हूँ' के एक सॉनेट में वे लिखते हैं।

दुख आ गया सिरहाने, बड़े प्यार से माथा
सहलाते-सहलाते बोला, 'आँख खोल दे,

मैं आँखें खोला करता हूँ और बोल दे
मुझसे अपने जी को', देखा मैंने क्या था
क्या हो गया, कहा, 'जिनका स्वर, घर भरता था
अब वे लोग कहाँ हैं,' दुख ने कहा, 'मोल दे
अपने भोलेपन का अब तू और रोल दे
आँसू जो तड़पे तो वह सब-कुछ होना था
पहले देखा नहीं इसी से ठोकर खायी
तूने और गिरा मुँह के बल, उठ हियाव कर,
अभी सामने सारा रस्ता पड़ा हुआ है,
चमड़ा छिला, चोट काफ़ी घुटनों को आयी,
मलकर पाँव झटक दे, चल फिर, नये भाव भर,
मानव है तू, अपने पैरों खड़ा हुआ है'

अवध अंचल के लोकजीवन के वे उसी तरह चितेरे हैं जैसे मिथिलांचल के रेणु और नागार्जुन। या फिर अवध के स्वयं जायसी और तुलसी। छायावाद की अति गहरी, अभिजात और उदात्त कल्पना के बाद लोकजीवन से आन्दोलित जमीनी कल्पनाओं का जीवन्त समारोह आयोजित करने वाले त्रिलोचन शास्त्र और विचारधारा में भी कुछ कम नहीं थे। उनका स्वयं का व्यक्तित्व भी इन तमाम अखाड़ों की मिट्टी से बना था। 'धरती', 'दिगंत', 'उस जनपदा का कवि हूँ', 'चैती' और 'अमोला' आदि अनेक संग्रहों से अपनी जन-समर्पित काव्य-प्रतिभा की पताका फहराते हुए उन्होंने आंचलिक जीवन-यथार्थ के सौन्दर्य को समस्त ग्लोबल परिदृश्य पर बिखेरने की पहल की थी। जन-जीवन के इस चितेरे कवि की अनुपस्थिति संग्रह के पाठकों को जरूर खलेगी। फिर भी सम्पादक का विश्वास है कि वह हमारी स्थायी विरासत का हिस्सा है और रहेगा।

दूसरे संस्करण में अब तीन दशक बाद दो अन्य विशिष्ट कवियों को शामिल करना अनिवार्य हो चला था जो भले ही अपनी राजनीतिक प्रतिबद्धता में नागार्जुन और मुक्तिबोध आदि की तरह के प्रतिबद्ध प्रगतिवादी न हों किन्तु उनकी अपनी स्वतन्त्र राजनीतिक प्रतिबद्धताएँ असंदिग्ध रूप से लोकधर्मी और लोकवादी रही हैं। न केवल काव्य-भाषा की दृष्टि से बल्कि कविता की अन्तर्वस्तु के बल पर भी ये दोनों कवि—भवानी प्रसाद मिश्र और रघुवीर सहाय—लोकहृदय के अपने कवि माने जाते हैं और आजादी के बाद के लोकतान्त्रिक जीवन में इनकी सक्रिय वैचारिक और भावात्मक मौजूदगी कविता का अहम परिसर घटित करती है। भवानी प्रसाद मिश्र तो स्थूल रूप से गाँधीवादी कवि कहे जाकर प्रचारित किये जाते रहे हैं किन्तु नागार्जुन आदि असंदिग्ध जनवादियों के साथ जिस एक कवि को स्वयं

जनवादी खेमे ने आगे बढ़कर अपने महत्त्वपूर्ण सर्जक के रूप में अंगीकार किया वह रघुवीर सहाय हैं। संयोग यह कि भवानी प्रसाद मिश्र की बौद्धिकता में परम्परागत अद्वैतवाद, बुद्धदर्शन और गाँधी के बाद जयप्रकाश और लोहिया की प्रभाव-छबियाँ भी अपनी झिलमिलाहटें प्रकट करती हैं। गाँधीवाद का सवाल सामने उपस्थित होने पर वे स्वयं को लोहिया की तरह 'कुजात गाँधीवादी' कह रेखांकित भी करना चाहते हैं। रघुवीर सहाय तो प्रकट रूप से लोहियाटिक ही रहे। अतः गाँधी या कमोबेश जयप्रकाश से उनकी वैचारिक समीपता यों भी ढूँढ़ी जा सकती है। अन्ततः आजादी के बाद भारतीय समाजवाद की पहचान बगैर आचार्य नरेन्द्र देव, जयप्रकाश और राममनोहर लोहिया के असम्भव ही होगी।

यह भी सुसंयोग है कि भवानी प्रसाद मिश्र उसी दूसरा सप्तक (1951) के पहले कवि हैं जिसके छठवें कवि रघुवीर सहाय हैं। कम मजेदार नहीं कि इसी दूसरा सप्तक के चौथे कवि शमशेर बहादुर सिंह हैं। इस प्रकार जन-कवि में दूसरा सप्तक के तीन महत्त्वपूर्ण और प्रतिभाशाली कवि फिर एक साथ आ जुटे हैं, अपनी चयनित कविताओं के साथ। प्रकारान्तर से इतिहास ने स्वयं को यहाँ दुहरा-सा दिया है। इसे भी एक सुसंयोग ही कहना पड़ेगा। मुक्तिबोध तो 'तार सप्तक' (1943) में थे ही। इसलिए 'जन-कवि' के पाठकों के मन में यह जिज्ञासा जरूर कौंधेगी कि जब सप्तक परम्परा से चार कवियों को लिया गया है तब उसके सम्पादक अज्ञेय को बाहर क्यों रहने दिया गया? इसका उत्तर देने से पहले यह स्पष्टीकरण जरूरी है कि अज्ञेय कोई जनविरोधी कवि नहीं हैं। वे आधुनिक हिन्दी के असाधारण और अद्वितीय सर्जक और कवि-चिन्तक हैं। तथापि उनकी मौजूदगी ने जिस साहित्यिक वातावरण को रचा वह विशिष्ट बौद्धिकता और पश्चिमोन्मुखता का था। एक अन्य अर्थ में अज्ञेय व्यक्तित्ववादी भी रहे हैं और उनकी पहचान प्रायः इसी रूप में होती रही है। यह अलग बात है कि वे भी असंदिग्ध रूप से लोकतान्त्रिक रहे और गाँधी से बुनियादी तौर पर स्वयं की दूरी बनाये रख चलते हुए भी परवर्ती जीवन में सर्वोदयी गाँधी जयप्रकाश के बेहद निकट के व्यक्ति रहे हैं। उनका कवि-व्यक्तित्व भी इस दृष्टि से लचीला और गतिशील कहा जा सकता है। तब भी उनकी काव्य-बुनियाद मध्यवर्गीय, विशिष्टतावादी और एक हद तक आत्मकेन्द्रित कही जा सकती है।

इस विन्दु पर पहुँचकर यह कहना जरूरी लग रहा है कि यह इतिहास को दुहराना नहीं बल्कि उस ऐतिहासिक समय की गम्भीर और जनसमर्पित आवाज को उसकी समग्र वैचारिक तेजस्विता और भाव प्रखरता में रेखांकित करने की एक जरूरी पहल है। दूसरी दृष्टि से देखें तो साहित्यिक मूर्धन्यता में भी नागार्जुन, शमशेर, मुक्तिबोध और भवानी प्रसाद मिश्र, रघुवीर सहाय जैसे कवियों के साथ आजादी के बाद की

बीसवीं सदी की कविता के प्रतिनिधि सर्जक हैं। इनकी कविता विचार की दृष्टि से स्वातन्त्रयोत्तर प्रतिनिधि विचारधाराओं की अभिव्यक्ति तो करती ही है, कलात्मक दृष्टि से भी लोक और नागर परम्पराओं, उर्दू-हिन्दी, छन्द-अछन्द-मुक्त छन्द और उन तमाम जीवन-लयों और संगीत-विधियों का विविधतापूर्ण आयोजन करती है जिससे देश का सामूहिक जन-मानस पहचान में आता है। कविता की यह प्रमुख सांस्कृतिक जिम्मेदारी है कि वह इस अटल और अपरिहार्य 'धर्म' का निर्वाह करे। ऐसा करके ही वह लोक की अपनी सांस्कृतिक थाती बन पाती है।

इसमें कोई शक नहीं कि आजादी के बाद इस हिन्दी कविता की प्रमुख चिन्ता राजनीतिक पतन और लोकजीवन में मूल्य-ह्रास को लेकर रही है। शायद ही कोई कवि हो जो इस ह्रास को लक्ष्य न करता हो। राजनीतिक मर्यादाओं का क्रमशः पतन और उनका विलुप्त होते जाना, फलस्वरूप जनजीवन का त्रास अनुभव करना इस कविता में एक साथ वर्णित है। किन्तु यह सामूहिक जीवन की उन दबी-छिपी अन्तःशक्तियों की खोज भी करती है जिनके बल पर लोक का 'परित्राण' सम्भव किया जा सके। यह लगभग मूर्च्छित और विस्मृति में जा चुकी आत्मचेतना की पुकारों से भरी हुई कविता भी है, इसीलिए और भी मूल्यवान है। इसमें उस विलुप्त से होते जाते सामाजिक अथवा राष्ट्रीय जीवन की विकल तलाश भी है जिसके बिना कोई देश बचता या बनता ही नहीं।

यह हमें जातीय स्वाभिमान की याद दिलाती है और हमारी चुप्पियों पर अपनी शर्मिन्दगी और कोफ्त भी जाहिर करती है। यह अत्याचार के चेहरे को बेनक़ाब करती और उससे निपटने के संकेतों से भरी हुई भी है। लोक की सामूहिक शक्ति में इस कविता की निर्द्वन्द्व आस्था है और उसके भविष्य के प्रति यह आशाओं से भरी हुई है। अपनी सारी उदासियों के बावजूद निराशा और हताशा के पल इसमें कहीं भी नहीं हैं। यही इसका दुर्लभ गुण है। ऐसी कविता को पढ़ते हुए स्वतन्त्रता-आन्दोलन के दौरान सक्रिय सारी प्रमुख विचारधाराओं और लोक मानस पर पड़ते उनके प्रभावों का अनुभव एक साथ किया जा सकेगा।

❑

कविता में बोलने और लिखने की एकता का प्रस्ताव भले ही कवि भवानी प्रसाद मिश्र का रहा हो किन्तु काव्य-आचरण में प्रायः सभी कवियों ने अपनी भाषा को बोली के निकट रखने की कोशिशें ही नहीं कीं बल्कि जन-जीवन के मुहावरों को भी खुलकर अपनाया। छायावाद की तत्समता की जगह तद्भवता का अंगीकार कर इन कवियों ने भाषा को लोकजीवन के समीप ला खड़ा किया। साथ ही इन्होंने उन सभी छन्दों को अपना स्वर दिया जिनमें लोकजीवन अपनी अभिव्यक्तियाँ पाता और करता रहा

है। ये कवि मानते हैं कि कविता में यथार्थ की जितनी अनिवार्यता और महत्त्व है भाषा के जातीय और परम्परागत लय-विधान और संगीत का उससे कम नहीं।

इस रूप में यह काव्य-संग्रह बीसवीं सदी के उत्तरार्ध का एक ऐसा दर्पण है जिसमें भारतीय जन-मानस की वे सारी आकांक्षाएँ, सपने और कोशिशें प्रतिबिम्बित हैं जिनसे हमारा वास्ता आज भी बना हुआ है। सम्भवतः यही इस शब्द-उद्यम का महत्त्व भी है।

× × ×

पिछले तीन दशकों के बीच दुनिया के सामाजिक, आर्थिक और राजनीतिक इतिहास में काफी तब्दीलियाँ आयी हैं। समाजवाद का एक किला ढहा है। पूँजीवाद पहले से अधिक ताकतवर होकर उभरा है। आवारा या अप्सरा पूँजी की ताकत और गतिविधियाँ अधिक प्रबल हुई हैं। बाजार ने एक और सत्ता-संस्थान का रूप ग्रहण कर लिया है। तकनोलॉजी के करिश्मों ने उसकी जादुई ताकतों में आसमानी उड़ानें भरने के ढेरों अवसर पैदा कर दिये हैं। स्थानीयताएँ इस दृष्टि से संकटग्रस्त हुई हैं। ग्लोबल के नाम पर खाना-पीना, जीना और रहना अपनी स्थानीय विविधता खोकर लगभग एकरूप और एकरस होता जा रहा है। राष्ट्रीयताओं की सम्प्रभुताएँ केवल भौगोलिक सी बची हैं। दुनिया की यह एकध्रुवीयता पूँजीवादी ताकतों के लिए जितनी सेहतमन्द हुई है, श्रमिक-समाजों और आम आबादी के लिए उतनी ही परेशानियों का सबब भी बनती गयी है। समाज-विज्ञानियों और सभ्यता-चिन्तकों की दृष्टि में आधुनिक विज्ञान अपना चमत्कार तो जरूर दिखा रहा है लेकिन उससे विशाल मानव-बिरादरी की जीवन-दशा बेहतर नहीं हो पायी है। मसलन दास-प्रथा खत्म जरूर हो गयी है किन्तु जिन परिस्थितियों में रहने वाले लोगों को दास बनाया जा सकता था, उन परिस्थितियों में उतने ही लोग अभी भी हैं। सभ्यता-चिन्तक किशन पटनायक के अनुसार आधुनिक विज्ञान उन परिस्थितियों को समाप्त नहीं कर पाया है। आधुनिक टेकनोलॉजी के बल पर पचीस-पचास साल बाद की मानव-पीढ़ी के लिए पर्याप्त भोजन सामग्री या पानी उपलब्ध कराने की कोई योजना नहीं बन पा रही है।

ग्लोबल अर्थ व्यवस्था ने लोकजीवन में समानताएँ विकसित करने की जगह पहले की तुलना में अजनबीपन और वर्गीय दूरियाँ और असमानताएँ अधिक पैदा की हैं। सामान्य मध्यवर्ग अधिक उपभोगवादी और अन्यों के प्रति पहले की तुलना में अधिक संवेदन-विमुख होता चला गया है। नयी ग्लोबल-नीतियों ने आदिवासी समाजों से उनकी बुनियादी नागरिकता सी छीन ली है। 'सेज' जैसी औद्योगिक विकास की नीतियाँ कैसी हैं, इन्हें पश्चिम बंगाल के सिंगूर और नन्दीग्राम के आन्दोलनों के मार्फत जाना जा सकता है। कथाकार रणेन्द्र का उपन्यास 'ग्लोबल

गाँव के देवता' या 'गायब होता देश' तथा पुष्पराज की 'नन्दीग्राम डायरी' पढ़कर इस अन्याय और बदहाली का अनुभव किया जा सकता है। विडम्बना यह कि विशाल गरीब जनबिरादरी के मतपत्रों से चुनी जा कर सत्तासीन हुई सरकारें भी उन्हीं पूँजी ताकतों के पक्ष में खड़ी हैं जो गरीबों और आदिवासियों से उनके जीने का हक भी छीन लेना चाहती हैं। ऐसी परिस्थितियों में किशन पटनायक, सच्चिदानन्द सिन्हा, धर्मपाल और अमित भादुड़ी जैसे समाज-विज्ञानियों की राष्ट्रीय चिन्ताओं से रोशनी ग्रहण कर जनवादी लेखन को अपनी विचार-नीति और भाषा-नीति तय करनी है। यह भी विचार करना है कि मार्क्स के अलावा क्या गाँधी और लोहितया भी इस चेतनात्मक युद्ध में किसी काम आ सकते हैं? क्या कोई ऐसी भी विकास नीति रची जा सकती है जिसमें प्रकृति के प्रति द्वन्द्व और शत्रुता का भाव न हो, अनियन्त्रित उपभोगवाद न हो, चन्द समर्थ लोगों के अधिक समर्थ हो उठने की जगह अतिपिछड़े और अविकसित समाजों के अभ्युदय की, उनके स्वाभिमान पूर्ण जीवन जीने की कोई योजना और विकास-नीति हो। एक ऐसी नीति जहाँ भौगोलिक विविधताएँ अपनी-अपनी अस्मिता में साँस लेती हुई परस्परता के सौन्दर्य की जी सकती हों। यदि ऐसा सम्भव न हो तो क्या हम उन्हें ऐसा साहित्य मुहैया करा सकते हैं जिसके बल पर वे अपनी अस्मिताओं की रक्षा कर सकें।

जन-कवि के इस संस्करण में इस अवधारणा का विस्तार किया गया है। तीस सालों के अन्तराल के बाद मेरी अपनी सम्पादकीय दृष्टि में यह बदलाव और विकास भी घटित हुआ है कि समस्त शोषित, दलित, पिछड़ी और अर्धविकसित आबादी को नये ढंग से शिक्षित और सचेत किये जाने की चुनौती हमारे सामने है। इसलिए उन समानान्तर विचारधाराओं को भी अहमियत देने की जरूरत है जिन्होंने जिसकी लाठी, उसकी भैंस की जगह सब की लाठी और सबकी भैंस के सिद्धान्त का सपना देखा था। जो इस दुनिया को अहिंसा और प्रेम के बल पर, विकेन्द्रित अर्थ-व्यवस्था के बल पर, परस्पर निर्भरता और लघु और मझोले उद्यमों और कारखानों के बल पर विकसित करना चाहते हैं। जो मानते हैं कि व्यवस्था तो वही उत्तम है जिसके केन्द्र में मनुष्यता हो। जन-कवि के पाठकों को सम्पादक की यह कोशिश शायद वाजिब लगे और कवि भवानी प्रसाद मिश्र और रघुवीर सहाय की आमद भी।

❑

इन दोनों ही कवियों ने आधुनिक हिन्दी कविता को जन-जीवन के बेहद निकट ले आकर खड़ा किया है। यों कई अन्य परवर्ती साथी कवियों की याद यहाँ की जा सकती है। किन्तु इन दोनों ने कविता के विषय और भाषा-विधान में, काव्य-दृष्टि में

जो विरलता प्रदर्शित की है, उसे समझने और इस प्रक्रिया में उनके काव्य-व्यक्तित्व को पहचानने की हमारी कोशिश ही यहाँ प्रमुख है।

खड़ी बोली के प्रथम महान कवि मैथिलीशरण गुप्त और खड़ी बोली को साहित्यिक सुसंस्कार देने वाले भारतेन्दु के बाद जिन युगान्तरकारी कवि-प्रतिभाओं की अनदेखी असम्भव है उनमें प्रसाद, निराला और पन्त प्रमुख हैं। इन महान छायावादियों के बाद आधुनिक हिन्दी कविता के परिदृश्य पर जो कवि अद्वितीय काव्य-नक्षत्र की तरह उभरे, वे अज्ञेय और मुक्तिबोध हैं। शमशेर और नागार्जुन भी। इसमें अपनी स्वतन्त्र और मौलिक काव्य-आभा लेकर उतरने वाले कवि का नाम भवानी प्रसाद मिश्र है। तमाम क़िस्म के सिंथेटिक के बीच खुरदरी खादी जैसी विरल उपस्थिति। यों यह खुरदरापन नागार्जुन में भी खूब है पर भवानी प्रसाद मिश्र के खुरदरेपन में मार्क्स की जगह गाँधी का तेज और ताप झिलमिला रहा है। एक बड़े और व्यापक अर्थ में देशी मनोचेतना का वह लावण्य जो आधुनिकता, नयेपन और विकास की चकाचौंधपूर्ण जगमगाहट के बावजूद अपने रूप-रंग और ज़मीनी स्वाद के चलते अभी भी ठेठ स्वदेशी है।

बीसवीं सदी के तीसरे दशक से लेकर उसके नौवें दशक की शुरुआत तक कवि भवानी प्रसाद मिश्र की अनथक संवेदनाएँ लगातार सफ़र पर रही हैं। गाँधी युग से लेकर कई प्रधानमंत्रियों के काल-खंड के बीच यात्रारत इन कविताओं का चेहरा-मोहरा, इनका मनोभाव काफ़ी कुछ बदलता रहा है। पहले की कविताओं में नये जीवन-सपनों का उल्लास, उत्साह और आमन्त्रण है। यत्किंचित् आक्रोश, आक्रामकता और भावातिरेक भी। तब भी कवि द्वारा अनुभव किया और रचा गया जीवन हमें आकृष्ट और विमुग्ध करता है। इससे भी कहीं अधिक यह हमें एक ऐसे काव्य-लोक में ले जाता है जिसमें परम्परागत हिन्दी-उर्दू कविता के संयुक्त मुहावरे एक साथ खड़े दिखाई देते हैं। वह नयी या आधुनिक कविता जो बहुत तेज़ी से पश्चिमोन्मुख शहरी मध्यवर्ग और परदेशी बौद्धिकता के व्यामोह से ग्रस्त हो उठी थी, इस कवि ने न जाने उसे क्यों नहीं स्वीकारा! विपरीत इसके यह उसी स्वतन्त्र देशी राह पर चलता रहा जिसमें नवनिर्माणकारी सपनों की भरमार और अकूत आत्मबल का सौन्दर्य था। फलतः हमें एक ऐसी पौरुषवान कविता मिली जिसमें जितना जुझारूपन था, उतनी ही दुर्दमता ओर अपराजेयता भी। वस्तुतः यह मनुष्य ही नहीं, समस्त लोक और प्रकृति की स्वाधीनता का अपना समूहगान था, जिसे यह कविता प्रतिध्वनित कर रही थी। इसीलिए इसमें न तो अकेलापन और अजनबीपन था, न कातरता और निरुपायता। यह वह तेजस्वी और तीक्ष्ण कविता थी, जो अपने प्रवाह में रसमय और रससिक्तकारी थी।

गाँधी और रवीन्द्रनाथ पर 'एक महामनुष्य और एक महाकवि' शीर्षक से अपनी महत्त्वपूर्ण पुस्तक 'पत्र मणिपुतुल के नाम' में कुबेरनाथ राय ने इस तथ्य का उल्लेख किया है कि उन्नीसवीं सदी तक आते-आते अपनी प्रतिष्ठा का जो मुक़दमा भारत हार चुका था उसे अन्तिम पराजय से बचाने वालों में गाँधी के अलावा जो तीन अन्य थे वे विवेकानन्द, रवीन्द्रनाथ और अपेक्षाकृत अल्पज्ञात नाम कला-चिन्तक आनन्द कुमार स्वामी का है। ये वे लोग थे जिन्होंने भारतीय अस्मिता की रक्षा की। इनमें निश्चय ही सबसे प्रमुख गाँधी थे जिन्होंने विश्व-इतिहास और संस्कृति की अदालत में भारत की आत्मा की सूक्ष्मता का सौन्दर्य प्रकट किया और हारी हुई लड़ाई जीती। आधुनिक हिन्दी कविता में इस 'लड़ाई' को अगर अकेला कोई एक कवि लड़ता रहा तो वह नाम भवानी प्रसाद मिश्र का है।

अतिवादी बौद्धिकता के स्थान पर नैसर्गिक भाव-प्रवणता, जटिलता की जगह सहजता, मिथ्या काव्याडम्बर और लोकविमुखता के बदले काव्योचित सादगी और लोकोन्मुखता, व्यक्तिवादी मनोभूमियों के बदले सामूहिकता का अनुभव-संगीत और प्रवाहमयता कवि भवानी प्रसाद मिश्र की विशेषता कही जा सकती है। यानी कि अलंकरणहीन, सहज स्वाभाविक या कहें प्राकृतिक सरलता, जिसमें मानव-सभ्यता के बीज कुछ इस तरह झिलमिला रहे हों जैसे सुविकसित वृक्ष में उसका बीज झिलमिला रहा होता है। कवि भवानी प्रसाद मिश्र ने इसे ही लिखने से कहीं अधिक बोलना कहा और पढ़ने से कहीं अधिक सुनने की माँग की। अकारण ही नहीं, उनकी कविताओं में तुम, वे, मैं प्रायः मौजूद रहते हैं और कवि की आवाज़ एक ऐतिहासिक पुकार की तरह सुनाई देती रहती है। चूँकि यह आवाज़ मर्म से उठी है इसलिए यह हमारे मर्मस्थलों तक पहुँच हमें वेधती और विकल भी करती है। हम इस आवाज़ में अपनी आवाज़ मिलाए बगैर रह नहीं सकते। ऐसा न होता तो कवि भवानी प्रसाद मिश्र तमाम लोकप्रिय मंचीय और गोष्ठीप्रिय कथित गम्भीर कवियों के बीच इतने स्वीकृत और समादृत कैसे हो पाते।

निश्चय ही इस कविता की निगाह उच्चगामी एवं उदात्त है तथापि यह श्रमशीलता, ईमानदारी और पारस्परिकता के शील की माँग करती है। यह वह कविता भी है जो हमें भय के अँधेरे घेरों से बाहर निकालती और हमारे भीतर सोये पड़े उजाले का बोध कराती है। लेकिन कैसे और किसके बल पर, तो जवाब होगा लोक और लोकशक्ति के बल पर।

इस कविता को पढ़ते और सुनते हुए हम लोक की गरिमा और उसके पुरुषार्थपूर्ण वैभव का अनुभव प्रतिक्षण कर सकते हैं। कवि का यह लोक वह नहीं है जो तरह-तरह के सम्प्रदायों अथवा वादों के बीच बँटा हुआ है। यह तो वह अखंड और

अविभाजित लोक है जिसकी जीवन-धुरी नैतिकता और सहज शील पर टिकी हुई है। इसलिए इसे फ़ौरी तौर पर इधर या उधर भागने और जाने की जरूरत ही नहीं पड़ी। जहाँ भी जाना ज़रूरी था यह बेखटके और बग़ैर किसी भय के गया और वैसी ही निर्भयता के साथ रहता रहा। निर्भयता का यह बोध उसकी कविता की बहुत बड़ी पूँजी और मूल्य है। इस निर्भयता ने ही उसे तमाम पश्चिमी हमलों के सामने एक सांस्कृतिक प्रतिरोध बनकर खड़ा होना सिखाया और इसी ने उसे भारत की तमाम श्रमशील जन-बिरादरी के प्रति निष्ठा से भरा।

कवि की ढेर सारी कविताओं को पढ़ते हुए ऐसा लगता है जैसे यह बदलावकारी शक्तियों का स्वयंसेवक हो। ऐसी भी कविताएँ कम नहीं हैं जो उसके इस बदलाव की दिशा की ख़बर देती हैं। तथापि यह ऊपरी या भौतिक तौर पर जितना सामाजिक--ऐतिहासिक है, भीतरी तौर पर उतना ही मानसिक और सांस्कृतिक भी है।

समकालीन हिन्दी कविता में परस्पर एक-दूसरे को शत्रु ख़ेमे में समझने वालों के बीच यह वह कवि है जिसे दोनों ही अपनाते और मंजूर करते चलते हैं, तथापि इस कवि की कविताएँ कैसे भी बुद्धिवाद, कलावाद और साहित्यवाद को नामंज़ूर करती हुई आती हैं। यह वह कवि है जो लोक के प्रति अपनी गहरी ज़िम्मेदारियों को लेकर बेहद सतर्क और सक्रिय है। कविता, कवि, पाठक और आलोचक के बीच वह कवि और पाठक का हामीकार है। आलोचक की उसकी अपेक्षा तो है किन्तु ऐसा आलोचक जो रचना में व्याप्त कवि-दृष्टि को पकड़ सके और किसी भी सभ्यता के जो बुनियादी बीज मूल्य होते हैं, उनकी पहचान कर सके।

हिन्दी भाषा और उसकी प्रकृति को अपनी कविता में सँजोता और नये ढंग से रचता यह कवि न केवल घर, ऑफिस या बाजार बल्कि समूची परम्परा में रची-पची और बसी अन्तर्ध्वनियों को जिस तरकीब से जुटाता और उन्हें नयी अनुगूँजों से भरता है, वे अनुगूँजें सिर्फ़ कामकाजी आबादी की अनुगूँजें नहीं हैं। उस समूची आबादी की भी हैं जिसमें सूरज, चाँद, आकाश-हवा, नदी-पहाड़, पेड़-पौधे और तमाम चर-अचर जीवन-जगत आता है। स्वभावतः इस सर्जना में मानव-आत्मा का सरस संगीत अपनी समूची आत्मीयता और अन्तरंगता में सघन हो उठा है। कविता में मनुष्य और लोक-प्रकृति और लोक-जीवन की यह संयुक्त भागीदारी एक ऐसी जुगलबन्दी का दृश्य रचती है जिसे केवल निराला किंचित् अज्ञेय और यत्किंचित् नागार्जुन जैसे कवि करते हैं।

अप्रासंगिक जानते हुए मैं फिर भी यह कहना चाहता हूँ कि कई मायनों में कवि भवानी प्रसाद मिश्र की जोड़ी सिर्फ और सिर्फ नागार्जुन से बैठ पाती है।

सम्भव है कभी कोई धूमिल और रघुवीर सहाय को आस-पास बिठा कर इस कवि का अध्ययन करना चाहे।

कवि भवानी प्रसाद मिश्र ने इन कविताओं को रचते हुए जो काव्य-व्यक्तित्व अर्जित किया, उसका सार उस विद्रोह और सांस्कृतिक प्रतिरोध में लक्ष्य किया जा सकता है जो 'सन्नाटा' से लेकर, 'त्रिकाल सन्ध्या' और 'इदं न मम्' तक फैला हुआ है। कवि ने खुद भी इसे अपनी कई कविताओं में दर्ज किया है। विद्रोह सड़ी-गली व्यवस्था और प्रतिरोध उस पराधीनता के विरुद्ध जिसे कुछ कथित आधुनिक भारतीय अपनी गुलाम मानसिकता के चलते जीवनशैली के रूप में ढालने के यत्न में जुटे हुए हैं।

कवि के इस व्यक्तित्व में बकौल हरिशंकर परसाई जितनी आग है, उतना ही उजाला और वैसी ही तरल भावुकता भी—''जब वे 'दहन पर्व' पढ़ते हैं तो लगता है आग लगा रहे हैं। मगर साथ ही इतने भावुक हैं कि जेल की बरसात ('घर की याद' शीर्घक) पढ़ते-पढ़ते रो पड़ते हैं। आक्रामक व्यक्तित्व, तीखी आँखें जो समने वालों को कँपकँपा देतीं—कभी बेहद कठोर कभी बेहद भावुक...जो एक साथ आकर्षण और डर पैदा करे, जिसकी तरफ़ आदमी खिंचता चला जाये पर आशंका भी बनी रहे कि यह आदमी न जाने कब झपट्टा लगा दे।''

कवि के वैचारिक व्यक्तित्व का आलेख प्रस्तुत करते हुए साथी कवि श्रीकान्त वर्मा लिखते हैं—इस सभ्यता से उन्हें कोई सरोकार नहीं था...'वे इसके विरोधी कवि थे।' स्वभावतः उनकी कविता में इन सारे काव्य-गुणों की उपस्थिति हो। श्रीकान्त वर्मा यूँ ही नहीं कहते कि उनकी कविता इनसान को उसकी जड़ों की ओर ले जाती थी। वह प्रकृति को जितनी खुली-फैली और उन्मुक्त देख पाती है, मनुष्य सत्ता को भी उसी रूप में देखने की आग्रही है। स्वयं कवि ने अपने इस कथन को बार-बार दुहराया कि कवि कभी किसी व्यवस्था का क्रीतदास नहीं हो सकता। जन्मना वह विद्रोही होता है और जब सारी आवाजें भय और स्वार्थवश चुप्पी साध लेती हैं वह निडर होकर बोलता और अँधेरों के ताले खोलता है। ऐसी कविता में अगर मंगल पांडे, बहादुरशाह ज़फ़र, अहमदुल्ला शाह, बिस्मिल, भगतसिंह और आज़ाद के साथ-साथ गाँधी, लोहिया और जयप्रकाश एक साथ मौजूद हों तो आश्चर्य क्या?

कविता के अनेक रूपों, शैलियों और भंगिमाओं को समेटे यह कवि पारम्परिक रूपों के साथ-साथ नवीनतम रूपों का जैसा विधान रचता है, वह उसकी सामर्थ्य की ही गवाही देता है। मुक्त कविता, गीत-ग़ज़ल, जनगीत, खंड-काव्य, कथा-काव्य, प्रगीत कविता के साथ उसकी सीधी-सादी प्रत्यक्ष भावमयी शैली के साथ आक्रामक व्यंग्य और उपहासमयी, सांकेतिक और विडम्बनादर्शी भंगिमाएँ भी यहाँ मौजूद हैं।

कई एक साथी कवियों में जैसी एकरसता देखी जाती है, भवानी प्रसाद मिश्र ने उसे अपनी भंगिमा-विपुलता और शैली-वैविध्य से बार-बार तोड़ा है।

यह ख़ासतौर से लक्ष्य करने योग्य है कि परम्परा की ताकत को नकारने के बजाय इस कवि ने उसका पुनरान्वेषण और नया प्रवर्तन सा करके यह दिखा दिया है कि संगीतात्मक तुकान्त छन्दों में भी बड़ी महान और कालजयी कविताएँ की जा सकती हैं। 'सन्नाटा', 'मंगल वर्षा', 'सतपुड़ा के जगल', 'पहिली बरसात', 'घर की याद', 'गीतफ़रोश' कवि की ऐसी ही कविताएँ हैं जिनका काव्य-रूप पुराना किन्तु काव्य-तत्त्व बेहद नया है। अपने इसी गुण के चलते ये कविताएँ हिन्दी के समूचे पाठक और श्रोता समाज को एक साथ प्रिय हैं।

कविता की छन्दमुक्ति वाले रास्ते पर बखूबी चलते हुए इस कवि ने जो अभिनव तुक-व्यवस्था सिरजी है, वह विरल है। साथी कवि सर्वेश्वर इसे इंगित कर लिखते हैं—तुक को ना तो उन्होंने एकदम त्याग दिया है, न उसका रीतिबद्ध व्यवहार है। उसे न छोड़ा, न जकड़ा। सहज रूप से तुक आते हैं, कभी बीच वाक्य में खड़े हो जाते हैं और इशारा करते हैं, 'यहीं बस नहीं, आगे चलिए।' सर्वेश्वर के ही शब्दों में, 'उनकी कविता एकदम पुरानी इसलिए नहीं है कि किसी भी जकड़बन्दी को अस्वीकार करती है। एकदम नयी इसलिए नहीं है कि पूरी मुक्तता को स्वीकार नहीं करती। न पूरे भावुक, न कोरे विवेकी।'

कवि की 'कहन-शैली' पर मुग्ध मुक्तिबोध उन्हें 'शैली-सिद्ध' घोषित करते हैं तो रघुवीर सहाय किंचित् अधिक स्पष्ट करते हुए लिखते हैं—'उनकी एक ही शैली है—सीधी और दो टूक।' किन्तु इसके आगे भी उनके कुछ वचन हैं—'जब सब महाकवि एक पिटा हुआ कवि-समय दोहराने के लिए परिश्रम से जोड़-जोड़कर शास्त्रीय पद्य रच रहे थे, और जो कह रहे थे वह विचित्र जान पड़ रहा था क्योंकि वह उनका सत्य नहीं था, तब एक वह परिश्रम अनुभव के स्तर पर कर चुका था, और हलका होकर वह एक बिल्कुल नयी बात कह रहा था जिसे सब जानते हैं।'

सादगी और सार्वजनिकता का यह वैभव और सरस समारोह हिन्दी कविता के पाठकों को जरूर रुचिकर लगेगा।

जन-कवि के इस नये संस्करण में शामिल दूसरे कवि रघुवीर रघुवीर सहाय हिन्दी कविता में नयी जमीन तोड़ते हुए सामने आते हैं। स्वयं के कवि-कर्म पर विचार करते हुए उन्होंने अपनी चिन्ताएँ कुछ इस तरह जाहिर की हैं—

कुछ भी लिखने से पहले हँसता और निराश
होता हूँ मैं
कि जो मैं लिखूँगा वैसा नहीं दिखूँगा

दिखूँगा या तो
रिरियाता हुआ
या गरजता हुआ
किसी को पुचकारता हुआ
किसी को बरजता हुआ
अपने में अलग सिरजता हुआ कुछ अनाथ
मूल्यों को
नहीं मैं दिखूँगा।

(स्वाधीन व्यक्ति)

'आत्महत्या के विरुद्ध' (1967) में वक्तव्य शीर्षक से कवि रघुवीर सहाय ने लिखा—'लोकतन्त्र—मोटे, बहुत मोटे तौर पर लोकतन्त्र ने हमें इंसान की शानदार जिन्दगी और कुत्ते की मौत के बीच चाँप लिया है। इस स्थिति में सबसे आसान यह पड़ता है कि व्यक्ति-स्वातन्त्र्य की अभी तक बची सुविधा का फ़ायदा उठाकर मैं अपने लिए बचे रहने की निजी, बिल्कुल अहस्तान्तरणीय रियायत ले लूँ। उससे कुछ मुश्किल यह है कि मैं यह रियायत अस्वीकार करूँ और उनके आसरे जिन्दा रहूँ जो इंसान के लिए दूसरे हथियारों से लड़ते हैं--साहित्येतर हथियारों से। सबसे मुश्किल और एक ही सही रास्ता है कि मैं सब सेनाओं में लड़ूँ—किसी में ढाल सहित किसी में निष्कवच होकर—मगर अपने को अन्त में मरने सिर्फ अपने मोर्चे पर दूँ—अपने भाषा के, शिल्प के और उस दोतरफा जिम्मेदारों के मोर्चे पर जिसे साहित्य कहते हैं।'

जानने वाले जानते हैं कि कवि और पत्रकार के अलावा रघुवीर सहाय स्वतन्त्र भारत की समाजवादी लोहियावादी राजनीति में भी गहरे धँसे हुए थे। स्पष्ट है कि भारत में घटित होता अर्धसामन्तवादी—या फिर पूरा सामन्तवादी और अर्ध पूँजीवादी, बाद में एकदम पूँजीवादी लोकतन्त्र से वे आधारभूत तौर पर चिन्तित, क्षुब्ध और दुखी थे। उनकी प्रत्यक्ष नागरिकता पत्रकार और कवि की थी। दोनों को मिलाकर ही उनका व्यक्तित्व अपनी सम्पूर्णता प्राप्त करता था, ठीक भवानी प्रसाद मिश्र और नागार्जुन की तरह। तुलनात्मक तौर पर नागार्जुन और भवानी प्रसाद मिश्र प्रत्यक्ष जीवन व्यवहार में अधिक मुखर थे। इस तुलना में रघुवीर सहाय ने इसकी क्षतिपूर्ति कविता में की और इस मार्फत जन-जीवन और कविता को अधिक पास लाने का असाधारण शब्द-उद्यम किया। उनके आलोचक अगर उन्हें 'विशिष्ट राजनैतिक कवि' कहते हैं तो उसका यह भी अर्थ होता है कि बुनियादी तौर पर उनकी चिन्ताएँ उस लोकतन्त्र को लेकर हैं जो अभावग्रस्त नागरिकों की मृत्यु को तो दुखद खबर

मानता है किन्तु मृत्यु की ओर निरन्तर बढ़ती उनकी तंगहाली को कोई खबर नहीं मानना चाहता। कवि की दृष्टि में राजनीति का सच्चा स्वरूप गाँधी और लोहिया की गतिविधियों में तो है किन्तु उन शासनकर्ताओं में नहीं जो लोकतन्त्र को एक पाखण्डपूर्ण कर्मकाण्ड में बदल डाल रहे हैं। पत्रकार के रूप में इस नंगे यथार्थ को उसके निरावरण में देखना और कवि रूप में अपनी जिम्मेदारियों को लेकर बेचैन रहना उनकी ऐसी रचनात्मक दिनचर्या है जिसे उनकी प्रत्येक कविता में महसूस किया जा सकता है।

कवि श्री भवानी प्रसाद मिश्र पर लिखते हुए रघुवीर सहाय ने जो लिखा—वह जितना भवानी प्रसाद मिश्र के लिए सच है, उतना या कहें उससे तनिक और ज्यादा स्वयं रघुवीर सहाय के लिए। वे अगर कभी बेचैन हुए तो इसीलिए कि ऐसी कविता कैसे लिखी जाय जिसे पढ़ या सुन कर लोग मूँड़ तो नहीं मटकाएँ किन्तु बाखबर, सचेत और चिन्तित जरूर हो उठें। कवि की इन कोशिशों को उसकी अधिकांश कविताओं में महसूस किया जा सकता है। इसी रूप में वे एक बाखबर आदमी और सचेत और चिन्तित कवि थे। इसी मानसिकता को वे अपनी कविता के पाठकों से साझा भी किया करते थे।

वे मानते हैं कि कविता लिखना जीवन की सम्पूर्णता को खोजना है या फिर ऐसे अनुभव में जाना है जिसे व्यावहारिक जीवन में हम जी नहीं पाये। वह जो हमसे खुद हमारी समझदारियों के चलते छूटता ही गया। कविता इस रूप में उस चूके हुए अवसर को फिर से पकड़ना है।

रघुवीर सहाय मानते हैं कि सार्वजनिक भाषा कवि को किस हद तक अपाहिज करती है किन्तु इसी भाषा में एक नया जादू पैदा कर वह उसका नया प्रतिमान रचता है। इस प्रक्रिया में कविता और भाषा की यह लड़ाई या फिर मैत्री पूर्ण द्वन्द्व चलता ही रहता है। पत्रकार होने के नाते रोजमर्रा के अनुभवों का उनके पास इतना बड़ा जखीरा था कि वे चाहते तो प्रतिदिन कविता का एक स्वतन्त्र अखबार ही रच देते पर इस हड़बड़ी में वे कभी दिखे नहीं। छन-छना कर जो कुछ बच रहता था, उसी को साधने में उनके कवि का पौरुष अपने पंख तौला करता था। इसी को शायद 'अनुभव के स्तर पर परिश्रम' उन्होंने कहना चाहा हो।

उनकी कविता सामाजिक, आर्थिक और राजनीतिक तौर पर अभावग्रस्त और अधिकार-वंचित भयाक्रांत आबादी की कविता है जिससे स्त्री और पुरुष दोनों आते हैं। ये ही दोनों लोकतन्त्र की विडम्बना और पाखंड के शिकार हैं। इसी आबादी के प्रति उनकी कविता अशेष सहानुभूति और गहरी करुणा से भरी हुई है। उनकी काव्य-भाषा में जो वक्रोक्ति है, वह इस असर को और वजनदार और धारदार बनाती

है। जरा इन पंक्तियों को देखें—

हँसो पर चुटकुलों से बचो
उनमें शब्द हैं
कहीं उनमें अर्थ न हों जो किसी ने सौ साल पहले दिये हों

(हँसो हँसो जल्दी हँसो)

× × ×

या फिर—

पढ़िए गीता
बनिए सीता
फिर इन सब में लगा पलीता
किसी मूर्ख की हो परिणीता
निज घरबार बसाइये।
होयँ कटीली
आँखें गीली
लकड़ी सीली, तबियत ढीली
घर की सबसे बड़ी पतीली
भरकर भात पसाइये।

इन दोनों ही टुकड़ों पर ध्यान दें तो कविता सीधे-सीधे संवाद कर रही है। एक में बचो, हँसो तो दूसरी में पढ़िए, बनिए, बसाइये, पसाइये। रघुवीर सहाय जानते हैं कि कला की सार्थकता उसके सम्प्रेषण-धर्म पर निर्भर करती है और रचनाकार को इसे अपनी प्राथमिक जिम्मेदारी में शामिल करना चाहिए। इस सम्प्रेषण का मतलब शब्दार्थ-प्रेषण की क्रिया नहीं, कवि द्वारा अनुभूत अनुभवों की समान संवेदन-भूमि पर पाठक की भागीदारी है। और यह तभी सम्भव किया जा सकता है कवि जब भाषा को नया रचाव दे सके।

रघुवीर सहाय पत्रकार होकर भी अखबारी भाषा से बाल-बाल बचकर निकल सके और उसे कविता की अनन्य भाषा बना सके तो कारण यही कि उनका कला-समर्पण उनके लोक-समर्पण से कम नहीं है। 'जन-कवि' में उन्हें शामिल कर सम्पादक ने कविता की एक और भाषा को ही नहीं, अनुभवों की एक और जमीन को भी गौरव दिया है।

कवि की प्रारम्भिक कविताओं में लोकजीवन और प्रकृति की खूबसूरत जुगलबन्दी है। साथी कवि भवानी प्रसाद मिश्र की तरह रघुवीर सहाय ने 'पहिला पानी' शीर्षक

कविता लिखी है। यहाँ भी किसानी जीवन के किन्तु कस्बाईपन की ओर झुके चित्र हैं। भवानी भाई के 'पहिला पानी' में लोकजीवन अत्यन्त मुखर और सक्रिय हो उठा है। कवि का उल्लास जेल की दीवारों में भी कैद नहीं हो पाता। ऐसा लगता है वह सचमुच खेत और गाँव में है। रघुवीर सहाय के यहाँ चौपालों के साथ बँगलों में बैठे जनों की आँखें भर सक्रिय हैं जो पानी की अनेक तस्वीरें देख रहे हैं। 'जन-कवि' में संगृहीत 'सायंकाल' (दूसरा सप्तक से) कविता इस दृष्टि से अधिक लोकमुखी है—"अब दिन डूब रहा है जैसे/कोई अपनी बीती बातें भुला रहा हो।...दूर क्षितिज पर महुओं की दीवार खड़ी है जिस पर चढ़कर सूरज का शैतान छोकरा/झाँक रहा है।" इस प्रकार की कविताओं पर बिम्बवादी असर ज्यादा ही है किन्तु परवर्ती जीवन में उनका कवि अधिक चिन्तनजीवी और विचार परायण हो चला है। इसे कवि-चेतना का विकास ही कहना चाहिए।

'लोग भूल गये हैं' (1982) के पन्नों पर कवि ने अपने अनुभवों का यह निचोड़ रख दिया है कि समकालीन भारतीय समाज एक हद तक नहीं लगभग सारी हदों तक एक पतनशील समाज हो चुका है। स्वभावतः कवि की चुनौतियाँ और भारी हो चली हैं। पतन की पराकाष्ठाएँ जितनी सघन और प्रबल हो रही हैं कवि की संवेदनाओं का तापमान, प्रतिरोध का मौसम बनकर उतना ही अधिक और उग्र और तीक्ष्ण हो रहा है। कवि मानता है कि कविता अगर एक संवेदनात्मक 'उपज' है तो उसे वह विकल्प भी प्रस्तुत करना होगा जिससे समाज में अन्याय-बोध सम्भव हो सके; साथ ही वह न्याय-आकांक्षा और लोकतान्त्रिक समझ भी विकसित की जा सके। जिससे सामाजिक जीवन और उसे बाँधकर रखने वाले मूल्यों की रक्षा सम्भव की जा सके।

रघुवीर सहाय की कविता का अगर कोई महत्त्व हो सकता है तो यही कि वह हमें पतनशीलता के कुरुक्षेत्र में विमुख हो उठने को नहीं बल्कि युद्धातुर होने के लिए ललकारती है। किन्तु उसकी यह ललकार इतनी महीन है कि संवेदन-चेतन ही कोई सुन सकता है। आज के जमाने की कविता के लिए वही सच्चा विदग्ध है या फिर रसिक। बेहोश से हो चुके समाज में बा-होश होने का अलख जगाती यह कविता ही वह जन कविता है जिसे बार-बार पढ़े और सुने जाने की जरूरत है।

❑

इधर मुक्तिबोध की कविता 'अँधेरे में' को लेकर नयी बहसें चली हैं। कविता की प्रदीर्घता के चलते यहाँ उसे शामिल नहीं किया जा सका है। तब भी लाचारी और संघर्ष का संयुक्त चेहरा वहाँ अनुभव किया जा सकता है। मध्यवर्ग के बीच पनपते

अवसरवाद, अकेलेपन और संघर्ष-विमुखता पर यह कविता प्रहार करती है साथ ही उस करुणा को जगाती भी है जो हमारी जिजीविषा को रेखांकित करती चलती है। प्रसाद, निराला की तरह मुक्तिबोध भी अगर हिन्दी के महान कवि हैं तो उसका एक आधार और कारण उनकी यह कविता भी है।

❑❑

अपने जीवन-काल में मुक्तिबोध ने यह कहा था कि भले ही उनकी कविता सामान्य आबादी की समझ से किंचित दूर हो किन्तु उसको प्रतिबद्धता असंदिग्ध रूप से उसी जुझारू आबादी के प्रति है जिससे देश का चेहरा बनता है। मुक्तिबोध की भाव-व्याकुल बेचैनियाँ, नागार्जुन का विस्फोटक क्षोभ, केदारनाथ अग्रवाल की सतत जागरूकता और जुझारूपन, शमशेर की प्रतिबद्धताएँ यहाँ एक साथ अनुभव की जा सकेंगी। भवानी प्रसाद मिश्र और रघुवीर सहाय के साथ इन कवियों की बैठक पहले की तुलना में अधिक लोकतान्त्रिक और जन-परायण कही जायेगी।

अन्ततः हमें यह नहीं भूलना होगा कि बीसवीं सदी के ये कवि जन-जीवन के उन समस्त पक्षों पर अपनी निगाह रखते रहे हैं जिनसे कोई सामाजिक जीवन पहचाना जाता है और कविता अपने राष्ट्रीय चरित्र को रेखांकित कर पाती है। इस अर्थ में ये जितने जन-प्रतिबद्ध हैं, उतने ही राष्ट्रीय भी। इनके प्रेम का दायारा लोकव्यापी और इनकी करुणा का प्रवाह अनथक है। अपने शब्दों के मार्फत इन्होंने जो संसार रचकर हमें दिया है, वह चाहे जितना त्रस्त और तंगहाल हो, किन्तु न तो उसकी जुझारू चेतना पस्तहाल हुई है न ही उसकी जिजीविषा का रंग ही मंदप्राय हुआ है। इन कविताओं को पढ़ते हुए हम राष्ट्रीय जीवन के विकराल यथार्थ के प्रति जितने करीब आएँगे, लोकजीवन में व्याप्त अटूट आस्था के प्रति आश्वस्ति का भी अनुभव उतना ही करेंगे। इस सच का भी कि कविता हमेशा ही जुझारू मनुष्यता का यशस्वी और दिग्विजयी जयगान रही है।

15 अक्टूबर 2014

विजय बहादुर सिंह

भोपाल-462003
09425030392

और कुछ जरूरी यादें

1979 के 11 या 12 दिसम्बर की दोपहर भोपाल के उत्सव में भाग लेकर नागार्जुन लौटे थे अपने बड़े बेटे शोभाकान्त के साथ विदिशा के मेरे अड़तालीस स्वर्णकार कालोनी वाले निवास पर। इस बार उनके साथ कवि त्रिलोचन भी थे। दस-पाँच मिनट बाद चाय का कप जब सबके हाथ आया, चुप्पी को बतकही में बदलते हुए शोभाकान्त ने पहल की—'विजय बाबू! आज हम लोगों ने, भोपाल के बस अड्डे पर बैठे-बैठे एक योजना बनायी और तय हुआ है कि उसे आप पूरा करेंगे।' मैं उत्सुक भी हो बैठा और थोड़ा चकित भी। बाबा ने चुस्की लेकर कहा—'जानते हो हमने-त्रिलोचन ने क्या सोचा।' त्रिलोचन ने बात की हुंकारी भरते हुए कहा—'हाँ! विजय बहादुर जी! बाबा पर आपने काम पूरा ही कर लिया है तो लगे हाथ एक यह काम और कर डालिए। प्रगतिशील कवियों को एक साथ सम्पादित होने का वक्त आ गया है, यह काम आपको अपने हाथ में ले लेना चाहिए।' बाबा ने, अब काम हुआ के अन्दाज़ में पुलकित हो सवाल रखा 'और नाम क्या रक्खा जाएगा उसका?' शोभाकान्त जैसे इस सवाल के इन्तज़ार में ही रहे हों—'किताब का नाम रखा जाय प्रपंची।' नाम सुनकर मुझे लगा ये दोनों बुज़ुर्ग कवि आज अच्छे मजाकिया मूड में हैं। तभी मैंने बात बदल दी—'भोजन क्या लेंगे आप लोग?' बाबा ने ही अगुवाई की—'दलिया की खिचड़ी।' मैं अपना शयन-कक्ष पार करके चौके की तरफ बढ़ा। चौके में फिर भी उन तीनों की आवाजें पहुँचती रहीं—मुक्तिबोध, शमशेर, केदारनाथ अग्रवाल, नागार्जुन और त्रिलोचन। मन्नूलाल द्विवेदी शील, रामविलास शर्मा, दिनकर, प्रभाकर माचवे, भारतभूषण अग्रवाल, समय देवता वाले नरेश मेहता किन्तु अन्तिम कवि-सूची तय हुई केदारनाथ अग्रवाल, नागार्जुन, त्रिलोचन, शमशेर किन्तु मुक्तिबोध। नाम को लेकर उधेड़बुन में फिर भी दोनों लगे रहे।

प्रपंची नाम कितना सार्थक होगा? जगत-प्रपंच जैसी एक किताब पहले से है, भले ही अनूदित, पर है तो। वे दोनों खुद इस नाम को लेकर अनिश्चय में ही थे। सम्पूर्ण माया जगत प्रपंची नहीं तो और क्या है? इसके पीछे गहरे दार्शनिक विचार तो काम कर ही रहे हैं। फिर यह प्रतिबद्ध कविता जिसके पीछे एक सुस्पष्ट विचारधारा काम कर रही है और दार्शनिकता भी, क्या उस 'प्रपंची' शब्द में व्यक्त हो पाएगी?

खाने के बाद सब अलसाए हुए और विश्राम के मूड में आ चुके थे। बाबा ने अन्तिम निर्णायक वाक्य कहा—'आप तो काम शुरू करो। नाम फिर सोच लिया जाएगा।' मैं काम में लग गया।

नाम की समस्या हल की कविमित्र नरेन्द्र जैन ने। उन्होंने ही यह नाम सुझाया और कहा केदारनाथ अग्रवाल तो कहते ही हैं 'हम कवि हैं जनवादी'। मुझे भी यह नाम सटीक लगा। कविमित्र के प्रति आभार। मुक्तिबोध ने भी कई साथी कवियों के लिए यही पद (जनवादी) प्रयुक्त किया है।

सार्थक और अन्त में, मैं इन सब दिवंगत कवियों और उनके परिवारों के प्रति अपनी कृतज्ञता जाहिर करता हूँ। दूसरे संस्करण के प्रकाशक अरुण माहेश्वरी को धन्यवाद देता हूँ कि उन्होंने इसे दुबारा संशोधित रूप में प्रकाशित कर हिन्दी पाठकों के लिए अनिवार्य काव्य-सामग्री प्रस्तुत की।

विजय बहादुर सिंह

प्रसंगवश

किसी भी साहित्यिक आन्दोलन के भीतर सक्रिय काव्य-प्रवृत्तियों और रचनाकारों के छनने और सुस्पष्ट आकार ग्रहण करने में वक़्त लगता है। यह बात जितनी प्रगतिवादी साहित्य के लिए लागू होती है, उतनी अन्यों के लिए नहीं। छायावाद को कुल बीस या पच्चीस साल ही लगे, जबकि प्रयोगवाद या नयी कविता को मशहूर होने के लिए उससे भी कम समय की जरूरत पड़ी। किन्तु प्रगतिशील कविता का दायरा इतना विस्तृत है और रचना-स्वभाव इतना व्यापक उदार और बहुधर्मी कि उसके निथरने और आकार लेने में काफ़ी वक़्त लगा। चुनौतियाँ भी कम टेढ़ी न थीं। जिन्होंने सरलता से जवाब दिया वे सिर्फ आन्दोलन के कवि बन कर रह गये। अपने समय के आर्थिक, राजनीतिक और सामाजिक दबावों का स्थूल और तथ्यपरक वर्णन करके वे कह सिर्फ़ यह पाये कि कविता में अभिव्यंजना की ताज़गी और शैलीगत मौलिकता कोई ज़्यादा जरूरी चीज़ नहीं है; जबकि इस सोच में खोट स्पष्ट है। कविता और कवि अगर कला या साहित्य होते हैं तो उनकी कथन-भंगिमा भी सामान्य से कदाचित कुछ भिन्न होगी ही। यही भिन्नता मार्मिकता, उक्ति-वक्रता और रसमयता के साथ-साथ ज्ञानात्मक संवेदना तक को समेटती है, जहाँ शब्द-कर्म अपने वस्तु-स्वभाव के अनुसार अपनी पहचान निर्मित करता है। केवल किसी दलीय प्रतिबद्धता अथवा समाज-दर्शन का पांडित्य अर्जित कर लेने मात्र से कोई बड़ा रचनाकार नहीं हो जाता। इससे तो सिर्फ़ विचार की नवीनता-भर आती है। असल बात तो यह है कि उसके संवेदनात्मक बोध का धरातल कितना यथार्थोन्मुखी है और उक्त यथार्थ-दर्शन कितना तीव्र चिन्तापूर्ण। यथार्थ-दर्शन के साथ जुड़ी हुई यह तीव्र चिन्ता जब अपने वस्तु-संसार के दायरे में खेत-खलिहान, बाढ़-प्रकोप, भूख-अकाल, प्यार और लोक-पीड़ा और उम्मीद के भावों को शामिल करती हैं तब देखना सिर्फ़ यह पड़ता है कि कवि का मक़सद कहीं हमें मात्र दृश्य-तन्मय करना तो नहीं है? क्या वह हमारी सुषुप्त सामाजिक संवेदना को जगा कर किसी नयी भाव-दिशा की ओर प्रवृत्त करना चाह रहा है? प्रेमचन्द ने जब प्रगतिशील लेखक संघ के माध्यम से जागरण के साहित्य की माँग की थी तब भी जागरण का साहित्य लिखा जा रहा था, किन्तु वह मात्र राजनीतिक आज़ादी प्राप्त करने वाले अर्थ तक

ही सीमित था। किन्तु भगतसिंह और प्रेमचन्द (या उन जैसी सोच वाले अन्य) सिर्फ़ आज़ादी की माँग करने वालों में से नहीं थे। उनके सामने सत्ता-परिवर्तन का प्रश्न तो था ही, व्यवस्था-परिवर्तन का भी प्रश्न मुख्य था। फ़िलहाल हमारा सारा यथार्थवादी लेखन इसी व्यवस्था-परिवर्तन के प्रति प्रतिश्रुत है। अतः यह संश्लिष्ट सौन्दर्य-बोध के बदले अधिक विश्लेषणोन्मुख और विचाराधारित है। वर्ग और वर्ण के बारीक द्वन्द्व की गहरी छानबीन का उपक्रम करने वाला यह लेखन उच्चकोटि की बौद्धिक प्रखरता और उदात्त मानवीय चिन्ताओं से घिरा हुआ है जिसमें स्वाधीनता और आत्ममंगल के आगे के सामूहिक मुक्ति और लोकमंगल के सपने भी सुरक्षित हैं। हमारा यथार्थवादी लेखन इसीलिए सिर्फ़ राजनीति या सामाजिक आलोचना नहीं है, व्यंग्य की तीखी और दबंग मार नहीं है, क्रूर और संहारधर्मी शब्द-हिंसा नहीं है, वह उन मूल्यों की प्रस्तावना भी है जिनसे नयी सामाजिकता और नव-मनुष्यता का निर्माण होना है। व्यापक सामाजिक मनोभाव, स्वातंत्र्य भावना, अधिकार-बोध और श्रमधर्मिता के आधार पर एक ऐसे विश्व का निर्माण है जहाँ मनुष्य ही मनुष्य का खाद्य न हो। एक शासक और दूसरा गुलाम न हो। एक याचक दूसरा दाता न हो। एक अतिउच्च ब्राह्मण दूसरा अधम हरिजन न हो। आर्थिक गैरबराबरी और सामाजिक विषमता का घनघोर प्रत्याख्यान हमारा यह यथार्थवादी लेखन करता है, इसीलिए एक अर्थ में यह राजनीतिक लेखन कहा जा सकता है, और कहा जाता भी है लेकिन वृहत्तर अर्थ में यह क्रांतिकारी और परिवर्तनवादी लेखन है। धर्म और राजनीति प्रकारान्तर से एक ही अर्थ का संवहन करते हैं। प्रख्यात-समाजवादी चिंतक डॉ. लोहिया की यह स्थापना बिल्कुल सही है कि एक लम्बे अरसे तक चलने वाली राजनीति का नाम धर्म है और कम समय में शुरू होने वाले धर्म का नाम राजनीति है।

इस अर्थ में हमारा यथार्थवादी लेखन जितना राजनीतिक है, शायद उतना ही धार्मिक भी, क्योंकि वह एक नयी जीवन-व्यवस्था की माँग है, जिसमें उच्चकोटि की मानवीय नैतिकता और गरिमा का आग्रह अन्तर्निहित है। शून्य में लीन हो जाने वाली चिदात्मकता और पिण्ड में केन्द्रित आध्यात्मिकता निश्चय ही इस लेखन की आकांक्षा नहीं है। इसलिए हम यह भी कह सकते हैं कि हमारा यह साहित्य भौतिकतावादी अथवा वस्तुवादी है, ठीक उसी तर्ज़ पर जिस पर छायावादी रचना-संसार अध्यात्मवादी हो जाता है। उधर अगर अनुभूति की सूक्ष्मता और कल्पना की रंगीन और ऊँची उड़ान है तो इधर दारुण सामाजिक यातनाएँ, ठोस क़िस्म के निर्द्वन्द्व अंधविश्वासों का वस्तुवाद अपनी वास्तविकता से हमें मर्माहत ही नहीं करता, हमारे सुषुप्त सामाजिक दायित्व-बोध को जगाता भी है। कहना होगा, अगर छायावादी कविता गहरे अर्थों में सांस्कृतिक है, तो उन्हीं गहरे अर्थों में हमारी यह कविता राजनीतिक और सामाजिक है। छायावाद हमारी परम्परागत ऐतिहासिक मुनष्यता का सबसे सुन्दर और गंभीर स्वप्न है, तो यथार्थवाद वह आधुनिक जागरण जिसमें दलित और शोषित अपनी

स्थितियों को बदल डालने का संकल्प लेकर चलने वाली जनता के संघर्ष और व्यथा के चित्र अंकित हैं। इस रूप में छायावाद और प्रगतिवाद प्रतिद्वन्द्वी काव्यान्दोलन नहीं, विकासक्रम में आनेवाले युग हैं। प्रसाद, निराला, पंत और महादेवी से केदार, त्रिलोचन, नागार्जुन और शमशेर ने काफ़ी कुछ सीखा ही नहीं, लिया भी है। उनकी वह अतिक्रामक काव्य-दृष्टि ली है, जो सिर्फ़ वादग्रस्त नहीं कही जा सकती। उनकी लोक-करुणा और संवदेना भी ली है, जिनसे कविता सघन रूप से आत्मीय हो उठती है। गिनाया जाये तो ढेरों चीज़ें हैं। कहना सिर्फ़ यही कि हमारी साहित्यिक चिन्ताएँ भी ऐतिहासिक क्रम में विकसित होती हैं और उसी क्रमानुसार कला या साहित्य-चेतना में विकास और प्रौढ़ता के सोपान आते रहते हैं।

यथार्थवादी लेखन पर विचार करते हुए हमें यह याद रखना ही होगा कि खड़ीबोली को अपनी साहित्यिक प्रतिष्ठा के लिए जो संघर्ष करना पड़ा, उसमें भारतेन्दु की भूमिका काफ़ी महत्त्वपूर्ण है। ब्रज भाषा की रमणीयता और स्त्रियोचित कोमलता के स्थान पर राजदरबारों से बाहर जनता के उन्मुक्त किन्तु संघर्षपूर्ण जीवन को अभिव्यक्ति देने वाली यह खड़ीबोली, अपने शैशवकाल से ही सामाजिक और राष्ट्रीय समस्याओं से जुड़ी रही। भारतेन्दु और उनके समकालीनों का साहित्य इसका गवाह है। सामाजिक कुरीतियाँ, आर्थिक अभाव, अंधविश्वास और अशिक्षाजन्य जड़ता ही नहीं, सामाजिक भेद-भाव और गुलामी तथा कुशासन की चिंता भी उस युग के साहित्य में साफ़-साफ़ झलकती है। अकारण ही नहीं कि जयशंकर प्रसाद आधुनिक यथार्थवाद की शुरुआत भारतेन्दु से मानते हुए लिखते हैं—"इस रुचि के प्रत्यावर्तन को श्री हरिश्चन्द्र की युगवाणी से प्रकट होने का अवसर मिला। इसका सूत्रपात उसी दिन हुआ जब गवर्नमेंट से प्रेरित राजा शिवप्रसाद ने सरकारी ढंग की भाषा का समर्थन किया और भारतेन्दु को उनका विरोध करना पड़ा।" स्पष्टतः यथार्थवादी शैली शुरू से ही जातीय अस्मिता की रक्षा और साम्राज्यवादी साज़िशों के प्रतिवाद की भावना से जन्मी थी। बाद में आचार्य महावीर प्रसाद द्विवेदी, बालमुकुन्द गुप्त के लेखों में भी हमारा जातीय संकट और उससे उबरने की छटपटाहट व्यक्त होती है। और यह सब केवल साहित्य में ही हो रहा था, सो भी नहीं। राजा राममोहन राय, महर्षि दयानन्द और स्वामी विवेकानन्द के विचारों और चिन्ताओं के केन्द्र में भी यही सब-कुछ था। इसलिए खड़ीबोली जब सामने आयी तो समाज-सुधार, राष्ट्रीय भावना और मुक्ति का स्वप्न एक साथ लेकर आयी। और मैं इसे प्रगतिशील साहित्य का ही भूमिका-भाग मानता हूँ। क्योंकि कोई भाषा अपने गंभीर और प्रौढ़ विचारों के लिए एक दिन में तैयार नहीं हो जाती, उसे इस योग्यता तक पहुँचने में वक्त लगता है। क्या कारण है कि अपनी तमाम जागरूकता और प्रचंड प्रतिभा के बावजूद भारतेन्दु ने काव्य-रचना के संदर्भ में खड़ीबोली से हाथ जोड़ लिया किन्तु गद्य में उसे साथ लिये रहे? कारण साफ़ है, भाषा तब तक व्यवस्थित न हो सकी थी, मँजाव तो खैर

उस वक्त क्या आता! तब भी वह युग इस लिहाज़ से काफ़ी महत्वपूर्ण है कि जो आग कबीर, तुलसी आदि ने जलायी थी, वह रीतिकाल की शीतल चाँदनी रातों के बावजूद बुझी नहीं और खड़ीबोली के रचनाकारों ने उसे बाक़ायदा अपनी थाती के रूप में दुबारा सम्हाल लिया।

प्रगतिशील आन्दोलन की शुरुआत के पहले भी जो साहित्य लिखा जा रहा था, उसका एक बड़ा हिस्सा राष्ट्रीय आन्दोलन की चिन्ताओं से घिरा हुआ था। आज क्या हम 'भारत भारती' की भूमिका को एकदम से रद्द कर सकते हैं? क्या उसकी प्रमुख चिन्ता हमारे ऐतिहासिक पतन और उससे उबरने को लेकर नहीं थी? क्या द्विवेदी युग के लेखन को सिर्फ स्थूल राष्ट्रीय और इतिवृत्तपरक कहकर हम छुट्टी पा सकेंगे? रामनरेश त्रिपाठी, हरिऔध, गुरुभक्तसिंह 'भक्त' और श्रीधर पाठक की उस मनोभूमि की चर्चा क्या हमारे लिए अब ज़रूरी नहीं रह गयी है? क्या ये रचनाकार सचमुच ही रजनी-सजनी का साहित्य लिख रहे थे? आख़िर इनके लेखन का मक़सद क्या था? स्पष्टतः ये सभी गहरे तौर पर सामाजिक जीवन की समस्याओं से जुड़े हुए थे और खड़ीबोली की साधना में जातीय इतिहास, संस्कृति और लोकभाव को समेटने का पुरजोर यत्न कर रहे थे। 'प्रगतिवाद (का) : पुनर्मूल्यांकन' करते हुए हंसराज रहबर लिखते हैं, "हिन्दी कवियों और लेखकों ने भारतेन्दु हरिश्चन्द्र से लेकर 1947 तक देशभक्ति की भावना से प्रेरणा प्राप्त की है और आदर्शवादी परम्परा के भीतर साहित्यिक यथार्थवाद को विकसित किया है।" आज हम इनके प्रयासों की सीमाएँ तो बता सकते हैं, किन्तु इनके समर्पण और ईमानदारी पर शक नहीं कर सकते। गरीबों और दुखियों, दीनों और दरिद्रों की व्यथा की मार्मिक अनुगूँजें इनके साहित्य में कदम-कदम पर सुनाई देती हैं। 'मैं ढूँढ़ता तुझे था जब कुंज और वन में' जैसी कविताएँ गाँधी के दरिद्रनारायण को ही लोकजीवन में प्रतिष्ठित करती हैं। स्वयं उर्मिला (साकेत) और राधा (प्रियप्रवास) अपने व्यक्तिगत सुख-दुख से पुलकित या शोकमग्न नहीं हैं। उन्हें अपने देश के गरीब किसानों की दशा भी चिन्तामग्न करती है। निजी दुखों को भूलकर वे लोक की पीड़ा से विचलित होती दिखायी गयी हैं। छायावाद की 'श्रद्धा' (कामायनी) मनु के अहंग्रस्त व्यक्तिवाद को शमित करने के खयाल से उपदेश-कथन तक उतरती है—

औरों को हँसते देखो मनु
हँसो और सुख पाओ
अपने सुख को सीमित कर लो
सबको सुखी बनाओ।

व्यक्ति से अधिक समाज मूल्यवान है, यह विचार पहले से चला आ रहा था। इसलिए व्यक्तिवाद का समर्थन न तो भारतेन्दु करते हैं, न महावीरप्रसाद द्विवेदी, न प्रसाद और निराला। मोटे अर्थों में ये सब सहज प्रगतिशीलता की चेतना के उन्नायक हैं, अगर

कम्युनिस्ट पार्टी के कार्ड-होल्डर ही को प्रगतिशील माने जाने की कट्टर विवशता न हो तो। दुहराना सिर्फ़ यह चाहता हूँ कि हमारे इन रचनाकारों में प्रगतिशीलता के तत्त्व भरपूर मात्रा में विद्यमान थे। आख़िर 'तितली', 'कुल्लीभाट' और 'चतुरी चमार' किन ने लिखा? इन्हीं छायावादियों ने। इन्हें किस पार्टी ने संवदेना की इस धरती पर उतरने को मजबूर किया? और क्या ये कृतियाँ हमारे यथार्थवादी लेखन की विरासत नहीं है? अगर नहीं हैं, तो यथार्थवाद और सम्प्रदायवाद में क्या फ़र्क रह जाता है? इसलिए हम कहना चाहेंगे कि आदर्शवाद की सीमाओं में यह यथार्थवादी साहित्य का अंकुरण था जो स्वयं आदर्शवादियों की खाद और बीज की देन था। जरूरी सिर्फ़ यह था कि इस यथार्थवादी लेखन-प्रवृत्ति को द्वन्द्वात्मक भौतिकवाद से जोड़ा जाये और यही काम हमारे प्रगतिशील आन्दोलन ने किया भी। तब भी प्रगतिशील लेखक संघ की स्थापना के पहले ही हिन्दी में समाजवादी विचारधारा का प्रवेश हो चुका था और हमारे कवि और लेखक नयी समाज-रचना में अपनी भूमिका निभाने का संकल्प लेकर सक्रिय हो चुके थे। डॉ. रामविलास शर्मा ने 'भारत में अंग्रेजी राज और मार्क्सवाद' शीर्षक ग्रंथ में 'हिंदी प्रदेश में समाजवादी चेतना का प्रसार' वाले अध्याय में यह तथ्य व्यक्त किया है कि "1857 से आरंभ होने वाला सारा घटनाक्रम, भारतेन्दु हरिश्चन्द्र, महावीरप्रसाद द्विवेदी के समय का सारा चिंतन, हिन्दी प्रदेश के क्रांतिकारी विचारकों, पत्रकारों, राजनीतिक कार्यकर्त्ताओं का सारा श्रम और कर्म स्वतः स्फूर्त ढंग से एक ही दिशा की ओर प्रवाहित था।" आगे वे इसे और साफ़ करते हुए लिखते हैं, "यह दिशा साम्यवाद की थी।" (पृ. 330-31)

भारतीय समाज का आर्थिक पिछड़ापन, साम्राज्यवादी देशों द्वारा किया जाने वाला उसका शोषण, हमारे इन रचनाकारों की चिन्ता में बाकायदा शामिल था। इतना ही नहीं, देशी ज़मीनों पर भी वे यह देख पा रहे थे कि विषमता कितनी बढ़ गयी है। चंद धनी-मानी लोग असंख्य गरीबों की कमाई पर राज कर रहे हैं। गयाप्रसाद शुक्ल 'सनेही' ने 1920-21 के आस-पास जो साहित्य लिखा उसका मुख्य स्वर भारतीय समाज की इसी विषमता को दर्शाना और संवेदनशील आबादी को विचार-केन्द्रित करना था। पंत ने तो बहुत बाद में चलकर यह लिखा कि वाणी को अलंकार की जरूरत नहीं, विचार-प्रकाशन की जरूरत है। कविता अगर जनोन्मुख विचार व्यक्त कर सकती है तो उसका होना सार्थक है। यह धारणा 'सनेही' जी काफ़ी पहले व्यक्त कर चुके थे। जनवादी विचार को जन-मन तक पहुँचाने वाले मार्ग के रूप में कविता उनके लिए महत्वपूर्ण माध्यम जान पड़ी और उन्होंने 'संजीवनी' कविता-संग्रह के निवेदन में कहा कि कविता का काम अपने पाठकों को विषय-विशेष का ज्ञान कराना है। इससे पहले भी उनका एक संकलन सामने आ चुका था, 'राष्ट्रीय मंत्र' नाम से। तब सनेही जी 'त्रिशूल' थे। इन्हीं संकलनों से दो उद्धरण यहाँ प्रस्तुत हैं—

श्रम किसका है मगर मौज हैं कौन उड़ाते

हैं खाने को कौन, कौन उपजा कर लाते
किसका बहता रुधिर, पेट हैं कौन बढ़ाते
किसकी सेवा, और कौन हैं मेवा खाते

(राष्ट्रीय-मंत्र)

जोतें खेत किसान, अन्न हो जमींदार का
काम करें श्रम-शील, माल हो साहुकार का

हिन्दी में 'प्रगतिवाद' के पहले से ऐसी रचनाएँ लिखी जा रही थीं। डॉ. शर्मा ने अपनी किताब में राधामोहन गोकुल जी का विस्तृत उल्लेख किया है, जो आचार्य शिवपूजन सहाय और निराला के मित्रों में से थे और साम्यवादी विचारों के लेखक थे। उनकी पुस्तकें 'देश का धन' (1908), 'कम्युनिज़्म क्या है' (1925) इसी विचारधारा को प्रकट करने वाली कृतियाँ हैं। 1908 में ही आचार्य महावीरप्रसाद द्विवेदी ने भी 'सम्पत्ति शास्त्र' नामक एक पुस्तक की रचना की जिसमें यह विचार व्यक्त किया गया– "प्रजा के हितचिंतकों की राय है कि इस देश की जमीन प्रजा की है। न राजा की है, न जमींदारों की। जो जमीन जिस काश्तकार के कब्ज़े में चली आती है, उसे उसकी मौरूसी जायदाद समझना चाहिए।" द्विवेदी जी ने स्वयं तो इन विचारों को लिपिबद्ध किया ही, अपने आस-पास ऐसे लेखकों की तलाश भी कि जो 'सरस्वती' में इस प्रकार के लेख लिखते रहें। इसलिए आज यह नहीं कह सकते कि छायावादी विस्फोट की तरह प्रगतिवाद भी एक स्वतःस्फूर्त विस्फोट था और उसकी कोई पूर्वपीठिका नहीं थी। वह पीठिका यही थी। उसी परम्परा में प्रेमचन्द और आचार्य शुक्ल जैसे बड़े लेखक आये। 'लोभ और प्रीति' निबंध में शुक्लजी लिखते हैं–'मोटे आदमियो। तुम ज़रा दुबले हो जाते अपने अंदेशे से ही सही–तो न जाने कितनी ठठरियों पर मांस चढ़ जाता।" आगे चलकर निराला और पंत तथा समीक्षा के क्षेत्र में क्रांतिकारिता और सामाजिक विद्रोह का समर्थन करने वाले युवा आचार्य नन्ददुलारे वाजपेयी ने कला-तत्त्वों का आग्रह करते हुए भी मानव-मुक्ति और राष्ट्रीय स्वातंत्र्य की आकांक्षा विश्वव्यापी ज़मीन पर की।

यह सही है कि आचार्य नन्ददुलारे वाजपेयी जैसे समीक्षकों ने पश्चिमी अनुकरणों का विरोध करते हुए वाद-विमुक्त साहित्य-सर्जना की माँग बाद के दिनों में की, किन्तु यह माँग पुराने, घिसे-पिटे, दक़ियानूस जीवनादर्शों की न होकर क्रांतिकारी सामाजिक परिवर्तनों और मर्यादाओं की थी, इसे जान लेना होगा। 'नया साहित्य नये प्रश्न' (1955) में नवीन यथार्थवाद वाले निबंध में वे लिखते हैं–"ऊपर मैंने जो कुछ कहा उसका यह मंतव्य नहीं कि कवि और साहित्यकार बदलते हुए समय और बदलती हुई परिस्थिति के अनुरूप नये विचारों का स्वागत न करें। मैं कह चुका हूँ कि अपनी तीव्र संवेदनाओं के कारण वे ही नये युग के अग्रदूत और विधायक हुआ करते हैं। नयी जीवन-स्थितियाँ उन पर अनिवार्य रूप से प्रभाव डालती हैं और नये

ज्ञान को वे आदर के साथ अपनाते हैं। वर्तमान समय में हमारा पुराना सामाजिक और आर्थिक ढाँचा बदल रहा है और नयी समस्याएँ सामने आ रही हैं। इनका असर सारी सामाजिक रीति-नीति और प्रथाओं पर पड़ रहा है। इन सब में परिवर्तन अवश्यम्भावी है। कहना तो यह चाहिए कि तीव्र वेग से घटित होने वाले परिवर्तन के फलस्वरूप ही पुरानी व्यवस्था उच्छिन्न हो रही है। नयी जीवन-शक्तियों को न पहचानना और प्रगति का साथ न देना, न केवल अदूरदर्शिता होगी, आत्मघात भी कहा जायेगा।" हमारे कई-कई कठमुल्ले साथियों को यह सब दिखायी नहीं देता और वे परम्परा की इन प्रगतिशील दृष्टियों को प्रतिक्रियावादी साबित करते रहते हैं। यह तो संभव है कि ये प्रगतिशील दृष्टियाँ मार्क्सवाद का झंडा न उठाएँ, पर सामाजिक प्रगति और राष्ट्रीय विकास में इनकी आस्था असंदिग्ध है। हमें अपनी चिंतन परंपरा को सबल एवं समृद्ध करने के लिए इस परंपरा का पुनरीक्षण आवश्यक है। पंत और निराला ही नहीं, प्रसाद और महादेवी की काव्य-साधना का पुनर्मूल्यांकन भी ज़रूरी है और देखना है कि उनमें हमारे लायक़ क्या-कुछ है? अन्ध अस्वीकार कोई विवेकसंगत आचरण नहीं। बड़े छायावादियों में विराट मानवता के दर्शन तो होते ही हैं, सामान्य मनुष्य के जीवन-संघर्ष और उसकी कठोर साधना का भी चित्रण भी होता है। मनुष्य की मनुष्यता की पूजा की सृजनात्मक शुरुआत तो वस्तुतः यहीं से प्रारम्भ होती है। और आने वाले युवा उत्तर-छायावादियों के काव्य में जो सहजता, इहलौकिकता, ठेठ देशजता और रूढ़ि-विरोध का स्वर मिलता है, वह यों ही नहीं चला आया है। बच्चन जैसे कवियों के काव्य में हिंदुस्तानी युवक की मस्ती-भर नहीं, उसकी वे बेचैनियाँ भी देखी जा सकती हैं जो संकीर्ण सामाजिकताओं और कठोर साम्प्रदायिक भेदभाव के बीच तड़फड़ा रही थीं। इसे केवल रोमांस का विस्फोट नहीं कहा जा सकता। बच्चन पर विचार करते हुए सेंकेविच के इस विचार को मद्देनजर रखना होगा कि 'मधुशाला' के काव्य-नायक में जो फक्कड़ता है, वह सिर्फ़ स्वप्न और नशे की दुनिया में ही डुबाने का एक पलायनवादी विकल्प नहीं सौंपती। कभी वह केवल स्वतंत्रता का ही पर्याय बन जाती है, तो कभी मंदिर, मस्जिद, गिरजे जैसी मानसिक दासता और सामाजिक अन्याय के साधनों के विरोध का पर्याय बन जाती है। अपनी रूढ़ सामाजिक स्थितियों के प्रति हमारे इन कवियों में तीव्र विरोध भाव था। पर ये कवि सामूहिक जीवन शैली और नवनिर्माण के प्रति आकांक्षा-विह्वल थे। हिन्दी कविता को जन-जीवन से जोड़ने का शुरुआती काम इन कवियों ने किया। पढ़े-लिखे निम्नमध्यवर्ग और मध्यवर्ग के श्रोताओं और पाठकों में इन तीव्र उमंगों के प्रति ज़बरदस्त ललक थी। यह केवल कंठ-माधुर्य नहीं था, कविता की वह विचार-सत्ता भी थी जो जकड़े हुए किन्तु स्वतंत्रताकामी मनों को आकृष्ट कर रही थी। इस स्वतंत्रता को और अधिक आर्थिक और सामाजिक आधार देने का काम जिन कवियों ने किया उनमें राष्ट्रीय भावना वाले कवियों के साथ यथार्थवादी

कवियों की भी एक पीढ़ी सक्रिय थी। असलियत यह है कि सन् 1930-35 तक हमारे साहित्य की जनवादी दृष्टि राष्ट्रीय और सांस्कृतिक विचारों की छाया में ही विकसित होती रही और बीसवीं शती के पूर्वार्ध के हमारे इन महान् लेखकों ने आगे आने वालों के लिए वह ज़मीन तैयार कर दी जिस पर समाजवादी लेखक अपना काम शुरू कर सकता था।

इन लिहाज़ से कई युवा कवि सामने आये—सुदर्शन, शील, शैलेन्द्र, मलखानसिंह सिसौदिया, शिवमंगलसिंह सुमन। और भी कई नाम जिन्हें चाहें तो गिनाया जा सकता है। इन कवियों के पास राष्ट्रीय भावना तो थी ही, समाज-परिवर्तन वाली उत्साही आकुलता भी थी। छायावादी संवेगपरकता और अपने समय की फ़ाकेमस्ती और दीवानगी भी इनकी कविता में प्रकट हुई। किन्तु इससे भी महत्वपूर्ण यह कि ये सभी कवि जनता के उन्नत जीवन के पक्षधर थे और इनकी कविता में यह पक्षधरता पूरे जोशोख़रोश के साथ प्रकट हुई। यह भी सच है कि ये सब किसी फ़ैशनवश इस ओर नहीं आये थे। वस्तुतः इनकी राष्ट्रभक्ति ही इन्हें यहाँ ले आयी थी। किन्तु इनमें से अधिकांश की कविता या तो बहुत स्थूल रूप में आन्दोलनात्मक और प्रचारधर्मी थी या फिर परिवेशगत यथार्थ की विश्लेषण-क्षमता के प्रति असावधान। उत्साह और समर्पण के बावजूद इसीलिए ये कवि अपनी रचनात्मक भूमिका को बहुत अधिक वज़न नहीं दे पाये। सुमन जी अपने रोमानी संस्कारों से भिड़ने के बजाय अधिक रोमनी होते गये, शैलेन्द्र फ़िल्मों की ओर चले आये और शील जैसे कवि मज़दूर-आन्दोलनों में व्यस्त हो गये। तब भी **'शील' जैसों की आस्था में कभी कोई विचलन नहीं आया। वे तब भी अति-क्रांतिकारी उत्साह और विचार-दृढ़ता से लैस थे, आज भी अपनी विनम्र किन्तु कट्टर निष्ठा में बेजोड़ हैं।**[1] नाटकों और कविताओं के मार्फ़त उनके जीवन का रचनात्मक संघर्ष आज भी देखा जा सकता है। आज भी उनकी कविता के ये सवाल हमें परेशान करते हैं—

आप राजनीति से भयभीत हैं—
भयभीत रहें।
आप सड़ी-गली सभ्यता गले लगाए हैं—
आप मृत से लिपटे हैं—लिपटे रहें।

× ×

राजनीति के जटिल संघर्ष में—
मैं यहाँ हूँ, तुम कहाँ हो, ये कहाँ हैं, वे कहाँ हैं?

(कर्मवाची शब्द हैं ये, पृ. 37)

यह जो कवि की जन-पुकार है, इसे समझाने की जरूरत आज भी है। उसकी गंभीर बेचैनियों का यह सिलसिला आज भी कविता में जारी है और पहले दौर की

1. यह भूमिका शील जी के जीवन-काल में ही लिखी गयी। अब वे दिवंगत हो चुके हैं।

प्रगतिशील कविता में भी मौजूद था। उन्हीं दिनों उर्दू में मजाज़ ने अपनी 'आवारा' (ए ग़मेदिल क्या करूँ, ए वहशते-दिल क्या करूँ?) नज़्म में लिखा था–

मुफ़लिसी और ये मुज़ाहर हैं नज़र के सामने
सैकड़ों सुल्तानो-जाबर हैं नज़र के सामने
सैकड़ों चंगेज़ो-नादिर हैं नज़र के सामने
ऐ ग़मे-दिल क्या करूँ, ऐ वहशते दिल क्या करूँ?

मजाज़ अपने भरपूर रोमानी स्वभाव के बावजूद अपने समय के क्रूर चेहरे को पहचानने में सबसे आगे थे। असमानता, विषम-जीवन-व्यवस्था, जनविरोधी सामंतवाद इसीलिए उनकी कविता के मुख्य दुश्मन थे। अपने वर्ग-शत्रुओं की सही पहचान की दिशा में वे बहुत तेज़ी से आगे बढ़ रहे थे। खड़ीबोली में इस व्यवस्थित और संतुलित दृष्टि का प्रवेश गद्य में तो प्रेमचन्द से हो चुका था, पर कविता में इसका आरंभ सन् 1940 से ही माना जाना चाहिए, जब कवियों की एक और पीढ़ी–नागार्जुन, शमशेर, केदार, मुक्तिबोध और त्रिलोचन सामने आये।

शुरू-शुरू में जब शील और सुदर्शन चक्र, शैलेन्द्र, पढ़ीस, बलभद्र दीक्षित और बच्चन के साथियों में अंचल, नरेन्द्र शर्मा और सुमन आये थे, तब भी कविता अपने ढंग से विकसित हो रही थी। इन कवियों में भी विषयगत ताज़गी के अलावा लोकसंवाद करने की भरपूर क्षमता थी। ये कविता और राजनीतिक जीवन ही नहीं, सामाजिक और राष्ट्रीय-अन्तर्राष्ट्रीय भावभूमि को भी अपने भाव-संसार के दायरे में शामिल करने में आगे थे। लोक और नागर जीवन, राष्ट्रीय पराधीनता और विदेशी शासकों के प्रति तीव्र प्रतिकार की मंशा के साथ-साथ जन की एकजुटता, पारस्परिकता, मोर्चाबन्दी और कर्मठ उत्साह का स्वर भी इनकी कविताओं में आसानी से देखा जा सकता है। शैलेन्द्र जैसों ने उसी समय लिखा था–'हर ज़ोर-जुल्म के टक्कर में संघर्ष हमारा नारा है।' इसके साथ ही वह यथार्थ भी व्यक्त होता रहा है जिसकी मूल अनुभूति सामाजिक और राजनीतिक उलट-फेर थी। प्रगतिशीलता के पहले दौर में आने वाले कवियों में शील (मन्नूलाल द्विवेदी) ने न केवल राष्ट्रीय आन्दोलन में भागीदारी निभायी, बल्कि समाज और जनजागरण के लिए नाटक, फ़िल्म, सत्याग्रह का रास्ता भी अख्तियार किया। ये वे कवि थे जो गुलाम देश के स्वातंत्र्य संघर्ष की कोख से पैदा हुए थे और हर क़ीमत पर स्वाधीन होने और रहने को कृत-संकल्प थे। राष्ट्रीयता और प्रगतिशीलता का यह मिला-जुला स्वर शील में ही नहीं, सुमन जैसे कवियों में भी मिलता है। किन्तु अपनी बहिर्मुखी सक्रियता और मंचीय उपलब्धियों के चाकचिक्य में इनकी कविता प्रगतिशीलता का विधिवत दोहन न कर सकी। फलतः ये कवि सामाजिक, राजनीतिक और अन्यान्य मोर्चों पर स्वयं को अतिशय व्यस्त रखते हुए कविता की गंभीर भाव भूमियों की ओर जाने की सहज सम्भावना खो बैठे। पिछले खेवे के अंचल, नरेन्द्र शर्मा, भगवतीचरण वर्मा जैसे लोग भी इस या उस ओर मुड़ गये। शुरू के इन कवियों ने

आत्ममंथन और आत्मसाक्षात्कार की प्रक्रिया अपनायी ही नहीं। कभी समय के दबाव ने इन्हें परिचालित किया तो कभी पूर्ववर्ती छायावादी संस्कारों ने। बात तो दिनकर, नवीन और माखनलालजी जैसे कवियों की भी हो सकती है, जिनके पास संघर्ष और रचनात्मक आग की कोई कमी न थी, पर राष्ट्रीय आन्दोलन और गांधी के प्रभाववश जिनका विद्रोही व्यक्तित्व अपनी स्वाभाविक अभिव्यक्ति न पा सका। आवेग-सम्पन्न होने के बावजूद इनकी कविता में छायावादियों-सा गम्भीर चिन्तन-मनन और युग-सापेक्ष दृष्टि विकसित नहीं हो पायी। हुआ यही कि ये प्रतिभाधर जीवन के अंतिम दिनों में अपनी-अपनी भूमिकाओं से बेहद-असंतुष्ट दिखे। कहने में कोई हिचक नहीं कि अगर सन्'36 में शुरू होने वाला प्रगतिशील साहित्यान्दोलन अपनी राष्ट्रीय भूमियों का विधिवत विश्लेषण-परीक्षण-मूल्यांकन करता हुआ हिन्दी कविता के कुल-खानदान वाली सामाजिक भावभूमि की पीठ ज़रा उदारता से थपथपाता तो पिछले दिनों का जो साहित्यिक बनवास हमारी वाम कविता को भुगतना पड़ा, वह टल जाता।

हमारे अपने आलोचकों की वैचारिक कट्टरता और संकीर्णता का ही एक यह हश्र हुआ कि प्रगतिशील कविता निरन्तर लेबुल और वाद के घेरे में हाथ-पाँव सिकोड़ कर बैठ जाने की नियति की शिकार हुई। मुक्तिबोध ने तो और भी आगे बढ़कर 'समीक्षा की समस्याएँ', शीर्षक लेख में पूछा—"छायावाद के कवियों को छोड़कर शेष जो 'गौण' कवि थे—जैसे माखनलाल चतुर्वेदी, बालकृष्ण शर्मा 'नवीन', भगवतीचरण वर्मा, सुभद्रा कुमारी चौहान तथा अन्य ऐसे कवि जिनकी अपनी विशेष अभिव्यक्ति शैली थी—उनके संबंध में प्रगतिवादियों ने कितनी ग्रन्थ-रचनाएँ कीं? यदि वे छायावादी कवियों समेत इन सबके साहित्य का विश्लेषण-मूल्यांकन करते तो उनकी कला-समीक्षा—प्रगतिवादी कला-समीक्षा—क्या उस पूरे युग को समेट न लेती?" इस विचार-क्रम में आगे वे लिखते हैं—"ध्यान में रखने की बात है कि लेखकों से 'कलह' करके, ऐसे लेखकों से जिन्हें पूरा-का-पूरा विपक्षी नहीं कहा जा सकता, जो अभी अपनी विकास-यात्रा पर आगे बढ़ रहे हैं, आप अपने उन प्रभावशाली विपक्षियों के हाथ ही मजबूत बना रहे हैं, जिनका एक मात्र उद्देश्य आपकी विचारधारा को और आपको पूर्णतः समाप्त कर देना है।" ऐसे में कभी कोई कलाचिंतन और विचार-प्रणाली अपनी व्यापक भूमिका कैसे रच सकती है? उन्होंने सुझाव देते हुए लिखा—"आपको स्थिति-परिस्थिति का, सामाजिक-राष्ट्रीय अवस्था का, परिप्रेक्ष्य रखना आवश्यक है।"

विचार या सिद्धांत जब कला या साहित्य के चौखट पर खड़े होकर दस्तक देते हैं तब यह जरूरी नहीं कि उनके लिए विद्यमान कला-व्यवस्था और अनुभव-संस्कार को खारिज करके तत्काल नये आसन डाल दिये जायें। कला और साहित्य की दुनिया में परम्परा के जीवंत संस्कारों की जितनी गहरी और झीनी परतें काम करती हैं उन्हें पहचानना और मानव-पक्ष में उनके अर्थों की सम्भावना की तलाश करना कला और साहित्य-समीक्षक के लिए हमेशा ज़रूरी रहा है। जो ऐसा नहीं कर पाता, वह पिछलों को तो खैर क्या समझेगा

अपने समकालीनों की भी समुचित विवेचना और व्याख्या नहीं कर पाता; जबकि ज़रूरी है कि हम अपने समय के रचनाकर्म का परीक्षण और मूल्यांकन करते रहें। इस बात पर निरन्तर हमारी निगाह टिकी रहे कि प्रगतिशील और जनवादी कहे जाने वाले साहित्य का कौन-सा हिस्सा 'शोषक वर्गों के विरुद्ध श्रमिक जनता के हितों को प्रतिबिम्बित' करता है। और शोषित जनता के श्रम पर आधारित जो साहित्य हमारे सामने है वह एक खास वक़्त में उस जनता के लिए कहाँ तक उपयोगी है और हो सकता है।

इसके अलावा यह भी ध्यान रखना होगा कि सभ्यता के अनेक तत्त्वों की तरह साहित्य में भी ऐसे तत्त्व होते हैं जो विरोधी वर्गों के काम में आते हैं। इसलिए साहित्य को केवल संकीर्ण कठमुल्ले आग्रहों और कोरे सैद्धान्तिक या फ़ार्मूलाबद्ध नियमों की सीमा में रगेद कर आश्वस्त होने वाला आलोचक प्रगतिशील साहित्य का मित्र तो कदापि नहीं हो सकता। 'परम्परा का मूल्यांकन' पर विचार व्यक्त करते हुए डॉ. रामविलास शर्मा की यह स्थापना हम लेखकों को ध्यान में रखनी होगी कि "इतिहास के ज्ञान से ही ऐतिहासिक भौतिकवाद का विकास होता है, साहित्य की परम्परा के ज्ञान से ही प्रगतिशील आलोचना का विकास होता है। ऐतिहासिक भौतिकवाद के ज्ञान से समाज में व्यापक परिवर्तन किये जा सकते हैं और नयी समाज-व्यवस्था का निर्माण किया जा सकता है। प्रगतिशील आलोचना के ज्ञान से साहित्य की धारा मोड़ी जा सकती है। ऐतिहासिक भौतिकवाद कुछ अमूर्त सिद्धान्तों का संग्रह नहीं है, वह मानव-समाज के इतिहास का मूर्तज्ञान है। वैसे ही प्रगतिशील आलोचना किन्हीं अमूर्त सिद्धांतों का संकलन नहीं है, वह साहित्य की परम्परा का मूर्तज्ञान है। और यह ज्ञान उतना ही विकासमान है जितना साहित्य की परंपरा।" किन्तु इसी के साथ यह जान लेना भी जरूरी है कि साहित्य विचारधारा मात्र नहीं है। उसमें मनुष्य का इन्द्रिय-बोध, उसकी भावनाएँ, आंतरिक प्रेरणाएँ भी व्यंजित होती हैं। इसीलिए यह कहना पड़ता है कि समाजवादी व्यवस्था के क़ायम हो जाने पर भी जातीय अस्मिता खंडित होने की बजाय अधिक पुष्ट होती है और कोई भी समाजवादी संस्कृति पुरानी संस्कृति से नाता नहीं तोड़ती, वरना वह उसे आत्मसात करती हुई आगे बढ़ती रहती है।

डॉ. शर्मा के इन विचारों के आलोक में यह बात फिर से दुहरायी जा सकती है कि हमारे आन्दोलन की शुरुआत के दिनों में कवियों का एक और वर्ग सामने आया जो 'तार-सप्तक' की रंगीन गहमा-गहमी और साहित्यिक बमचख से बाहर तो था ही, अपने महान पूर्ववर्ती छायावादियों की चौंध से भी काफ़ी-कुछ मुक्त था। ऐसों में केदार, नागार्जुन, त्रिलोचन, रांगेय राघव जैसे लोग थे जो अपनी राह खुद बना रहे थे। अगर रांगेय राघव को थोड़ी देर के लिए छोड़ दें तो यह कहने की सुविधा में हम आ जाते हैं कि हमारी प्रगतिशील कविता का प्रधान प्रेरणा-स्रोत मिल-मज़दूर न होकर, किसान था। कल-कारखानों और उद्योग-नगरों की बस्तियाँ न होकर खेत-खलिहान

और बाग-बंजर थे। प्रेमचन्द गद्य में यह काम कर ही रहे थे। इसलिए केदार, त्रिलोचन और नागार्जुन से प्रस्रवित होने वाली कविता ग्रामीण परिवेश में जन्म लेने वाले, ग्रामीण संस्कारों में पले-बढ़े कवियों की कविताएँ थीं जिनमें गाँव सिर्फ़ एक विषयमात्र नहीं, हमारे जीवंत अनुभवों की एक ऐसी आत्मीय बिरादरी थी जिसे कविता के शब्दों में बाँधते हुए हमारे ये कवि न तो आन्दोलनी उफानों से परिचालित थे, न ही कोरे सैद्धान्तिक दबावों से ही प्रेरित। ये तीनों ही अगर ग्रामीण सचेतनता के कवि थे तो इसी के साथ एक और नाम स्वयं डॉ. रामविलास शर्मा का भी जोड़ा जा सकता है। यह वह समय था जब भारतीय अर्थव्यवस्था के केन्द्र में कृषि-उत्पादन प्रमुख था (सो तो अब भी है) और हमारे ये कवि उसी जीवन-शैली की गोद में पले और बढ़े थे। इनके आधारभूत अनुभवों का स्रोत यही गाँव था। फलतः प्रेमचन्द की तरह इनकी कविता में ग्रामीण नेह-छोह, दुख-दर्द, अभाव-मजबूरी, अज्ञान-अशिक्षा, वर्णगत कट्टरता और ऊँच-नीच के भावों के साथ लोक-प्रकृति, रीति-रिवाज, तीज-त्योहार भी खूब आये। जो सबसे बड़ी बात इस कविता के ज़रिए आयी वह थी नये किस्म की सचेतनता, उद्यम शीलता, संघर्ष-चेतना और अपराजेयता का भाव। ऐसा नहीं कह सकते कि यह भाव हमें हाँ, ऐतिहासिक भौतिकवाद से मिला। ये वृत्तियाँ तो हमारी विरासत में पहले से ही मौजूद थीं। ऐतिहासिक भौतिकवाद ने हमें विशेष तौर पर उस ओर ध्यानांतरित करना शुरू किया। हमारी सोच में यह परिवर्तन घटित हुआ कि यह जो व्यवस्था है वह मनुष्यकृत है और समय-समय पर बदलती और बदली जाती रही है। अतः जरूरी है कि हमारे सामाजिक और कलात्मक प्रयास इस नये बदलाव के माध्यम बनें। गँवई जीवन की सपाट सामाजिकता और नगरीय जीवन की अतिमहत्वाकांक्षी, सुविधाखोजी संघर्षविमुखता के ख़िलाफ स्वभावतः हमारे इस लेखन को खड़ा होना ही था। सुखद आश्चर्य यह कि इसी लोक के बीच से मुक्तिबोध, नेमिचन्द्र जैन, भवानीप्रसाद मिश्र, हरिनारायण व्यास, शमशेरबहादुर सिंह, सर्वेश्वर और रघुवीर सहाय जैसे लोग भी आ रहे थे। जनता के प्रति समर्पित, लोकजीवन के सुखदायी भविष्य का सपना देखने वाले इन कवियों की कविताओं में दृढ़ सामाजिक आस्था और उल्लास का भाव तरंगित हो रहा था। कभी-कभी इनमें निराशा और क्षोभ के क्षण भी हैं, किन्तु मूलभूत तौर पर ये सब जनसमर्पित, स्वाधीनताकामी, और जुझारू लोकजीवन के कवि थे जिन्होंने यह मान लिया था कि कविता स्वयं में कोई साध्य नहीं है, साध्य तो वह मानव-जीवन है जिससे संस्कृति नया स्वरूप ग्रहण करती है और सभ्यता का माथा ऊँचा उठता है। यहाँ यह कहने की आवश्यकता फिर भी रह जाती है कि कवि एक ऐसा संस्कृति-कर्मी होता है जो केवल परम्पराओं के पोषण या संरक्षण का काम नहीं करता, वरन अन्य समाजसेवियों, राष्ट्रकर्मियों और विचारकों को सूक्ष्म तौर पर आत्मसात करता हुआ उन समस्त मानवी उपलब्धियों को सृजनात्मक स्थायित्व भी देता चलता है जो पीछे के इतिहास का जीवंत बोध तो कराती ही हैं,

आगे की संभावनाओं का पता लगाने में भी हमारी मदद करती हैं। केदार, नागार्जुन और त्रिलोचन ही क्यों, सारे शब्दकर्मी जो अपने अनुभवों में मानवहित-चिन्तन में जुटे हुए हैं, अपनी कविता को यों ही 'सुरसरि धारा' नहीं मानते।

कहना सिर्फ़ यह है कि यह मानव-बिरादरी जो प्रगतिशील कविता में आयी है, वह किस अर्थ में उस मानवतावाद से भिन्न है जो इसी धरती पर एक मनुष्य को उत्तम श्रेणी में प्रतिष्ठित कर उसमें देवत्व की संभावनाएँ देखता है तो दूसरे को पशु से अधिक कुछ नहीं समझता? यह वह मानवतावाद भी नहीं है जिसका लक्ष्य व्यक्ति-मुक्ति है। प्रगतिशील बिरादरी इन दोनों को ही आलोचना की निगाह से देखती है और उस 'सामाजिक मानवतावाद' का समर्थन करती है जिसकी एकमात्र प्रतिज्ञा मनुष्य को आर्थिक, राजनीतिक और सामाजिक शोषण से मुक्त करना है। 'सहज साधना' में आचार्य हजारीप्रसाद द्विवेदी का यह वक्तव्य गौरतलब है – "सामाजिक मानवतावाद ही उत्तम समाधान है। मनुष्य को–व्यक्ति-मनुष्य को नहीं, बल्कि समष्टि-मनुष्य को–आर्थिक, सामाजिक और राजनीतिक शोषण से मुक्त करना होगा। आज के सुसंस्कृत मनुष्य की यही कामना है, यही उसके अंतरतम की चाह है।" तभी तो मुक्तिबोध जैसे चिल्ला-चिल्लाकर कहते हैं–

"ओ मेरे आदर्शवादी मन,
ओ मेरे सिद्धान्तवादी मन,
अब तक क्या किया?
जीवन क्या जिया !!

× × ×

बताओ तो किस-किस के लिए तुम दौड़ गये
करुणा के दृश्यों से हाय! मुँह मोड़ गये !!
बन गये पत्थर
बहुत-बहुत ज्यादा लिया
दिया बहुत-बहुत कम
मर गया देश, अरे, जीवित रह गये तुम !!

और यह संकल्प भी लेते हैं–

अब अभिव्यक्ति के सारे ख़तरे
उठाने ही होंगे
तोड़ने होंगे ही मठ और गढ़ सब

किन्तु 'याद रखें/कभी अकेले में मुक्ति न मिलती/यदि वह है तो सबके ही साथ है'। इसे हम केवल वर्गाधारित कथन भी नहीं कह सकते। कोई भी महान् कलाकार केवल चन्द लोगों की पक्षधरता की बात नहीं करता। वह तो समस्त और उन्नत मनुष्यता के विरोध में उठ खड़ी होने वाली लोक-विरोधी, अन्यायपूर्ण, व्यक्तिवादी शक्तियों के खिलाफ़ अपनी

शब्द-साधना करता है। अब अगर इसमें व्यापक जन-मंगल के लिए कुछ जड़ स्वर्थियों और दुराग्रहियों को क्रान्ति की दहाड़ती लपटों में झोंक ही देना पड़े तो इसे हिंसा नहीं कहा जा सकता। क्रूर उपचार यह भले ही हो। किन्तु है यह उपचार ही, 'अधर्म' या हिंसा नहीं। यह उस मरणोन्मुख सामंतवादी ढाँचे का विरोध जरूर है जिसमें मामूली आदमी की श्रम-निष्ठा ग़ायब हो जाती है और इस पूँजी को खोकर वह अपने आदमीपन से भी हाथ धो बैठता है। 'कफ़न' कहानी के घीसू-माधव यहाँ अनायास याद हो आते हैं।

मनुष्यता के सामने एक अभिनव 'धर्मयुद्ध' आज अपनी सारी चुनौतियों के साथ खड़ा है। कुछ थोड़े-से चालाक क़िस्म के लोग शेष सारे लोगों का एक गम्भीर साँठ-गाँठ के तहत नियोजित शोषण कर रहे हैं। आदमी-आदमी के बीच की दीवार घटने और नीची होने के बजाय और ऊँची हो रही है। विख्यात पत्रकार श्री कुलदीप नैयर ने इधर लिखे अपने एक ताज़े लेख में आज़ादी के बाद के भारतीय समाज पर चिन्ता प्रकट करते हुए लिखा है, "स्वतंत्रता के 35 वर्ष बाद कोई भी विचारवान व्यक्ति यही सोच सकता है कि राष्ट्र किसी गम्भीर भूल का शिकार बन रहा है। आज प्रत्येक ही अपने बारे में ही सोचता है और स्वाधीनता संग्राम और आज़ादी के पहले वर्षों के दिनों जैसा आदर्शवाद और निष्ठा की भावना इने-गिने लोगों में ही रह गयी है। जो लोग समृद्ध हैं, उनके हृदय निर्धनता से किंचित मात्र भी द्रवित होते हुए नहीं लगते। जब कोई धनी व्यक्ति किसी शाम एक रेस्तराँ में कई निर्धन परिवरों की एक वर्ष की आय के बराबर धनराशि खर्च कर देता है तो क्रोध के उभार की बात तो दूर रही, यह भावना तक पास नहीं फटकती कि ऐसे हालात क्यों पैदा हो रहे हैं।" ऐसे ही उदासीन समाज के समृद्ध लोगों को चेतनावनी देते हुए लेखक ने अपने लेख के अन्त में लिखा है–"ये समृद्ध लोग एक ऐसे द्वीप में रह रहे हैं कि जो भूख, रोग और बेरोजगारी से घिरा हुआ है। तट पर लहरों के थपेड़े अपना रौद्र रूप दर्शाने लगे हैं और वे लोग प्रतिरोधी तट-बन्धों के निर्माण हेतु पुलिस और अर्धसैनिक बलों का प्रयोग कर रहे हैं। वे कितनी देर तक सागर के प्रबल प्रभंजन को रोक पायेंगे?" हमारा जनवादी लेखन इसी गम्भीर और चिन्ताजनक परिवेश को लेकर फ़िकरमंद है। इसी यथार्थ के ढेरों कुत्सित और घृण्य चेहरे यहाँ छापे गये हैं। अब कोई कहे कि कविता तो अलंकृत और रमणीय पदावली है, ठेठ ज़िन्दगी का यह महौल यहाँ क्यों आना चाहिए, तब उसे बताना ही होगा कि कला का भी एक लोकधर्म होता है–उसकी सामाजिक प्रतिबद्धता। जब यह प्रतिबद्धता कसौटी पर चढ़ती है तब काव्य और कला क्या, संस्कृतियों के आदर्श और पैमाने तक बदल जाते हैं। कला और साहित्य की दुनिया पर सामाजिकता का यह दबाव हमेशा रहा है और इसी के चलते कलाएँ अपना परिवर्तित आकार और स्वरूप ग्रहण करने को विवश हुई हैं।

यह हमारे समय का दबाव है कि आज विश्व-साहित्य का तीन-चौथाई हिस्सा

सर्वहाराओं के मुक्ति-संघर्ष में भागीदारी करता हुआ उनके हितचिन्तन में लगा हुआ है। यही वह विश्व-मानवतावाद है जो इस जनवादी कविता की रीढ़ कहा जा सकता है। एक ओर किसान-मजदूर हैं तो दूसरी ओर निम्नमध्य वर्ग और बीच में वह पढ़ा-लिखा, खाता-पीता संघर्षरत संवदेनशील मध्यवर्ग जो फ़िलहाल वैचारिक लड़ाई की अगुवाई कर रहा है। इसी वर्ग से हमारा वह साहित्य चलकर आ रहा है जिसके लिखे को हम 'जनता का साहित्य' कहते हैं। पर मुसीबतें अभी काफ़ी हैं और हमारे लेखकों को अभी भी अपने मध्यवर्गीय, उच्चवर्गीय संस्कारों से नोकझोंक करनी पड़ रही है। एक ही क़लम से दुहरी लड़ाइयाँ लड़नी पड़ रही हैं। श्रेष्ठ काव्य बनाम जनोन्मुख काव्य की जुगलबन्दी नागार्जुन और केदार-त्रिलोचन जैसे कवि पेश कर पा रहे हैं तो शमशेर, मुक्तिबोध जैसे कवि जनता के लिए न लिखकर 'जनता का साहित्य' अर्थात् जनता के पक्ष का साहित्य लिख रहे हैं जो उसके जीवन-मूल्यों और जीवनादर्शों की स्थापना करता हुआ उसे मुक्ति-पथ पर अग्रसर होने की प्रेरणा दे। यह मुक्ति जितनी दूर तक राजनीतिक है, उससे कहीं अधिक गहरे अर्थों में सांस्कृतिक भी है, क्योंकि अज्ञानी और अबोध को अगर मुक्ति दे भी दी जाये तो हाल वही होगा जो उन मछलियों का हुआ था जिन्हें स्वतंत्र करने के ख्याल से एक तालाब को काट कर नदी से जोड़ तो दिया गया था किन्तु गुलाम मछलियाँ अज्ञानता के मारे, मिली हुई स्वतंत्रता का उपभोग नहीं कर पा रही थीं।

आज हमारे इन कवियों के सामने यह समस्या है कि अल्प-साक्षर और ज्यादातर निरक्षर जनता को उसी के पक्ष में लिखे हुए शब्दों के मर्म तक कैसे पहुँचाया जाये? अज्ञान और अंधविश्वास में पड़ी हुई जनता के लिए उन सीधी-सादी, ठेठ कविताओं की भी जरूरत है जो उसे प्रशिक्षित कर प्रारम्भिक तौर पर सचेत और मुस्तैद करें और उन कविताओं की भी जो उसके आगामी विकास की रूपरेखा भी रच सकें। हमारी कविता और कलाएँ जब तक इस दुहरी भूमिका का निर्वाह नहीं करेंगी, कविता का शुद्ध धर्म सम्पादित न होगा। मुझे यह लिखते हुए सन्तोष है कि हमारे ये कवि यह काम कर पा रहे हैं और ऐतिहासिक तौर पर वे अपनी भूमिका में सफल हैं। उनकी कविता में जितना यथार्थ चित्रण है उतना ही शिक्षा-बोध भी, जितना शिक्षा-बोध है उतना ही भविष्य-दर्शन भी। इस अर्थ में यह कविता पिछली कविताओं से कहीं अधिक ज़िम्मेदार और मानवीय लगती है, क्योंकि इसकी मूल चिन्ता आज की यातनाग्रस्त मनुष्यता है।

बीच-बीच में यह सवाल भी खड़ा कर दिया जाता है कि अपने को जनवादी कहने वाली यह कविता क्या कलात्मक भी है? इसके उत्तर में कहना होगा कि रूप और अन्तर्वस्तु के गम्भीर विवेचन भी यहाँ कम नहीं हुए हैं इस सन्दर्भ में मुक्तिबोध और शमशेर जैसों का काव्य-चिन्तन लक्ष्य करने की माँग करता है। किन्तु जब-जब हमारी यह कविता मुखर होकर उस जनता के बीच अपनी साख जमाने लगती है, यह

एक आवाज़ आती ही है कि यह श्रेष्ठ कला नहीं है, क्योंकि यह खुली और प्रकट है, सीधी और प्रत्यक्ष है, सादी और सपाट है। जैसे ये सब कला के गुण ही न हों।

हम जानते हैं कि कला का स्वभाव मानव-स्वभाव और जीवन-प्रक्रिया से किसी भी अर्थ में अलग नहीं होता। वह उतनी ही सरल और गूढ़—आवश्यकता और परिस्थिति के अनुसार—हो सकती है जितना कि मानव-स्वभाव वज्र की तरह कठोर, कुसुम से भी अधिक कोमल। धरती जैसा विस्तार और आकाश जैसी अनन्तता वह इच्छानुसार धारण कर सकती है। वह घोंघा-धर्मी क्यों हो? क्यों वह चन्द सामंत दिमागों और चतुर किन्तु बिके हुए सत्तापरायण बुद्धिजीवियों की अनुगता बने?, उन्हें अपने मॉडल के रूप में क्यों स्वीकारें? उधार के मुहावरों और छद्म आधुनिकता को वह अपने काव्य में प्रवेश क्यों दे? विपरीत इसके उसका प्रेरक स्रोत तो वह जन-जीवन होता है जिसे अपने और कवि के बीच में किसी की कोई भी मध्यस्थता स्वीकार नहीं। और यह तभी सम्भव है जब हमारे कवि जनता से सीधे जुड़कर इस ओर आयें। इसके बिना अगर वे कवि हैं, तब अधूरे और अप्रासंगिक (कभी-कभी अप्रामाणिक) साबित होंगे। उनमें कालिदास जैसी लोक-संपृक्ति, कबीर जैसा वैचारिक साहस, तुलसी जैसी लोक-परायणता, सूर और मीरा की-सी तन्मयता, घनानंद की-सी बेचैनी और तड़प तथा छायावादियों का-सा सांस्कारित विद्रोह और उदार मानवतावाद होना ही चाहिए। वह स्वयं अर्जित संघर्ष चेतना भी जो उन्हें हमारे समय का प्रमाणित कवि साबित करेगी।

सही है कि मामूली कवि नक़ल करता है, विशिष्ट कवि हमारे आस्वाद में बदलाव लाता है, किन्तु महान कविता हमें नयी जीवन-दृष्टि से सम्पन्न करती है। प्रगतिशील और जनवादी या यथार्थवादी कविताएँ जीवन-दृष्टि के इसी ऐतिहासिक बदलाव की सूचना देती हुई हमारे आगे खड़ी हैं। इनमें भाषा की चिकनी-चुपड़ी आकृतियाँ, सुगन्धित भाव-विहार और समाधिलीन कर देने वाली रमणीयता तो खैर नहीं ही है, अनुभूतिगत विलक्षणता और बहुप्रचारित किन्तु तथाकथित या उधार की आधुनिकता भी नहीं है। इनमें अपने आस-पास के समाज और दुनिया की वे घटनाएँ और प्रसंग हैं जिन्हें लेकर पिछले कल की कविता शायद जाति-बहिष्कृत ही हो जाती।

भावनाओं का इतना सामान्य किन्तु विशाल दायरा, अनुभवों की सघन देशजता और विचारों की स्पष्टता और प्रखरता इस कविता के वे गुण हैं जिनकी तुलना उस सहृदयता से तो नहीं ही की जा सकती, जो केवल भव्य-दिव्य, कोमल और उदात्त में रमना जानती है। यह वह कविता है जो मनुष्य की लोकोत्तर करुणा से फूटी है, सामाजिक अन्याय के विरुद्ध क्षोभ और रोष से युक्त है तथा समूह-जीवन के पारस्परिक सहयोग और निर्वाह-भाव के प्रति जिम्मेदारियों से भरी है। कवि और कविता के निजी प्रयोजनों से अलग लोक की पीड़ा और संघर्ष की अभिव्यक्ति के रूप में प्रयुक्त करते हुए जिस परिवर्तनशील राष्ट्रीय मनोभावना को भारतेन्दु ने

ज़ाहिर करना चाहा था, वही काल-क्रम में और अधिक सजग और निपुण होकर इन कवियों के यहाँ उपस्थित है।

कहते हैं कविता में दर्शन के समावेश से उसका अर्थ-घनत्व कुछ बढ़ जाता है। अनुभव और विवेक की अपेक्षित भागीदारी से उसकी उम्र दुगुनी हो जाती है। किन्तु किसी खास दर्शन के ऊलजलूल समावेश से, या किसी दार्शनिक काव्य-धारा में अपना नाम लिखवा लेने भर से कोई कविता बड़ी नहीं हो जाती इसे भी हमारे ये कवि जानते हैं। कवि और पद्यकार का भेद जो लोग समझते हैं, उन्हें यह फ़र्क बताने की ज़रूरत नहीं कि ये वे सच्चे और समर्पित कवि हैं। इन्हें अपनी चुनौतियों और जिम्मेदारियों का भरपूर ज्ञान है। ये यह भी जानते हैं कि कवि की दृष्टि उसके जीवनानुभवों से निर्मित छवियों से फूटनी चाहिए—आभा की तरह न कि वह मेकअप की तरह अलग से दिखे। हमारे ये कवि इस आभा को सही-सलामत रखने में ज़्यादातर कामयाब हुए हैं।

—1984

और ये कवि

हिन्दी की जनवादी कविता का यह मानक संकलन तैयार करते हुए मेरे मन में कई असमंजस थे। कई भय भी। मुझे लगता रहा कि मेरे द्वारा चुने और संकलित ये कवि और उनकी कविताएँ कहीं हिन्दी कविता की निरन्तर वृहत्तर होती परिधि को सीमाबद्ध न कर दें और पाठक इन्हें ही अन्तिम न मान लें। अगले संकलनकर्त्ता अपने इसी रंग के संकलनों में कुछ और ही कविताएँ चुनें (जिसका कि हक़ उन्हें है)। तब इन कवियों की कौन-सी तस्वीर मान्य होगी? और सबसे बड़ा प्रश्न यह कि कल जब कुछ और नाम इस पंक्ति में आ खड़े होंगे, तब उनकी अनुपस्थिति में यह संकलन कितना अधूरा लगता रहेगा। तब भी इतिहास की जिम्मेदारी और काल की भवितव्यता में से मुझे अपनी ज़िम्मेदारी ही निभानी थी। वही यहाँ मैंने किया है।

सबसे पहला सवाल तो यही कि ये पाँच ही क्यों? छठा, सातवाँ या आठवाँ नाम क्यों नहीं? बीच बीच में बाबा नागार्जुन और मेरे प्रकाशक श्री अरविन्द कुमार की यह राय बनी कि इन पाँचों के साथ अज्ञेय, भवानीप्रसाद मिश्र और हो सके तो रघुवीर सहाय और सर्वेश्वर को लेकर इसे कुछ और ही रूप दे दिया जाये। वैसा कर भी डालता तो दूसरी बातें और नाम परेशान करते। हाँ, भवानी भाई, सर्वेश्वर और रघुवीर सहाय को मैं इसमें शामिल करने के लिए बार-बार सोचा करता और कतिपय संकोचों के साथ कविवर शील को भी। पर शील जी के पास या तो इस मशरफ़ की सामग्री सहजता से अनुपलब्ध है या फिर वे ही जन-संघर्ष के मोर्चों पर इससे व्यस्त हैं कि उनको आसानी से पाया और जाना नहीं जा सकता। शील जी की भावना इतनी कट्टर सिद्धान्तपरक और विचलनहीन है कि उनकी उपलब्ध कविताओं में कोरी वैचारिक उच्छलता ही मुख्य है। भवानी भाई जन जीवन और प्रकृति की गतिमयता, उल्लास, आस्था और आत्मविश्वास के कवि हैं। उनमें एक वैष्णवी तेजस्विता और सहृदयता है; किन्तु कई मुद्दों पर वे हमारे इन कवियों से न केवल अलग-थलग हैं, वरन् असहमत भी। कहने को तो वे यह भी कहते हैं कि–

फूल को

बिखरा देने वाली हवा भी
कौन कहता है
कि चलनी नहीं चाहिए
समूचा जंगल
जला देने वाली आग भी
कौन कहता है
कि जलनी नहीं चाहिए।

(अँधेरी कविताएँ)

किन्तु उनकी कविता में प्रतिबद्धतावादी विचारधारा को लेकर कई अगर-मगर हैं और कवि की वैचारिक स्वतंत्रता और स्वाधीनता को वे गहरी तीव्रता से प्यार करते हैं। तब भी उनकी कविता में जन-संघर्षों की गहरी आँच है। अपने आस-पास के हिंसक और जनविरोधी वातावरण के ख़िलाफ वह सात्विक तेज और ललकार से भरी हुई है। सतपुड़ा के घने जंगलों की वनैली उन्मुक्ता और निडरता, दिल्ली के धुले-पुँछे राजपथों पर गम्भीर चिंताकुल और रोषपूर्ण हो उठी है। कदाचित उदास और चिन्ताग्रस्त भी। भले ही हमारे इन कवियों से उनका रास्ता और कवि-दृष्टि अलग हो, किन्तु वे जनता के जीवन-संघर्षों और उसके द्वारा किए जाने वाले प्रयत्नों से कभी भी दूर नहीं हैं। उनकी कविता की भाषा किस तरह 'बोली' में बजती है—इसे बताने की ज़रूरत नहीं। वह हमारी अपनी ही अभिव्यक्ति लगती है, हमें जगह-जगह से घेरती और सचेत करती हुई। अहिंसा की तेज़ धार वाली ये कविताएँ कला की ठंडी और चमत्कारी मुद्राओं से काफ़ी दूर उस क्षोम क्रोध की भंगिमा लिये हुए हैं, जिनसे राजधानियाँ थरथराती हैं और मामूली माना जानेवाला आदमी नया आत्मविश्वास प्राप्त करता है।

रघुवीर सहाय और सर्वेश्वर कविता की छन्द-अभिव्यक्ति और मुद्राओं का प्रतिवाद करते हुए, उसी माहौल के ठीक बीच से अपनी राह निकालते हैं, जिसे पश्चिमी कला-जगत के कई ह्रासोन्मुख मुहावरों ने घेर रखा है। इन कवियों की निगाह हमेशा उस आदमी और जमीन पर रही है, जो दिनों-दिन विपन्न होती जा रही है। भूख, महामारी, साम्प्रदायिक दंगों और अकाल के चपेट में है। राजनीति के बहेलिये जिसका नित्य प्रति शिकार कर रहे हैं और जो हर रोज़ अपनी हैसियत खोता जा रहा है। हमारी तथाकथित ग़ैर-रोमानी आधुनिक (आधुनिकतावादी) कविता के मजमे से बाहर हमारे ये कवि शब्द को एक उपयोगी और सार्थक सामाजिक हथियार के रूप में साध रहे हैं। दुखद है कि इसी शब्द-साधना के दौरान सर्वेश्वर का आकस्मिक निधन हो गया और जिन वर्ग शत्रुओं और उनकी सेनाओं की पहचान कराने में वे लगे हुए थे, वह अब युवतर कवियों की जिम्मेदारी के हिस्से में आ गया। सर्वेश्वर

को क़स्बे, गाँव और राजधानी का एकत्र अनुभव था। वे दोनों दिशाओं के आर-पार देख लेते थे। उनके बिम्ब, मुहावरे, उनकी लोक-चेतना और यथार्थ दृष्टि ने काफ़ी महत्तर कार्य किया है, जिसके मूल्यांकन का वक़्त यह नहीं है। इन दोनों को भी शमिल कर पाना अगर व्यवहारतः सम्भव हो पाता तो कितना बेहतर होता।

इसी क्रम में दुष्यंत कुमार, केदारनाथ सिंह, कुमारेन्द्र पारसनाथ सिंह, हरीश भादानी, शलभ श्रीरामसिंह, विजेन्द्र, धूमिल, वेणु गोपाल, रमेश रंजक, मंगलेश डबराल, पंकजसिंह, विनय दुबे, मनमोहन, उदय प्रकाश, राजेश जोशी, अरुण कमल, नरेन्द्र जैन और अदम गोंडवी जैसे कवियों का नामोल्लेख भी यहाँ जरूरी है। धूमिल, यात्रा की शुरुआत में ही, सतीश चौबे और सूर्यप्रताप सिंह की तरह अचानक चले गये। दुष्यंत अपना अधूरा काम ही कर पाये। केदारनाथ सिंह, कुमारेन्द्र और शलभ श्रीराम सिंह अपनी भूमिका-अदायगी की रफ्तार में है। इनमें से कौन कितनी तेज़ी में है और कौन कितने बहकावों और भावुकताओं में, इसका लेखा-जोखा करने का न तो यह वक्त है और न मेरे इस काम की प्रतिज्ञा ही। इतना ज़रूर कहना होगा कि हिन्दी की जनवादी काव्यधारा नये सिरे से अपने को सम्बोधित और प्रशिक्षित कर रही है। वह जितना अपने पूर्वजों से ग्रहण कर रही है, उतना ही समकालीनों से भी ले रही है। उसकी दृष्टि न तो धूमिल है, न मंद ही। पिछली पीढ़ियों की तुलना में वह अधिक ज़िम्मेदार और कला-अनुरागिनी है। किन्तु उसे यह याद रखना होगा कि जनवादी कला पर पूँजीवादी आधुनिकता के चौतरफ़ा हमले तेज़ी से जारी हैं और तमाम प्रकार के प्रलोभन इधर-उधर फैला दिये गये हैं। सत्ताएँ खुद अपने प्रचार-माध्यमों से कला और संस्कृति का प्रचार-प्रसार निर्धारित और नियोजन करने लगी हैं। लेखकों-कवियों-कलाकरों को प्रोत्साहित करने के नाम पर पालतू बनाये जाने की प्रच्छन्न साजिशें भी की जा रही हैं। कभी-कभी तो इनकी मुद्रा देखते ही बनती है, जब इनकी नीतियों और विचारों के प्रति कोई स्वतंत्रचेता लेखक अपनी राय ज़ाहिर करता है। जो सरकार कला के नाम पर यह सांस्कृतिक तानाशाही पसंद करती हो—उसके मक़सदों को ज़्यादा भाँपने की ज़रूरत मेरे ख़्याल से जरूरी है। ज़रूरी है कि हमारा प्रत्येक शब्द उत्कृष्ट कविता का नमूना हो, किन्तु इससे भी ज़्यादा ज़रूरी यह कि उक्त कविता धराऊँ और प्रदर्शनीय न होकर जीवन-संघर्षों की सहयोगिनी हो। जो कविता अपने इस गुण से हीन होती है, वह न तो लोगों को आकृष्ट ही कर पाती है, न ही उनके दिलों पर अपना आसन ही जमा पाती है। हमारे इन कवियों पर श्रेष्ठ और ज़रूरी कविता लिखने की गहरी जिम्मेदारी है।

यहाँ संकलित कवि प्रगतिशील जनवादी चेतना के प्रवर्तक कवि हैं। उनकी कविता एक विशेष उद्देश्य के प्रति समर्पित है और वह उद्देश्य कवि के द्वारा प्रकट की गयी उस पक्षधरता में निहित है जो सर्वहारा की ऐतिहासिक मुक्ति की आकांक्षी

है। इसी अर्थ में यह कविता सामाजिक परिवर्तन का एक कारगर औज़ार है। पर परिवर्तन की माँग करने वाली यह कविता उन्हीं छायावादियों के सहयोग से शुरू की गयी जो अपनी विद्रोही और स्वच्छन्द तबीयत के लिए ख्यात थे। छायावाद ने ही सबसे पहले स्थापित किन्तु जड़ जीवन-शैलियों के प्रति अस्वीकार की मुद्रा अपनायी और कर्मकांड-प्रधान किन्तु चेतना-शून्य जीवन के ध्वंस का स्वप्न देखा। किन्तु छायावादी चेतना आध्यात्मिक और रहस्यवादी कदाचित अधिक थी। उसकी सहृदयता विशाल थी तथापि वह भारतीय समाज द्वारा निरन्तर प्रताड़ित, पीड़ित और दलित मानवता की त्रासद स्थिति के प्रति चिन्तामग्न भी थी और उसकी अभेद दृष्टि में दीन-हीन मानवता के उद्धार के साथ-साथ, महामानवता का महान् और युगांतरकारी स्वप्न भी शामिल था। परिणामतः वह गांधीवादी स्वप्नों और आदर्शों के निकट अधिक रही।

गांधी युग में ही भगतसिंह और आज़ाद जैसे क्रान्तिकारियों ने जिस क्रान्तिकारी समाजवादी समाज की माँग की वह नैतिक किन्तु यथार्थमूलक थी। वे समाज में ठोस परिवर्तन का आग्रह लिये हुए सामने आये। उनके विचारों में यह संकेत अन्तर्निहित था कि बिना आर्थिक परिवर्तन के राजनीतिक सत्ता के हस्तान्तरण का कोई मतलब नहीं (और आज इसे साबित करने की ज़रूरत नहीं रह गयी)। गांधी ने भी दरिद्रों हरिजनों के उदय की बात कही। मृत्यु के पूर्व तक वे उन्हीं के उद्धार के स्वप्न में डूबे रहे, किन्तु जिन लोगों ने सत्ता सम्हाली, वे गांधी की विपरीत दिशा में चलते चले गये। दुखद यह कि आज़ाद हिन्दुस्तान दो टुकड़ों में बँटा। धर्म और जाति-भावना की कट्टरता ने आपस में साम्प्रदायिकता का ज़हर घोल दिया। उत्पादन के पूँजीवादी ढाँचे के चलते वितरण असमान हो गया और सारा हिन्दुस्तान समाज विषमता को समर्पित हो गया। समाज की प्रगतिशील चेतना तो क्या विकसित होती, प्रतिगामी ताक़तें ही संगठित और एकजुट होने लगीं। मँहगाई, बेरोज़गारी, हिंसा, लूट-पाट, चोर-बाज़ारी, काला धन, बढ़ती हुई विलासिता, अधिकाधिक दरिद्र हो जाने वाले ग़रीब और मज़दूर, आम आदमी की सामाजिक हैसियत का लोप, श्रम-अनास्था, भ्रष्टाचार, राजनीतिक गुंडागर्दी और सत्ता-सेवन, राष्ट्रीय दलों का अराष्ट्रीय दृष्टिकोण और जन-विरोधी रवैया आज यह साबित करने के लिए पर्याप्त है कि क्यों मुक्तिबोध, नज़रुल इस्लाम, धूमिल मस्तिष्क-रोगों के शिकार हो गये, क्यों निराला बीच-बीच में विक्षिप्त होते रहे। इसका कारण ऊपर कथित विवरणों में खोजा जाना चाहिए। हमारे ये कवि इसी वातावरण में अपना लेखन-कर्म करते रहे। इस बीच कई आन्दोलन आये-गये। फिर भी इन कवियों की तूती बोलती रही। एक और ढंग की कविता कभी कवि के 'अहं' की पहचान बनी तो कभी 'बौद्धिकता की। कभी छंद-संगीत को शत्रु-भाव से देखा गया तो कभी विवेकहीन विलक्षणता की सराहना की गयी।

कभी परम्परा को निरर्थक और अस्वीकार-योग्य माना गया तो कभी इतिहास-बोध की मनमानी व्याख्या की गई। कभी पश्चिम के उच्छिष्ट और ह्रासोन्मुख कला-व्यापार को मुकुट की तरह धारण किया गया और ऐसी कविता लिखने और लिखवाने का आन्दोलन चलाया गया कि नौबत अ-कविता और अ-कहानी तक आ पहुँची। जिन लोगों ने इस नज़ारे का प्रत्यक्ष-दर्शन किया है, उन्हें पता है कि यह माहौल किस क़दर अन्तरराष्ट्रीय था कि इसे अपने समाज की बुनियादी इच्छाओं, अनुभूतियों और ज़रूरतों की कोई ख़बर ही नहीं लगी। सुखद तो यह है कि अब ऐसी साहित्यिक हरकतें शिथिल और मंदप्राय हो चली हैं, फिर भी कतिपय सरकारी कला अकादमियों के मार्फ़त वे समूचे जनोन्मुखी लेखन पर बौद्धिकता और कलात्मकता का रोब-दाब डालने में लगी हैं। बावजूद इसके हमारे ये कवि अपनी राह चलते रहे—अविचलित, लक्ष्य-बद्ध और उद्देश्य-समर्पित।

मैं यहाँ इन झगड़ों और विवादों में उलझना नहीं चाहता कि ये पार्टी-कवि हैं या कामरेड-कवि। या ये प्रचारात्मक साहित्य लिखते हैं और इनकी प्रतिबद्धता संकीर्ण है। मैं अपना कथन यहाँ से शुरू करना चाहता हूँ कि हमारे ये सर्जक प्रथमतः और अन्ततः कवि हैं और इनके सारे कार्य-व्यापार को हमें इसी नज़र से देखना होगा। हो सकता है, कहीं इनका लेखन पार्टी-उद्देश्यों और कार्य-प्रणालियों का अतिक्रमण करता हो और कहीं इनका संस्कार (व्यक्ति-वैशिष्ट्य) सहज भाव से किसी और मुद्रा में आ गया हो। वैसी स्थिति में समकालीन सामाजिक-राष्ट्रीय वातावरण और उनके दबावों से उत्पन्न होने वाले वे लक्षण इनमें झलक रहे होंगे, जो न चाहते हुए भी प्रकट हुए हों। हम यह मानते हैं कि ये कवि हमारे उन कवियों की तरह गहरे आध्यात्मिक और व्यक्तित्ववादी तो नहीं हैं, किन्तु भारतीय समाज के ही अंग होने के कारण पूरी तरह सामंती और रोमानी कला-रुचियों से भी मुक्त नहीं हैं।

कवि को उसकी सामाजिक परिस्थितियाँ भी निर्मित करती हैं और बदले में वह कवि भी उनमें बदलाव लाने की कोशिश करता है—यह स्वतः सिद्ध है। 'एक साहित्यिक की डायरी' और अपनी कविताओं में मुक्तिबोध की यह आत्मालोचना और आत्मनिंदा देखी जा सकती है। शमशेर भी जब 'मध्यवर्ग' पर खीझते और बरसते हैं, तब उनका अपना अस्तित्व भी उसमें आलोच्य बनता है। जो बात सबसे अधिक महत्त्वपूर्ण है, वह यह कि हमारे ये कवि इसी पदार्थ-जगत (वस्तु-जगत) को अपने काव्य का विषय मानते हैं और उसे हर सम्भव कोशिश से पुनर्निर्मित करने का उद्यम करते हैं।

हम यह जानते हैं कि कला-कर्म केवल प्रतिबिम्बन-कर्म नहीं है। यह संसार कवि या कलाकार को जितनी तरह से प्रभावित और प्रेरित करता है, हमारा कवि भी उतने ही विधि विधान से उसे नयी शक्लें और उम्मीदें देता चलता है। इसीलिए

यह कोई अबूझ या रहस्य-व्यापर नहीं है। अगर यह प्रातिभ व्यापर है तो भी इसे निगूढ़ और अव्याख्येय नहीं माना जा सकता। इसके पीछे कवि की अनुभव-समृद्धि, नयी संवेदनशीलता और कला-साधना का बहुत बड़ा योगदान रहता आया है। इसीलिए प्रतिभा का बीज अगर निसर्ग की देन है तो उसे विकसित और अलंकृत करने वाली शक्तियाँ उसी वातावरण की देन है, जिनमें प्रतिभा का बीज अंकुरित होकर वृक्ष बनता और लहलहाता है। इसलिए 'प्रतिभा' अध्यवसाय भी है, जिसके लिए भारतीय आचार्यों ने 'व्युत्पत्ति' और 'अभ्यास' जैसे ज़रूरी योगों का जिक्र किया है। विल्हेल्म लीब्कनेख्त ने मार्क्स के संदर्भ में इस प्रश्न पर विचार करते हुए लिखा है, ''अत्यधिक ओज और असाधारण कार्यक्षमता के बिना प्रतिभा हो ही नहीं सकती।'' यह ओज और असाधारण कार्यक्षमता आकाश-व्यापार नहीं, जीवन को घेर कर खड़ी होने वाली परिस्थितियों और उनके बीच सिर उठाकर खड़े होने वाले सर्जनात्मक अनुभवों का ही द्वन्द्व व्यापार है—'जो है, उससे बेहतर चाहिए', ऐसा मुक्तिबोध कह भी चुके हैं।

याद रखना होगा कि इन कवियों की दुनिया एक ऐसे ऐतिहासिक चरण की दुनिया है, जो बुरी तरह से कवियों को असंतुष्ट किये हुए है। ये जितना ही इसे प्यार करने की दिशा में आगे बढ़ते हैं, कटु और भीषण नंगी वास्तविकताएँ, इन्हें उतनी ही तीव्रता से विक्षुब्ध और आहत भी करती हैं। और जब इसका कारण ढूँढ़ा जाता है, तब वह व्यवस्था सामने खड़ी होती है जो समाज और देश का शासन चलाती है। इसी अर्थ में इन कवियों की कविताएँ राजनीतिक हैं और व्यवस्था-विरोधी भी। तीखी आलोचनात्मक तो खैर हैं ही।

लेखक या कलाकार की राजनीति सत्ता-खोजी नेता की राजनीति नहीं, जनता के जीवन में अपेक्षित परिवर्तन लाने वाली ताकतों (मूल्यों) की राजनीति होती है। कृष्णा सोबती का यह कहना बिल्कुल सही है कि हर अच्छी क़लम मूल्यों के लिए लिखती है। जब सारे जीवन-मूल्यों की नियामिका राजनीतिक शक्तियाँ हो जायें, तब उनसे निपटने का जो भी उद्यम हो, वह ग़ैर-राजनीतिक न कहा जायेगा। आज की सारी कला, सारी जीवन-नीति, सारा धर्म इसी एक प्रधान केन्द्र से उत्प्रेरित और आन्दोलित है। सौन्दर्य-शास्त्र की सातवीं अन्तरराष्ट्रीय कांग्रेस में माइकेल डफ्रीन (Mikel Dufrenne) ने 'कला और राजनीति' पर अपना परचा पढ़ते हुए रेखांकित किया था कि 'in our time the relationship of art and politics has become a topical issue and that the politicisation of artistic creation is not infrequeutly attracting the artists themselves.' राजनीतिक ड्रामा, राजनीतिक सिनेमा, राजनीतिक साहित्य आज ही लिखे और किये जा रहे हों, सो भी बात नहीं। धर्म और राजनीति शुरू से मनुष्य

की संवेदना के सबसे बड़े भू-भाग रहे हैं, हमारी यह कविता भी इसी जाने-पहचाने भू-भाग पर निवास करती है। क्या मुक्तिबोध का 'ब्रह्मराक्षस' या नागार्जुन का 'प्रेत' (प्रेत का बयान) बिना राजनीतिक समझ के अनुभवगम्य है? जो कविता अपने संकल्प में ही समाज-परायण है, वह क्या बिना लोगों के सम्पर्क और लगाव के कभी अपने को ठीक ठीक व्यक्त कर सकती है? शायद कभी नहीं।

प्रश्न है कि क्या ज़रूरत पड़ती है केदार अग्रवाल और त्रिलोचन को अपने उन जनपदों की याद की? क्या वे मोहग्रस्त हैं? क्या उनकी प्रतिभा अतीतोन्मुखी और भावुकतापरक है या इसके पीछे कुछ और कारण कुछ और भी मुद्दे हैं? वे कारण और मुद्दे हैं—जनपद बाँदा और सुलतानपुर की ग़रीबी के। कुसंस्कार के। अंधविश्वास के। वे मुद्दे हैं जनता द्वारा अपनी शक्ति को न समझने और पुरानी दुनिया से ही संतुष्ट रहने के। इनकी कविताएँ इसी भीतरी छटपटाहट की देन हैं, जो ऐतिहासिक समझ और आधुनिक चेतना के संयुक्त सोच से पैदा हुई है। यही बात प्रकृति संबंधी कविताओं के बारे में भी सच है। प्रेमचन्द, रेणु, भैरवप्रसाद गुप्त राही मासूम रज़ा और शिवप्रसाद सिंह अगर अपने अंचलों की याद करते हैं तो वह कारण यही है। और यही इन लेखकों का राष्ट्र-प्रेम है। गांधीवादियों का प्रसिद्ध मुहावरा है, पहले नीड़ को प्यार करो, फिर विश्व या आकाश को। कहने की आवश्यकता नहीं कि इन कवियों का यह स्मरण किसी भी मायने में उस स्मरण से कम नहीं है, जिसकी तारीफ़ करते हुए आचार्य शुक्ल ने 'मेघदूत' के कवि को सबसे भावुक राष्ट्रप्रेमी कहा है। हमारे ये कवि अपनी धरती को न केवल रस्मी तौर पर याद करते हैं बल्कि इन्हें वस्तुतः उस जीवन से भारी लगाव और उससे गहरी पहचान भी है। उनकी कविता इसी पहचान की परिधि को और गम्भीर और बृहत्तर करने में लगी है।

केदार की कविता में बुन्देली लोकांचल की चहल-पहल, मस्ती और जूझारूपन की गूँज सबसे पहले सुनायी पड़ी। जन-जीवन का वस्तुगत विवेचन सबसे पहले उनकी कविताओं में ही दिखा। 'तारसप्तक' में यो तो डॉ. रामविलास शर्मा की जनवादी कला के दर्शन होते हैं, किन्तु केदार प्रगतिशील चेतना के अगुआ कवि कहे जा सकते हैं। प्रकृति के विविध रूपों, व्यापारों और रिश्तों का अंकन वे जिस अनुभवी क़लम से करते हैं, वह बेजोड़ है। कहने को तो कवि पंत प्रकृति के सुकुमार कवि कहे जाते हैं, किन्तु केदार में सुकुमारता के बदले एक प्रसन्न पुरुषार्थी भोक्ता की स्वच्छ दृष्टि सक्रिय है। धूप, बादल, नदी, सुबह, दिन, रात न जाने कितने रूपों में उनके यहाँ हैं। प्रकृति के माध्यम से उनकी अभिजात शालीनता भी टूटती है और वे भरपूर अल्हड़ता, मस्ती, जोश और उमंग के हवाले हो जाते हैं। केदार की कविताओं में बुंदेलखंड का जीवन-संगीत, वहाँ का खुलापन, वहाँ के लोगों का दर्प और कठोर आत्मविश्वास अपने संघर्षी स्वभाव के साथ हमारे सामने आता है। उनकी वे मानसिक

जकड़नें भी जिनको लेकर कवि कहीं-कहीं व्यंग्यात्मक भी हो उठा है। उनकी कविता एक अर्थ में रोमांटिक भी है, पर यह रोमान छायावादी भी नहीं है और हालावादी भी नहीं। यह वह आधुनिक रसिकता है, जिसकी कुछ जड़ें हमारे जातीय संस्कारों में भी मौजूद हैं। पुराने अर्थों में वे एक भोक्ता कवि हैं। उनकी कविता का तीसरा बिन्दु उस यथार्थ का चित्रण है, जिसको पढ़ते हुए हमें जूझारू संभावनाओं के संकेत मिलते हैं और उसमें से उम्मीद की नयी दिशाएँ खुलती हैं। केदार एक बिम्ब-समृद्ध और रूपासक्ति के कवि तो हैं ही, जीवन और प्रकृति के निरंतर सक्रिय और कर्मठ रूपों और विचारों के भी कवि हैं। इसके विपरीत जो कविताएँ उन्होंने समकालीन राजनीति को लक्ष्य करके लिखी हैं, वे अत्यंत सरल और ज्यादातर सपाट कला का उदाहरण पेश करती हैं। शायद उनकी ये अभिव्यक्तियाँ तात्कालिक ज़रूरतों के खयाल से की गयी हों। पर यह इस कवि का क्षेत्र नहीं है—यह कहना ही होगा।

केदार की मूल्यवान उपलब्धियाँ प्रायः उन्हीं क्षेत्रों से चलकर आती हैं, जो छायावादियों के भी अपने क्षेत्र कहे जाते हैं। केदार ने उसी के बीच अपना 'कोण' बदल दिया है। यही कारण है कि उनके प्रकृति, बोध प्रेमानुभूति और सौन्दर्य-अभिरुचि पर सूक्ष्म वैचारिक दबाव काम कर रहे हैं, और स्पष्टतः वे एक उदात्त और सौन्दर्यलीन कवि-मन के उत्पादन न होकर समाज-सजग और दायित्व-प्रेरित कवि की अभिव्यक्तियाँ हैं। कहीं-कहीं ये अभिव्यक्तियाँ अधिक सूक्ष्म और कलावादी भी हो गयी हैं, पर इससे कवि के मक़सद आहत नहीं हुए, बल्कि उस बौद्धिक संक्रांति का पता चलता है, जहाँ वह खड़ा है।

त्रिलोचन अपनी काव्य-यात्रा की शुरुआत एक सजग और तटस्थ रचनाकार के रूप में करते हैं। उनकी प्रारंभिक कविताओं में उनकी विचारधारा की अनुगूँज दूर तक सुनायी देती है और कहीं-कहीं आलोच्य यथार्थ के प्रति वे एक उत्साही शब्द-योद्धा के रूप में भी सामने आते हैं। किन्तु इन्हीं कविताओं के भीतर उनकी आधारभूत प्रवृत्ति भी छिपी हुई है, जिससे यह पता चलता है कि त्रिलोचन की कविजन्य भावुकता पर आवेगाकुलता के संस्कार सबसे कम हैं। वे इतने तटस्थ वस्तुवादी हैं कि संसार और उसमें घटित समस्त व्यापार को उसके प्रकृत-अंदाज़ में ही पेश करते हैं। उनकी कविता प्रत्यक्ष दुनिया के बीच जाकर खड़ी है, या प्रत्यक्ष जीवन और सृष्टि-व्यापार ही यहाँ अपने आप आ गया है, कहा नहीं जा सकता।

केदार छायावादी अलंकृति, आवेगपरकता और भावुकता का इस्तेमाल प्रगतिशीलता के पक्ष में करते हैं, बहुत दूर तक यही काम नागार्जुन भी करते देखे जा सकते हैं, किन्तु त्रिलोचन इससे प्रायः मुक्त हैं। वे खुद अपने औज़ारों का निर्माण करते हैं, यद्यपि उनके इस उद्यम में पारंपरिक ताक़तों का योगदान बहुत अधिक है। तुलसी और निराला का उल्लेख त्रिलोचन यों ही नहीं करते। जीवन के विभिन्न

रूपों और दृश्यों में से त्रिलोचन की कविता जितना कुछ चुनती और पेश करती है, उसका बहुलांश भारतीय निम्नवर्ग, ग़रीब और विपन्न अंचलों से चलकर आता है। पढ़े-लिखे, संभ्रांत बुद्धिजीवियों, फ़ैशनपरक और पाखंडी आधुनिकों, दान-दक्षिणा, पुण्य-लाभ देने-लेने वाले सेठों-सन्यासियों का ज़िक्र भी यहाँ है, पर अपेक्षाकृत बहुत कम किन्तु उपहास और आलोचना की वस्तु बनकर। मुख्यतः उनकी कविता लोगों की ग़रीबी और विपन्नता का चित्रण करती है। किन्तु वे जितने भी विपन्न हों, न उनका मनोबल न तो टूटा हुआ है, न ही वे कातर या निराश हैं। उनकी ज़िन्दादिली, उनकी कर्मठता, जीवन के प्रति उनका लगाव और आशावादिता को देखकर ग़ालिब का यह मिसरा इस सन्दर्भ में याद आये बिना नहीं रहता—

'शम्अ हर रंग में ज़लती है सहर होने तक'

यहीं यह उल्लेख मुनासिब जान पड़ता है कि त्रिलोचन जीवन-व्यापारों को सजाने के बजाय उसकी सहज क्रियाओं पर रोशनी डालते हैं और चीज़ों को कविता और कविता से बाहर एकमेक ओर एक-रंग कर देते हैं। यहाँ उनकी वैचारिता काफ़ी गहरा गई है और सजग कोशिश के बिना उसे भाँपा नहीं जा सकता। किन्तु कवि का अपना पक्ष शब्द-शब्द में स्पष्ट है। सामंती मूल्यों, पूँजीवादी धारणाओं और कारगुज़ारियों के बीच वे जिस कविता को प्राप्त करते हैं, वह ग्रामीण समाज के पौरुष और कर्मठता की पहचान कराती है। उसी के प्रेम, उसी के विश्वास और उसी के संघर्ष को वह सामने लाती है। उनकी कविता में उसी आदमी की चिंता भी है, किन्तु जो उसे कहीं से तोड़ती नहीं, वरन् संगठित और दिशाबद्ध करती है। इसलिए यह सजावट और शैली के लोप की नहीं, वस्तु के गांभीर्य के प्रति उनकी समर्पित मुद्रा की कविता है, जिसका वस्तु-व्यापार क्लासिकी रवैये की याद दिलाता है। यही त्रिलोचन की यथार्थपरकता है। कला के परंपरगत स्थापत्य उनके लिए अनुभव-सिद्ध माध्यम का काम करते हैं और इस तरह वे परंपरा के उन सार्थक और स्वीकार-योग्य तत्वों से जुड़ भी जाते हैं। परंपरा उन्हें प्रशिक्षित ही नहीं करती, रचना का निर्द्वन्द्व आधार भी सौंपती है। वे इसीलिए शिल्प के कल्पक नहीं, अन्वेषी और संग्रहक कवि हैं और उनका नवनिर्माण उनके वस्तुवादी रवैये में देखा जाना चाहिए, जहाँ समूची प्रक्रिया कविता के प्रचुर अर्थ-सन्दर्भों और जीवन-व्यापारों को सहेजने में लगी है। त्रिलोचन की तटस्थता, धीर पद-विन्यास, संयमित संगीत और संतुलित लयकारी को उनकी प्रत्येक कविता में देखा जा सकता है। वे द्वन्द्व की रेखाओं की इतनी बारीक बुनावट करते हैं कि उनका खुरदरापन शायद ही कहीं दिखता हो पर निगाहवालों से छिपा भी नहीं रहता।

त्रिलोचन अपने साथियों में सबसे कम कलाकार, सबसे कम भावुक, सबसे कम विद्रोही, और सबसे कम प्रगतिवादी हैं तो इसका मतलब सिर्फ़ यही है कि उन्होंने

कविता और जीवन के स्थापित और प्रचलित रिश्तों में बुनियादी हेर-फेर कर दिया है। शब्द और अर्थ की चमत्कारपूर्ण मैत्री के बदले यहाँ एक सहज अभिन्नता उपजाने की कोशिश की गयी है जिसे भावुतापरक सौंदर्यवाद और उदात्तोन्मुखी अभिजातवाद चाह कर भी नहीं कर पाता। जो सीधे-सादे ढंग से जीवन की सक्रिय गतिविधियों और ज़मीन की बुनियादी ज़रूरतों से प्रेरित होकर कविता में चले आते हैं। त्रिलोचन न तो अर्थ की पुनर्रचना करते हैं और न ही शब्द की विलक्षण संयोजना ही। उनके यहाँ सब-कुछ सामान्य किन्तु गम्भीर रूप से विचारगर्भी है। वहाँ जो कुछ हम देखते हैं, वही वस्तुतः वहाँ नहीं है, उसके चारों ओर से धीरे-धीरे उठता हुआ वह संसार भी है जिसके बारे में जनवादी काव्य का यह रिश्ता कई मायनों में कला के नये ऐतिहासिक दबावों की ओर हमें उन्मुख करता है और हम कविता के संसार से चलकर उस जीवन में आ जाते हैं, जहाँ से चलकर वस्तुतः कविता स्वयं कभी आयी थी। त्रिलोचन इस वापसी को अधिक सार्थक, अधिक कारगर तरीक़े से सम्पादित करवाते हैं। अपनी इस दुनिया में बुरी तरह उलझे रहने के कारण त्रिलोचन में शैलियों और रूपों के प्रति भावुक लगाव नहीं, जागरूक संबद्धता है। इन अपेक्षाकृत पुरानी काव्य शैलियों में अभी कितनी ताक़त और लोकोन्मुखता है, यह बताने की ज़रूरत नहीं। प्रगतिशील कवि इन्हें स्वीकार कर इनमें अपना योगदान देता है। त्रिलोचन की काव्य-शैलियों को इस निगाह से देखा भी गया है और आगे भी देखे जाने की ज़रूरत है। परंपरा की अविच्छिन्नता और निरंतरता में कवि की प्रतिभा और आधुनिकता-बोध की क्या भूमिका रहती है, यह भी सोचने का एक मुद्दा यहाँ बनता है।

इधर कुछ उदीयमान साहित्य-विलासी यह दावा करने लगे हैं कि परंपरा की दुस्साध्य धारा को उनके आक़ाओं ने ही साधा और साबित किया कि असाध्य वीणा को वे ही बजाने में माहिर हैं। पर पंरपरा को दिग्भ्रमित और व्यक्ति-मुखी बनाने की सारी ज़िम्मेदारी भी उन्हीं पर है। यह केवल मार्क्स ही नहीं, निरुक्तकार यास्क का भी मत है कि प्रतिभा की प्रतिष्ठा और पहचान लोक-स्वीकृति के द्वारा ही प्रमाणित होती है। नागार्जुन और मुक्तिबोध या फिर अज्ञेय का सवाल यहीं विवादास्पद हो उठता है।

सवाल विचारों की परायी जमीनों से उठाने का नहीं है, जितना कि देशी या राष्ट्रीय परिस्थितियों के हित में उनके अनुकूल और उचित प्रयोग और उपयोग का है। चार्वाक का भोगवाद तो यहीं का है, फिर भी भारतीय समाज उसे वह गौरव क्यों नहीं दे सका जो बुद्ध की करुणा, महावीर की अहिंसा या फिर भागवतों की सहिष्णुता को प्राप्त हुआ! विचार शुरू से अपौरुषेय शायद इसीलिए कहे गये कि उनकी धरती तो एक-स्थानीय हो सकती है, किन्तु उनका आकाश सर्वव्यापी होता है। ताओ, कन्फ़्यूशियस, गौतम बुद्ध, ईसा मसीह का चिन्तन इसका प्रमाण है। जो

दुधमुँहे साहित्यिक सत्ता के टट्टुओं की पीठ पर बैठकर साहित्यिक चिन्ताओं का नियोजन कर रहे हैं, उन्हें भला वह यथार्थवाद कैसे समझ में आयेगा जो राजधानियों से काफ़ी दूर बस्तर के जंगलों, झाबुआ के भीलों और राँची के संथालों के रक्त में उबल रहा है! उसी सात्विक उफान की एक ईमानदार स्फीति मुक्तिबोध में है। नागार्जुन में वही व्यंग्य बनकर फूटता है। अब आप कहें कि कविता का काम तो यह नहीं है। उसे तो संभ्रांत नागरिकों की बँधी-बँधायी रुचियों की तृप्ति करना चाहिए, तो यह कविता आप से ढेरों सवाल कर सकती है। निराला ने मुक्त छंद के समर्थन में कहा था कि जातीय मुक्ति के साथ कविता की मुक्ति भी होनी चाहिए। तब क्या जो मुक्ति-अन्वेषी कविता है, वह संपूर्ण राष्ट्रीय धारा की उपेक्षा कर चंद कला-रसिकों और नव धनाढ्यों के प्रति समर्पित हो जाए और उस मुक्तिकामी जनता का साथ छोड़ दे, जिसके बलबूते पर गेहूँ और धान उगता है, मकान बनते हैं और सचमुच की जीवन-संस्कृति तैयार होती है? सृष्टि के इस मानवीय व्यापार से सुंदर तो यह काव्य-व्यापार भी नहीं है। कविता को उन जड़बद्ध सामंती रुचियों की ओर खींचने के बजाय अपने संस्कारों से बाहर आने की ज़रूरत आज है। हमारे ये कवि अपनी-अपनी जगह इस अभियान में भी शरीक हैं। पर यह नहीं कहा जा सकता कि यह कविता कला-धर्म जानती ही नहीं, और न इसके पास वैसी क्षमताएँ हैं।

अकेले शमशेर की कविता पर ध्यान देने से यह बात साफ़ हो सकती है कि उनकी कला जितनी गूढ़ और ऐन्द्रजालिक है, उतनी ही सहज सूक्ष्मता का सौन्दर्य भी वहाँ मौजूद है। कई कविताएँ उनकी ऐसी हैं, जहाँ उनका अतिययार्थवादी और प्रभाववादी दृष्टिकोण काम करता है पर यह...उनके काव्य का एक दिलचस्प किंतु संक्षिप्त हिस्सा है। तथापि,जीवन-सौन्दर्य के प्रति उनकी आसक्तियाँ इतनी आत्मीय, सघन और गम्भीर हैं कि कोई मुकाबला नहीं। यहाँ वे एक गोताखोर की तरह हैं, जो जल-समाधि लगाने में माहिर है। शमशेर के सन्दर्भ में मुझे उस रसिकाई की याद आती है जो बिहारी के इस दोहे में हैं–

तंत्री नाद कवित्त-रस सरस-राग रस रंग।
अनबूड़े बूड़े, तिरे जे बूड़े सब अंग।।

कठमुल्ले साहित्यिक युवा तुर्क शायद ही समझ पायें कि यहाँ प्रगतिशीलता कहाँ है? तो कहना होगा कि जीवन-व्यापारों की गतिमयता और समग्रता के बाहर प्रगतिशीलता की खोज करने वालों को कवि की जीवन-दृष्टि की ओर जाना चाहिए। शमशेर नारी और प्रकृति-सौन्दर्य, प्रेम और मैत्री, सख्यता और साहचर्य के कवि हैं। आसानी से उन्हें रूपवादी भी कहा जा सकता है, पर हमें इस अभिधान से कोई परहेज़ नहीं है। इससे प्रगतिशील कविता का परिधि-विस्तार ही होता है। कवि की अपनी निजी-वृत्तियों के सर्जनात्मक पंख भी खुलते हैं।

शमशेर की कविताएँ उन लोगों का मुँहतोड़ उत्तर देती हैं, जो यह आरोप लगाते नहीं थकते कि प्रगतिशीलों की कविता कलाहीन और उधड़ी हुई है। जिन कविताओं में स्पष्टतः शमशेर राष्ट्रीय जीवन और भारतीय समाज के यथार्थ को अपने आवेगों का विषय बनाते हैं, वहाँ भी एक अलग तरह का कलात्मक सौन्दर्य विद्यमान है। आखिर यह कलात्मकता है क्या? कवि के अनुभव का मार्मिक और प्रभावकारी संप्रेषण ही तो! और जब यह मार्मिकता कवि के समाज, इतिहास और राजनीति के समन्वित बोधों से उपजती हो, तब उस सापेक्ष और संश्लिष्ट अनुभव-सम्पदा को किस कपड़े-गहने और क्रीम-पाउडर की ज़रूरत रह जाती है? यह ज़रूरत तो ज़्यादातर उन लोगों को पड़ती रहती है, जिनके पास कहने को बहुत कम या कुछ नहीं रहता। जब काव्य-स्रोत लबालब भरा हुआ हो और फट पड़ने को आतुर हो तब सिर्फ़ संतुलन ठीक रखना पड़ता है। और शमशेर में यह संतुलन हद दर्जे का है। उनकी कविताओं में भावों की गंभीर गूँजें और मद्धिम-संगीत की वृत्ताकार तानें हैं।

हमें यह भी याद रखना होगा कि वे केवल कवि नहीं, चित्रकार भी हैं और दोनों का सहकार यहाँ जगह-जगह मौजूद है। याद यह भी रखना होगा कि शमशेर की कविता अपनी पड़ोसी कलाओं को सबसे अधिक पहचानती है। वह उसमें रमती है और उस दुनिया को पुनः अभिव्यक्त कर नये ढंग से सम्प्रेषित करती है। इस रूप में वह अद्वितीय है। सही है कि उनकी कविता में गर्द-गुबार कम है और अपने रोमानी मिज़ाज के चलते वे अधिकांशतः सौन्दर्यवादी हैं। किन्तु इस कथन से यह साबित नहीं किया जा सकता कि दूसरी तरफ़ से उनकी आँखें मुँदी हुई हैं। भूख, अकाल, मज़दूर-हड़ताल, जुलूस और दमन, सरकारी हिंसा, कालाबाज़ारी और साम्प्रदायिकता के प्रति भी उनके आवेगों का विपुल हिस्सा समर्पित है और उन पर सोच-विचार करने की ज़रूरत यहाँ महसूस कराई गयी है। देखना यह होगा कि वह कौन-सा कोण या नज़रिया है जिससे शमशेर ने यह सब देखा और चित्रित किया है। और यह भी कि वे आत्मरतिग्रस्त कवि अगर होते या अपना दामन बचाने की कोशिश में रहते तो शायद ही यह लिखते—

ऐसी आँधी चले.......हम भी पूछें—कहाँ,
वो जो ढाते थे जुल्मों-सितम, गुम हुए??

कविता में यही आँधी मुक्तिबोध के यहाँ चलती है, जिसमें धूल भी है, तिनके भी, खिसकती हुई चट्टानों की चीखें तो लड़खड़ाती हुई व्यवस्था की तमतमाहट और बौखलाहट भी। अकारण ही नहीं कि कुछ वरिष्ठ आलोचकों को मुक्तिबोध की कविता में चिल्लाहट दिखी और कुछ सगोत्री आलोचक उन्हें रहस्यवादी कहने लगे। मुझे ये दोनों कथन अधूरे लगते हैं, खासतौर से ऐसे कवि के सन्दर्भ में जो स्वयं ही बार-बार सौन्दर्य के सेंसर्स तोड़ने की बात किया करता था। जिसने अभिव्यक्ति

और जीवन-व्यवस्था के तामम गढ़ों और मठों को तोड़ने का आवाहन किया और भीष्म-संकल्प लिया हो।

शमशेर के यहाँ अनपेक्षित वस्तु-संसार के प्रति क्षोभ और रोष है और आकांक्षित संसार का प्रतिनिर्माण भी। मुक्तिबोध उस अनचाहे यथार्थ से दम-भर जूझने का उद्यम प्रदर्शित करते हैं और उन तमाम 'ब्रह्मराक्षसों' को आदर-भाव देते हैं, जो इसांन-विरोधी हालातों में असमंजस के अधीन हो गये हैं। दोनों ही कवि उच्च मानक मूल्यों के आग्रही हैं, किन्तु दोनों के रास्ते भिन्न हैं। शमशेर जहाँ प्रेम की मुद्रा में हैं, वहाँ उनकी अभिजात सजावट देखते ही बनती है। जीवन के अनुभव कल्पना की गाढ़ी चासनी में डूबे हुए हैं। मुक्तिबोध के यहाँ जो अनुभव है वह अविश्रांत छटपटाहट और उद्विग्न-चिन्ता में रूपातंरित होता गया है। वहाँ कुछ लोग नहीं, एक समूची व्यवस्था है—सामंतवादी, अर्धपूंजीवाद-अर्थगणतंत्रवादी, कुल मिलाकर पाखंडपूर्ण, घिनौनी और तिरस्करणीय। भूल-ग़लती, चंबल की घाटियाँ, अँधेरे में जैसे उनकी कविताएँ इसी व्यवस्था के विभिन्न रूपों को प्रत्यक्ष करती हैं। जाटिल, उलझनपूर्ण, खूँखार और हिंसक है। कवि का विद्रोही स्वर इसी परिवेश में संघर्ष का संकल्प लेता है। कहीं प्रत्यक्ष तो कहीं गुरिल्ला युद्ध की शैली में है। इस संघर्ष का एक अन्तहीन सिलसिला उनकी कविताओं में मौजूद है। किन्तु इसी संघर्ष में उनके कोमल और दिव्य सपने भी सुरक्षित हैं। दोनों मिलकर ही उस कला की बुनियाद तैयार करते हैं जिसे फ़ैंटेसी कहते हैं। तभी न वह 'अनुभूति की कन्या' कही जायेगी। मुक्तिबोध एक साथ यह सब करते हैं। लड़ाई लड़ते हुए भी उनके सपने कहीं लड़खड़ाते नहीं न ही ओझल होते हैं। उनकी दुनिया कहीं खंडित और पराभूत नहीं होती, यद्यपि चारों तरफ़ से घिरी है कवि हर ओर से उसे ललकारता हुआ बार-बार सामने आता है।

मुक्तिबोध को पढ़ते हुए परंपरा की मोटी पहचानें सिरे से गायब दिखती हैं। लगता है, उनके यहाँ कुछ भी ऐसा नहीं जिसे रक्षणीय समझकर फ़िलहाल सम्हाला जाये। एकमात्र कोशिश बस नवनिर्माण की है—जो तमाम स्थापित मठों और गढ़ों को तोड़कर ही सम्भव है। शायद यही कारण है कि उनके यहाँ भोले भावों वाली करुणा भी फुफकारती हुई सामने आती है। अकारण ही नहीं कि उनकी कविता में युयुत्सा की खतरनाक गुर्राहटें और आक्रामक चीखें प्रतिध्वनित हैं। पौरुष की ललकार और यदा-कदा आत्मधिक्कार के क्षण भी अनुगुंजित हैं। परिवेश के षड्यंत्रपूर्ण, शोषक और खूँखार स्वरूप का जितना सर्वांग और प्रभावकारी चित्रण मुक्तिबोध में हैं, उतना अन्यों में नहीं। वे व्यवस्था के क्राान्तिकारी परिवर्तन के पक्ष में थे। गांधीवादियों की अहिंसा उनके लिए उच्चतम मूल्य भले ही रही हो, पर उनकी निगाह से यह शायद ही बुनियादी परिवर्तन का ज़रिया बन सके। इसीलिए वे उन गुरिल्ला योद्धाओं के ज़्यादा क़रीब हैं, जिनकी रणनीति में हिंसा एक ज़रूरी मूल्य है। गोर्की

कहा करते थे—साहित्य हमेशा ही किसी के पक्ष और किसी के विपक्ष में लड़ा जाने वाला एक युद्ध है। मुक्तिबोध यह लड़ाई देश की उस जनता की ओर से लड़ रहे हैं, जो अभी न तो ठीक से अपने दुश्मनों को पहचान सकी है, न ही अपने मध्यवर्गीय और निम्नवर्गीय मानस से उबर पायी है। वे अपनी कविताओं में उस सिद्धांतवादी, आदर्शवादी मध्यवर्ग को बार-बार संबोधित करते हैं और उसे उसकी ऐतिहासिक चुनौतियाँ समझाते हैं, जिससे कि उन्हें काफ़ी उम्मीदें हैं। वे उन चतुर दुनियादार दिमाग़ों को झकझोर कर रख देते हैं, जो सीमित स्वार्थों के लिए देशव्यापी हितों की उपेक्षा कर रहे हैं। चिंतन, मनन, आत्मविश्लेषण, फटकार, धिक्कार और शहादतों का एक लम्बा सिलसिला अकृत्रिम रूप से उनकी कविता में चलता रहता है। शायद इसीलिए उसमें जटिलता और तनाव की अनगिन मुद्राएँ भी हैं और त्रास भी। पर यह सब उसी लम्बे जीवन-संघर्ष का हिस्सा है जिसमें अंधड़ों की-सी विकट दुर्घर्षता और तूफ़ानों की-सी गति है।

हिन्दी कविता का यह अभिनव महाभारत भाषा की न जाने कितनी मिश्रित टकराहटें, छन्द-संगीत की असंख्यों अनुगूँजें, लयों के उतार-चढ़ाव के साथ-साथ अनुभूति की प्रदीर्घ एकतानता और सम्प्रेषण की अविश्रांत छटपटाहट और गतिमयता लिये हुए हैं। उनकी प्रत्येक कविता जीवन के विकट युद्धों का एक अध्याय है। उसमें जितना इतिहास है उतना ही अर्थशास्त्र भी, जितना धर्म है उतनी ही राजनीति भी। जितना आत्मविश्लेषण है उतना ही लोक-चिंतन भी।

मुक्तिबोध की काव्य-प्रक्रिया उस समाधिस्थ योगी की लम्बी साँस की तरह है, जो न लड़खड़ाती है, न कहीं से टूटती है। वह क्रमिक अभ्यास की अपेक्षित सिद्धि है। उनकी सर्जनात्मक ऊर्जा भी असाधारण और अद्वितीय है। वह विलक्षण समीकरणों की ऐसी अपूर्व परिणति है कि प्रयोगवादी, अस्तित्ववादी, जनवादी और क्रांति-समर्थक बरसों तक उस पर बहस करते रहेंगे और उन की कविताओं में सबको अपने अपने पक्ष के तर्क भी मिल जायेंगे, पर उनके उद्देश्यों की ईमानदारी हीरे की तरह पूर्वग्रह के इन अँधेरों के बीच जन-संघर्ष और मुक्ति की जगमगाहटें फैलाती रहेगी।

कहना न होगा कि उनके पास अतिक्रामक बिम्बनिर्माण-क्षमता और विशाल अनुभव-सम्पदा है। उनके बिम्बों में जितनी विविधता है, उतनी ही पारिवारिकता भी। वे जितनी दूर से, भिन्न-भिन्न स्थानों और क्षेत्रों से चलकर आये हैं, उतने ही आत्मीय सम्बन्धों की बिरादरी का एहसास भी कराते हैं। निश्चय ही मुक्तिबोध अपने ढंग के अकेले कवि हैं, जिन्हें हिन्दुस्तान की ग़रीब और मजदूर जनता की ऐतिहासिक मुक्ति की चिन्ता थी और जिनके जीवन का एक-एक पल इसी चिन्ता से जूझते और उपाय खोजते बीता था। उनकी कविता इसी चिन्ता और उपाय का एक जिद्दी उद्यम और अनथक सिलसिला है।

नागार्जुन अपने जीवन में जितने स्वच्छन्द और मनमौजी हैं, कविता में भी उतने ही उन्मुक्त और स्वाधीन। प्रारम्भ में वे क्लासिक रूपों और शैलियों के प्रति तीव्र रूप से मुग्ध दिखते हैं; किन्तु क्रमशः वे अपनी छवि एक प्रखर जनवादी कवि के रूप में निर्मित करते हैं। पर यह सारा कथन अधूरा और एकांगी इसलिए है कि उनकी कविता में कहीं भी ठहराव और बन्धन नहीं है। उनकी सधुक्कड़ी वृत्ति, घुमन्तू तबीयत, उनका कामरेडपन, उनकी गँवई आदतें, मस्ती फक्कड़ता और बेबाकी, उनका गुरु-गम्भीर किन्तु प्रगाढ़ पांडित्य, उनकी बहु-भाषाविज्ञता और बहुमुखी प्रतिभा, उनका विस्तृत अनुभव, सबसे ऊपर उनकी आवेगलीन भावुकता उन्हें किसी मुहावरे में बँधने नहीं देती। साथ ही, वे बहुत सजग कवि और चतुर शिल्पी हैं। उन्हें अपने माध्यमों पर पूरा अधिकार है। पुराने और नये छन्दों, देशी और परदेशी संगीत की उन्हें भारी प्रामाणिक जानकारी है। गाँव और नगर-जीवन, शास्त्र और लोक रीतियों की पहचान है। वे भीषण संगीत-प्रेमी और पराक्रमी छन्द-स्रष्टा हैं, किन्तु गद्य की बुनियादों पर खड़े होकर मुक्त काव्य-रचना का सामर्थ्य भी उनमें अद्भुत है। मुक्तिबोध सारी दुनिया को अपने भीतर समेटकर और एकजुट हो एक जन-विरोधी व्यवस्था से भिड़ रहे थे। नागार्जुन की यह भिड़न्त सघन भाव से उनकी व्यंग्य कविताओं में देखी जा सकती है। उनके व्यंग्य में आलोचना, उपहास, फब्ती और आक्रमण के मिले-जुले तेवर हैं। कहीं-कहीं वे सीधे प्रहार और कबीर वाले गाली-गलौज के अन्दाज़ में भी उतरते दिखते हैं। पर यही उनकी कविता की सबसे बड़ी ताक़त नहीं हैं। हाँ, उनकी रचनाशीलता की एक अच्छी-खासी पहचान अवश्य है। उनकी कविता इसलिए ज़्यादा याद की जायेगी कि उसमें आम आदमी का प्रेम, उसका का गुस्सा, उसका दैनंदिन जीवन-संघर्ष, मज़ा-मौज—सब पहली बार और एक साथ प्रामाणिक तौर पर मौजूद है। सामान्य और मामूली आदमी को वे जितने क़रीब से जानते हैं, उतना शायद ही कोई अन्य कवि जानता हो। इस मायने में उनकी संवदेना का परिदृश्य बहुत विस्तृत है। अपने इस सारे अनुभव-लोक को वे जिस आत्मीय ऊर्जा के सहारे गूँथते-रँगते और बाँधते हैं, वह सर्जित काव्य-चरित्रों को उनकी जन-संघर्षी कला का अभिन्न हिस्सा बना देती है।

कहना होगा—नागार्जुन जितने ज़बरदस्त भोक्ता हैं, उतने ही बड़े सर्जक भी। उनकी मौलिकता और ताज़गी का अंदाज़ उनके कथनों में खोजा जाना चाहिए। शैलियाँ तो उनके कथनों के प्रति अनन्य भाव से समर्पित हैं। आरोप मढ़ा जाता है कि नागार्जुन की अधिकांश कविताएँ अखबारी हैं और उनका एक मात्र मक़सद प्रचारात्मक है। इसका कोई जवाब ज़रूरी नहीं। कविता कभी नारा बनती है, कभी झंड़ा, कभी बैनर। पर नागार्जुन के यहाँ वह प्रसन्न और सुदृढ़ कलाकर्म भी है, जिसका स्थापत्य क्लासिकों से टक्कर ले सकता है। पर यह ही क्यों? इस कवि

ने उन लोगों को वाणी दी है, जो रोज़ी-रोटी की लड़ाई में बुरी तरह फँसे हुए हैं। विधवा, विज्ञापन-सुन्दरी, मधुक्षरा, जया, रिक्शा-ठेला मज़दूर, चटकल-श्रमिक, जूट-कारख़ाने के कर्मचारी, ड्राइवर, चपरासी, प्राइमरी स्कूल-मास्टर, खोमचा लगाने वाले—कौन नहीं हैं यहाँ और वह खेत-मज़दूरी भी। सारी सर्वहारा आबादी प्रत्यक्ष तौर पर तो यहाँ है। नागार्जुन उस जीवन को भरोसा और बल प्रदान करने वाले ग़रीब-दुखी जनता के संघर्षों के प्रवक्ता कवि हैं। उनकी कविता में उन राजनेताओं का ज़िक्र भी खूब है, जिनके कारण देश का बंटाधार हो रहा है। स्वार्थी-शोषक पूँजीपति तथा बिके हुए, स्वार्थग्रस्त और कैरियरिस्ट बुद्धजीवी तो ख़ैर वहाँ हैं ही। वे मज़दूरों और ग़रीब निम्नमध्यवर्ग के नेता, और जनान्दोलनों से गहन सम्पर्क रखने वाले कवि हैं। सामाजिक कार्यकर्ता और कवि की दुहरी भूमिका का निर्वाह करते हुए भी उनकी कविता कभी हिम्मत नहीं हारती। जो वर्ग उनकी चिंता का कारण है, वही उनके रचनात्मक आवेग का शक्तिशाली जन्मदाता भी। मुक्तिबोध की तरह नागार्जुन भी आवेगमूलक कवि हैं, पर उनका आवेग जटिल विश्लेषणों में प्रवृत्त नहीं होता। मुक्तिबोध की कविताएँ सोच की अव्याहत प्रक्रिया के दौरान रची गयी हैं। तभी उनमें एक अंतहीन सिलसिला बना रहता है। नागार्जुन आदि की कविता सोच के लम्बे निष्कर्ष के बाद पैदा होती है। पर नागार्जुन आदि स्थितियों से घिरे होने के बावजूद, उनसे ऊपर उठकर प्रायः बाहर आकर कुछ नये अनुभव-क्षितिजों की यात्रा भी कर लेते हैं। इसीलिए वे कई-कई रंग और कई-कई रूपों में हमारे सामने हाज़िर हो पाते हैं। ये सब सम्पूर्ण वर्तमान की बहुविध परिक्रमा करते हैं और मानव तथा उसके चारों की दुनिया को उसकी विविधता में देख पाते हैं। मुक्तिबोध को तो एक ही धुन थी और वे अपादमस्तक उसी में डूबे हुए थे। उनकी यही विशेषता उन्हें अपने साथियों में विलक्षण भी साबित करती है। प्रतिभा का दुर्घर्ष आत्मसंघर्ष ही मुक्तिबोध के कवि की एक मात्र परिभाषा है। वे हमारे सच्चे काव्य-योद्धा हैं जो व्यवस्था ही नहीं, काव्यानुशासनों और काव्य-मर्यादाओं से भी टक्कर ले रहे हैं और इस मंथन से जो उपलब्धि हो रही है, वही उनकी कविता का सौंदर्य-शास्त्र है।

हिन्दी आलोचना में सूर-तुलसी, केशव-बिहारी, बिहारी-देव अथवा प्रसाद-निराला या निराला और पंत जैसी तुलनाएँ भी की गयी हैं और पाठकों के लिए इस प्रकार की तुलना दिलचस्प हो उठती है। कभी-कभी कवियों को लेकर पाठक-वर्गों के अलग-अलग सम्प्रदाय भी उठ खड़े होते हैं। धीरे-धीरे प्रगतिशीलों के बीच भी ऐसी तुलनाएँ होने लगीं हैं—मुक्तिबोध या नागार्जुन। कौन ज़्यादा महत्वपूर्ण? निश्चय ही इस प्रकार की साहित्य-चर्चा बहुत स्वस्थ और तटस्थ नहीं कही जा सकती और साहित्यिक पाठकों और नवोदित आलोचकों को कई सुविधापूर्ण गुंजाइशें देती हुई प्रायः उन्हें भटका भी देती है।

साहित्य की इतिहास-धारा में हर आन्दोलन का अपना योगदान होता है। जनवादी कविता और कला के भी अपने अवदान हैं। यह साहित्य सच्चे अर्थों में वृहत्तर समाज के मनोभावों, सपनों, संघर्षों और तकलीफ़ों से जुड़ा है। ज़्यादा बड़े और अब तक के उपेक्षित समाज के पक्ष में अपनी विपुल सहृदयता यह प्रकट कर सका है इसमें भी सन्देह नहीं। इस आधार पर अगर कोई इसे वर्ग-साहित्य कहना चाहे तो हमें कोई आपत्ति नहीं, क्योंकि पहले का साहित्य भी कुछ विशेष वर्गों के चित्रण तक ही सीमित था। यही नहीं बल्कि उनकी सामाजिक स्थिति को बरक़रार रखने में सहायक भी था। किन्तु यह साहित्य एक अर्थ में ज़्यादा संवेदनशील और व्यापक है कि इसमें बना-बनाया, संस्कारित सौन्दर्य और सुगंधित दिव्यता के बजाय मिट्टी, हवा, पानी, बरखा, धूप, खेत-खलिहान, मज़दूर-किसान, बाढ़-भूख-अकाल के चित्र सर्वोपरि हैं। यह वह समाज है, जो दुनिया को खूबसूरत बनाने में अपना श्रम लग रहा है। हिन्दी की जनवादी कविता इसी समाज के आधारभूत मनुष्य के प्रति समर्पित है। उसके संवेदन ही इसके अपने संवेदन हैं।

यह भी कि यह इन कवियों का फ़ैशनवश किया गया कोई तदर्थ या तात्कालिक कर्म नहीं है। यह वही साहित्य-मिशन है जो मार्क्सवादियों के अलावा थोड़े-बहुत हेर-फेर के साथ गांधीवादियों और लोहियावादियों में देखा जाता है। यह वह इतिहास-बोध है जिससे मुकरना आत्महत्या के समान है और जिससे अजनबियत की कोशिश करना निर्माणोन्मुख भारतीय समाज के प्रति ग़द्दारी कही जाएगी। ध्यान सिर्फ़ यह रखना होगा कि आखिर इस कला का मूलभूत स्वभाव आनंदात्मक है (परंपरागत अर्थों में रखवादी) या नीतिमूलक (शिक्षा-प्रधान) या लोक जागरणकारी। आनंदाभिमुखता कला की आधारभूत ज़रूरत ही नहीं, पहचान भी है। अन्य ज्ञानधाराओं से इसका अंतर ही इसी सत्य में निहित है। अतः हमारी यह कविता भी हमारे नवोद्भूत भावों को उद्बुद्ध करके उनसे एकमेक होने को कोशिश करती है। इससे भी कहीं अधिक यह हमें जागरूक और चौकन्ना बनाती है, क्योंकि प्रधानतः यह कविता आलोचनापरक है। यह मानती है कि आक्रमण, आलोचना, विश्लेषण आदि पद्धतियों से यह उस समाज को तोड़ेगी जिसकी व्यवस्था व्यापक मानव-हितों की राह में सबसे बड़ी रुकावट है, और उस समाज को प्रबुद्ध और सुसंगठित करेगी जिसे सामाजिक नवनिर्माण की राह में हिरावल दस्ते का काम करना है।

इस काम के दौरान परंपरा और इतिहास की गहरी छानबीन ही नहीं, विवेकपूर्ण आदान-प्रदान भी इसे करना होगा। वह ले लेना होगा, जिससे हमने यह सीखा कि क्या बचाया जाने लायक़ है और कितना नष्ट होने देने लायक, और बदले में हमने जो अभिनव-निर्माण किया है, उसे अपना देय मानकर समर्पित कर देना होगा—जिससे परंपरा कहीं टूटे नहीं। इन कवियों द्वारा प्रयुक्त छंदों, बिम्बों, लयों और मुहावरों का

जो लोकाधारित संसार है, नये-पुराने शब्दों के जो अद्भुत दोस्ताने रिश्ते हैं, भारतीय और पाश्चात्य छंद-संगीत की जो रमणीक सर्जनाएँ हैं, वे सब हिन्दी कविता को समृद्ध करती हैं और आने वाले कवियों को वह आधार देती हैं, जिस पर खड़े होकर वे परम्परा और प्रगतिशीलता का रचनात्मक द्वन्द्व-सौन्दर्य देख सकें।

हमारे ये कवि भी अपनी राह चलते हुए इतिहास के कई अँधेरे कक्षों से गुज़रे हैं। कई साहित्यिक जय-यात्राओं की आत्मश्लाघा को देखते रहे हैं, किन्तु अपने पथ से कहीं भी और कभी भी विचलित या विरत नहीं हुए। कालिदास, विद्यापति, कबीर, तुलसीदास, जायसी, ग़ालिब, हाली, इक़बाल, प्रसाद, निराला, फ़िराक़, मजाज़ और फ़ैज़ की साहित्यिक विरासत के ये सच्चे वारिस हैं। इसीलिए इनकी कविता और उसके पीछे काम करने वाली सर्जनात्मकता कहीं भी सम्प्रदायबद्ध और कुंद नहीं होने पायी है। लोक ही इनका विधाता है, और प्रेरक भी। उसकी समस्त ऊर्जस्वित परंपरा ही इनकी अपनी परंपरा है। उसका संघर्षपूर्ण इतिहास ही इनकी कविता का अपना इतिहास है। कहना होगा, इनकी कविता में लोक की सर्वतोमुखी प्रतिष्ठा की बहुविध कोशिशें और इच्छाएँ हैं। इस कविता को पढ़ते हुए ही हम यह समझ सकते हैं कि कला का आधुनिक धर्म लोक से प्रेरणा और रचनात्मक ऊर्जा ग्रहण करना ही नहीं, लोक को संगठित करना और ऐतिहासिक तौर पर जागरूक बनाना भी है। ये कविताएँ उसी दायित्व से जुड़ी हुई हैं।

1984

हम

हम लेखक हैं,
कथाकार हैं,
हम जीवन के भाष्यकार हैं,
हम कवि हैं जनवादी।
चंद, सूर,
तुलसी, कबीर के
संतों के, हरिचन्द वीर के
हम वंशज बड़भागी।
प्रिय भारत की
परम्परा के,
जीवन की संस्कृति-सत्ता के
हम कर्मठ युगवादी।
हम—स्रष्टा हैं,
श्रम-शासन के,
मुद मंगल के उत्पादन के
हम द्रष्टा हितवादी।
भूत, भविष्यत्,
वर्तमान के,
समता के शाश्वत विधान के
हम हैं मानववादी।
हम कवि हैं जनवादी।

(लोक और आलोक के कवि केदारनाथ अग्रवाल की रचना : 'गुलमेंहदी' से)

केदारनाथ अग्रवाल

जन्म-तिथि – 1 अप्रैल, 1911

जन्म-स्थान – कमासिन (गाँव), बबेरू (तहसील), ज़िला बाँदा, उ.प्र.

पिता – श्री हुनमानप्रसाद

माँ – श्रीमती घसिट्टो देवी

पत्नी – श्रीमती पार्वती देवी

प्रारम्भिक शिक्षा – कमासिन गाँव की पाठशाला में '21 तक; कक्षा 3 से कक्षा 6 तक रायबरेली के गवर्नमेंट हाईस्कूल में; सातवीं कक्षा कटनी (म.प्र.) के म्युनिसिपल स्कूल में; आठवीं, जबलपुर जून '27 तक। इसी बीच विवाह हुआ। माध्यमिक शिक्षा इलाहाबाद के क्रिश्चियन कॉलेज में—नवीं, दसवीं और इंटरमीडियट तक। जुलाई '32 से सन् '35 तक इलाहाबाद विश्वविद्यालय से बी. ए. किया 3 वर्ष में। फिर अगले तीन वर्ष क़ानून की पढ़ाई के सिलसिले में डी. ए. बी. कॉलेज कानपुर नवम्बर '37 तक।

25 फ़रवरी '38 से वकीली का पेशा शुरू किया इलाहाबाद उच्च न्यायालय से और सन् '45 से बाँदा आकर वकालत शुरू की। शेष जीवन यहीं बीता। 16 मार्च '63 से 6 जुलाई '70 तक सरकारी वकील, फ़ौजदारी के रहे। सरकारी सेवा से निवृत्त होने पर दीवानी और फ़ौजदारी की वकालत करते रहे।

इलाहाबाद में रहते हुए प्रगतिशील आन्दोलन से सम्बन्ध बना। वहीं निराला जी और रामविलास शर्मा से परिचय हुआ। 'हंस' पत्रिका में बराबर रचनाएँ प्रकाशित होती रहीं। '38 से सीधे प्रगतिशील राजनीति से सम्बद्ध। 1973 में 'सोवियत लैंड नेहरू पुरस्कार। '74 में रूस की यात्रा। '81 में उत्तर प्रदेश हिन्दी संस्थान की ओर से हिन्दी सेवा का पुरस्कार। अपूर्वा पर साहित्य अकादमी सम्मान (1986), मध्यप्रदेश साहित्य परिषद, भोपाल का मैथिलीशरण गुप्त सम्मान 1990।

प्रकाशित कृतियाँ– 'युग की गंगा', मार्च 1947। 'नींद के बादल' अगस्त '47। 'लोक और आलोक', '57। 'फूल नहीं रंग बोलते हैं'– अक्तूबर '65। आग का आईना', 70। 'समय-समय पर' (निबन्ध संग्रह),' 'देश-देश की कविताएँ' (अनुवाद), '70। जनवरी '78 में युग की गंगा, नींद के बादल और गुलमेंहदी का

संग्रथित संकलन 'गुलमेंहदी' नाम से प्रकाशित। 'पंख और पतवार', जनवरी '79। 'विचारबोध' और 'विवेक विवेचन' (दोनों निबन्ध-संग्रह) 1908 और '81 में। 'हे मेरी तुम' (काव्य), मई '81। 'मार प्यार की थापें', 'मई '81। 'कहें केदार खरी खरी,' 1982 में। जमुन जल तुम 1984, अपूर्वा 1982, बोले बोल अबोल (1985) जो शिलाएँ तोड़ते हैं 1886, आत्मगंध (1988), अनहारी हरियाली (1990) खुली आँखें खुले डैने (1993) पुष्पदीप (1994) वसंत में प्रसन्न हुई पृथ्वी (1996) कुहकी कोयल खड़े पेड़ की देह 1997।

- लोकभाषा बुंदेलखण्डी में आल्हा की रचना–'बम्बई का रक्त स्नान' नाम से 1981 में प्रकाशित। रचना-वर्ष 1946। 1946 में ही हंस के अगस्त अंक में प्रथमतः प्रकाशित।
- हिन्दी साहित्य सम्मेलन प्रयाग की योजना 'देव पुरस्कार ग्रन्थावली' के आधुनिक कवि-केदारनाथ अग्रवाल 1978 में प्रकाशित। रूसी और जर्मन भाषा में कविताओं का अनुवाद।

उपन्यास– पतिया (1985)

यात्रा-वृत्तांत– बस्ती खिले गुलाबों की (1975)

पत्र-साहित्य– मित्र संवाद-1991 संपादक-रामविलास शर्मा और अशोक त्रिपाठी।

- निधन : 22 जून, 2000, बाँदा, उत्तर प्रदेश।

चंद्र गहना से लौटती बेर

देख आया चंद्र गहना।
देखता हूँ दृश्य अब मैं
मेड़ पर इस खेत की बैठा अकेला।
एक बीते के बराबर
यह हरा ठिगना चना,
बाँधे मुरैठा शीश पर
छोटे गुलाबी फूल का,
सज कर खड़ा है।
पास ही मिल कर उगी है
बीच में अलसी हठीली
देह की पतली, कमर की है लचीली,
नील फूले फूल को सिर पर चढ़ा कर
कह रही है, जो छुए यह
दूँ हृदय का दान उसको।
और सरसों की न पूछो—
हो गयी सबसे सयानी,
हाथ पीले कर लिये हैं,
ब्याह-मंडप में पधारी;
फाग गाता मास फागुन
आ गया है आज जैसे।
देखता हूँ मैं : स्वयंवर हो रहा है,
प्रकृति का अनुराग-अंचल हिल रहा है
इस विजन में,

दूर व्यापारिक नगर से
प्रेम की प्रिय भूमि उपजाऊ अधिक है।
और पैरों के तले है एक पोखर,
उठ रहीं इसमें लहरियाँ,
नील तल में तो उगी है घास भूरी
ले रही वह भी लहरियाँ।
एक चाँदी का बड़ा-सा गोल खम्भा
आँख को है चकमकाता।
हैं कई पत्थर किनारे
पी रहे चुपचाप पानी,
प्यास जाने कब बुझेगी!
चुप खड़ा बगुला डुबाये टाँग जल में,
देखते ही मीन चंचल
ध्यान-निद्रा त्यागता है,
चट दबा कर चोंच में
नीचे गले में डालता है।
एक काले माथ वाली चतुर चिड़िया
श्वेत पंखों के झपाटे मार फ़ौरन
टूट पड़ती है भरे जल के हृदय पर,
एक उजली चटुल मछली
चोंच पीली में दबा कर
दूर उड़ती है गगन में!
औ' यहीं से—
भूमि ऊँची है जहाँ से—
रेल की पटरी गयी है।
ट्रेन का टाइम नहीं है।
मैं यहाँ स्वच्छन्द हूँ,
जाना नहीं है।
चित्रकूट की अनगढ़ चौड़ी
कम ऊँची-ऊँची पहाड़ियाँ
दूर दिशाओं तक फैली हैं।

बाँझ भूमि पर
इधर-उधर रींवा के पेड़
काँटेदार कुरूप खड़े हैं।
सुन पड़ता है
मीठा-मीठा रस टपकाता
सुग्गे का स्वर
टें टें टें टें;
सुन पड़ता है
वनस्थली का हृदय चीरता,
उठता-गिरता,
सारस का स्वर
टिरटों टिरटों;
मन होता है—
उड़ जाऊँ मैं
पर फैलाये सारस के सँग
जहाँ जुगुल जोड़ी रहती है
हरे खेत में, सच्ची प्रेम-कहानी सुन लूँ
चुप्पे-चुप्पे।

बुंदेलखंड के आदमी

हट्टे-कट्टे हाड़ों वाले,
चौड़ी चकली काठी वाले,
थोड़ी खेती-बाड़ी रक्खे,
केवल खाते-पीते-जीते।
कत्था चूना लौंग सुपारी,
तम्बाकू खा पीक उगलते,
चलते-फिरते, बैठे-ठाढ़े,
गन्दे यश से धरती रँगते।
गुड़गुड़-गुड़गुड़ हुक्का पकड़े,
खूब धड़ाके धुआँ उड़ाते,
फूहड़ बातों की चर्चा के
फ़ौवारे फैलाते जाते।
दीपक की छोटी बाती की,
मन्दी उजियारी के नीचे,
धंटों आल्हा सुनते-सुनते
सो जाते हैं मुरदा जैसे।

अधकुंभी

छत्ता लगा है
मधु-माखियों का
इलाहाबाद में,
भनभना रही है
        अधकुंभी
भीड़ की भनन-भनन में
रेत में
        उठ आये हैं ऊपर
कई-कई रस्ते
सहज औ सस्ते
आवागमन के,
गरम है
        मेला
गाँव और शहर की
साँस का,
बाँस के लग्घे
धर्म को थामे खड़े हैं
जमीन में
        ऐसे गड़े हैं
आदमी नहीं
        जैसे यही
सबसे बड़े हैं,
धूल से भरा

धुपाया आकाश
बेहद मालिन है,
समय का सूरज
साफ़ नज़र नहीं आता!

देवमूर्ति

छोटी-सी देवमूर्ति
आले में रक्खी थी।
बेचारी औचक ही,
चूहे के धक्के से,
दाँसा के पत्थर पर
नीचे गिर टूट गयी।
ताज्जुब है मुझको तो! –
करुणा के सागर के
अन्तर की एक बूँद,
भूमि पर न छलकी!!

(युग की गंगा, पृ. 33)

गर्रा नाला

काली मिट्टी, काले बादल का बेटा है
टक्कर पर टक्कर देता, धक्के देता है
रोड़ों से वह बेहारे लोहा लेता है
नंगे, भूखे, काले लोगों का नेता है

आगे, आगे, आगे, आगे सर्राता है
खोए, सोए मैदानों को थर्राता है
आओ, आओ, आओ, आओ अर्राता है
जीतो, जीतो, जीतो, जीतो नर्राता है ॥

(युग की गंगा, पृ. 25)

गुम्मा ईंट

न कच्ची है
न सेवर है
न कोई खोखलापन है
समूची ठोस है, ठस है
बड़ी पक्की, बड़ी मज़बूत हस्ती है।
न यह होती
न टिकने की जगह होती
न बुनियादी सहारा आसरा होता
न बालू और पानी पर
खड़ा कोई क़िला होता।
इसी का दम है, बूता है
कि छोटे से बड़ा निर्माण करती है
न आँधी से
न पानी से
न तूफ़ानों से डरती है
बला से, मौत से, आफ़त से लड़ती है।

गाँव का महाजन

वह समाज के त्रस्त क्षेत्र का मस्त महाजन,
गौरव के गोबरगनेश-सा मारे आसन,
नारियल-से सिर पर बाँधे धर्म-मुरैठा,
ग्राम-बधूटी की गौरी-गोदी पर बैठा,
नागमुखी पैतृक सम्पति की थैली खोले,
जीभ निकाले, बात बनाता करुणा घोले,
ब्याज-स्तुति से बाँट रहा है रुपया-पैसा,
सदियों पहले से होता आया है ऐसा!!

सूड़ लपेटे हैं कर्ज़े की ग्रामीणों को,
मुक्ति अभी तक नहीं मिली है इन दीनों को,
इन दोनों के ऋण का रोकड़-कांड बड़ा है,
अब भी किन्तु अछूता शोषण-कांड पड़ा है।

दीन कुनबा

दीन दुखी यह कुनबा
जाड़े की थरथर में काँपता
अपनी चौपारी में बैठा
ताप रहा है कौड़ा!!
लकड़ी कंडे सुलग रहे हैं,
आग लगी है;
थोड़ी-थोड़ी लपक उठी है;
धुआँ बढ़ा है,
बाहर नहीं निकल पाता है
सबको घेरे रह जाता है!!

(गुलमेंहदी, पृ. 54)

अहिंसा

मारा गया
 लूमर लठैत
पुलिस की गोली से

किया था उसने क़तल
उसे मिली मौत
किया था क़तल पुलिस ने
उसे मिला इनाम

प्रवचन अहिंसा का
हो गया नाकाम।

हाथ न आई

आज भी आई
कल भी आई
रेल बराबर सब दिन आई।
लेकिन दिल्ली से आज़ादी
अब तक अब तक हाथ न आई,
हाथ न आई !!

चिट्ठी आई
पत्री आई
डाक बराबर सब दिन आई।
लेकिन दिल्ली से आज़ादी
अब तक अब तक हाथ न आई,
हाथ न आई !!

आफ़त ही आफ़त सब आई
लेकिन दिल्ली से आज़ादी
अब तक अब तक हाथ न आई,
हाथ न आई!!

(कहें केदार खरी खरी)

मज़दूर का जन्म

एक हथौड़े वाला घर में और हुआ!
हाथी-सा बलवान,
जहाज़ी हाथों वाला और हुआ!
सूरज-सा इंसान,
लरेटी आँखों वाला और हुआ!!
एक हथौड़े वाला घर में और हुआ!

माता रही विचार :
अँधेरा हरने वाला और हुआ!
दादा रहे निहार :
सवेरा करने वाला और हुआ!!
एक हथौड़े वाला घर में और हुआ!

जनता रही पुकार :
सलामत लाने वाला और हुआ!
सुन ले री सरकार!
क़यामत ढानेवाला और हुआ!!
एक हथौड़े वाला घर में और हुआ!

पैतृक सम्पत्ति

जब बाप मरा तब यह पाया
भूखे किसान के बेटे ने :
घर का मलवा, टूटी खटिया,
कुछ हाथ भूमि—वह भी परती।
चमरौधे जूते का तल्ला,
छोटी, टूटी बुढ़िया औगी,
दरकी गोरसी, बहता हुक्का,
लोहे की पत्ती का चिमटा।
कंचन सुमेरू का प्रतियोगी
द्वारे का पर्वत घूरे का,
बनिया के रुपयों का कर्जा
जो नहीं चुकाने पर चुकता।
दीमक, गोजर, मच्छर, माटा—
ऐसे हजार सब सहवासी।
बस यही नहीं, जो भूख मिली
सौगुनी बाप से अधिक मिली।
अब पेट खलाये फिरता है।
चौड़ा मुँह बाये फिरता है।
वह क्या जाने आजादी क्या?
आजाद देश की बातें क्या??

मैंने उसको

जब-जब देखा,
लोहा देखा,
लोहा जैसा—
तपते देखा,
गलते देखा,
ढलते देखा,
मैंने उसको
गोली जैसा
चलते देखा!

(फूल नहीं रंग बोलते हैं)

अब देखा है

मैंने जब देखा था—
    सावन था,
    बादल थे

इससे कम देखा था!
अब तो यह फागुन है,
फूलों में देखा है,
रंगों से, गंधों से
बाँधे तन देखा है :
इससे अब देखा है!

(फूल नहीं रंग बोलते हैं)

आँखों देखा

आज
अभी आँखों से
पर्वतीय निर्जन के
धुन्ध-भरे घेरे में,
क़ैद खड़े पेड़ों के
मौन पड़े डेरे में,
पातहीन डालों के
आख़िरी किनारों पर
पीत पगे फूलों के
आरसी कपोलों पर
दिन में ही
जगर-मगर
दीप जले देखे हैं।

(फूल नहीं रंग बोलते हैं)

उदास दिन

यह उदास दिन
पेंसन पाये चपरासी-सा
        और जुए में हारे जन-सा
आपे में खोये गदहे-सा,
मौन खड़ा है।
रवि रोता है
माँ से बिछुड़े हुए पुत्र-सा।
धूप पड़ी है
परित्यक्ता पत्नी-सी कातर।
        पाँव कटाये
हवा लढ़ी पर लेटे-लेटे
धीरे-धीरे
अस्पताल की ओर चली है,
        सुबुक रही है!
एक टाँग पर खड़े,
        देह का भार उठाये,
ऊँचे-ऊँचे पेड़ पुरातन
वनस्थली में तप करते हैं
        जटा बढ़ाये।

पक्षी दिन

मौन पक्षी-सा
        बड़ा दिन
नीम पर
        बैठा रहा,
मारने पर भी
बड़ा ढेला
उड़ा पक्षी नहीं;
नीम ने भी तो
नहीं नीचे ढकेला
आह! —
यह कितना अकेला,
निलज,
नीघस,
आज का दिन!

रात

दिन हिरन-सा चौकड़ी भरता चला,
धूप की चादर सिमट कर खो गयी,
खेत, घर, वन, गाँव का
दर्पण किसी ने तोड़ डाला,
शाम की सोना-चिरैया
नीड़ में जा सो गयी,
पेड़-पौधे बुझ गये जैसे दिये
केन ने भी जाँघ अपनी ढाँक ली,
रात है यह रात, अंधी रात,
और कोई कुछ नहीं है बात!

बादल ने मार दी बरछी

बादल ने मार दी
बरछी
        गाँव को,
और फिर चला गया,
लेकिन कुछ हुआ नहीं;
चमकी थी बिजली
सावन की रात में।

(फूल नहीं रंग बोलते हैं)

माँझी न बजाओ बंशी मेरा मन डोलता

माँझी! न बजाओ बंशी मेरा मन डोलता
मेरा मन डोलता है जैसे जल डोलता
जल का जहाज़ जैसे पल-पल डोलता
माँझी! न बजाओ बंशी मेरा प्रन टूटता

मेरा प्रन टूटता है जैसे तृन टूटता
तृन का निवास जैसे बन-बन टूटता
माँझी ! न बजाओ बंशी मेरा तन झूमता

मेरा तन झूमता है तेरा तन झूमता
मेरा तन तेरा तन एक बन झूमता।

छह छोटी कविताएँ

(1)
चली गयी है कोई श्यामा
आँख बचाकर, नदी नहाकर
काँप रहा है अब तक व्याकुल
विकल नील जल।

(**'फूल नहीं रंग बोलते हैं'**)

(2)
आज नदी बिल्कुल उदास थी
सोयी थी अपने पानी में
उसके दर्पण पर
बादल का वस्त्र पड़ा था।
मैंने उसको नहीं जगाया,
दबे पाँव घर वापस आया।

(3)
इकला चाँद
असंख्यों तारे,
नील गगन के
खुले किवाड़े
कोई हमको
कहीं पुकारे
हम आयेंगे
बाँह पसारे

(**'फूल नहीं रंग बोलते हैं'**)

(4)
छूट गयी 'बस'
रह गया मैं
पाँव पर खड़ा
चाकू-सा
खुला दिन
मेरी देह में गड़ा।

('पंख और पतवार')

(5)
चोली फटी सरस सरसों की
लहँगा गिरा फागुनी नीचे
चुनर उड़ी अकासी नीली
नंगी हुई पहाड़ी देखो

(6)
टूटी हिम की
हिंडोले वन के डेले
जागे जोगी शैल
मनोभव लोचन खोले।
लोल हुई कल्लोल कामिनी कूल सुहाये
गूँजे छवि के छंद क्षमा के ऋतुपति आये।

हे मेरी तुम

(1)
भूल सकता मैं नहीं
ये कुच-खुले दिन
ओठ से चूमे गए,
उजले, धुले दिन
जो तुम्हारे साथ बीते
रस भरे दिन,
बावरे दिन
दीप की लौ-से
गरम दिन।

(2)
हे मेरी तुम!
हम दोनों अब भोग रहे हैं
दीन देह को,
प्यार-प्यार से बाँधं;
ढले-ढले
        दिल से ढकेलते
दिन का ठेला;
        और रात को
काट रहे हैं
        भीतर की लौ साधे

(3)

हे मेरी तुम!
    कुछ न हुआ, अब
बूढ़ा हुआ सुआ।
    पखने हुए भुआ।
देखो,
    काल ढुका;
मन सहमा;
तन काँपा, और झुका।

(4)

हे मेरी तुम!
आई धूप,
    हँसी इठलाई,
नहीं पकड़ में आई।
हे मेरी तुम!
गई शाम को,
    घर की हँसी गई।
हे मेरी तुम!
रात हुई,
    हम लेटे;
ताराओं के
दाँत विषैले देखे,
चमक नुकीली चुभी
हृदय में;
डरे और घबराये।

विकट है यह सघन अंधकार का झुरमुट

विकट है यह सघन अंधकार का झुरमुट
कि मैं चला आऊँगा फिर भी
    तुम्हारी पुकार के बने पथ से
                    तुमसे मिलने

नदी से कहकर :
            कि वह बहे, जहाँ बहती है।
दिये से कहकर
            कि वह जले, जहाँ जलता है
फूल से कहकर
            कि वह खिले, जहाँ खिलता है।

सात छोटी कविताएँ

(1)
धोबी गया घाट पर
राही गया बाट पर,
मैं न गया घाट और बाट पर;
बैठा रहा टाट पर,
दोनों हाथ काट कर,
जीता रहा ओस चाट-चाट कर।

(2)
बालक ने
ताल को कँपा दिया
कंकड़ से बालक ने,
ताल को कँपा दिया,
ताल को   नहीं
अनन्त काल को कँपा दिया!

(3)
सिर के अंदर
शहर पिट गया है
पेट के अंदर
पुरुष पिट गया है
पाँव हैं
कि पहाड़ क तले दबे हैं

हाथ हैं
कि क़ैद काट रहे हैं

(4)
हाथ के पेड़
पेट में डूबे हैं
न फल है
न फूल
जड़ें उखड़ीं हैं।

(5)
हमने जितनी बार पुकारा
　　　दीवारों पर पाहन मारा
हिला न डोला मौन तुम्हारा
　　　टूटा केवल दुर्ग हमारा

(6)
आग लेने गया है
पेड़ का हाथ आदमी के लिए
टूटी डाल नहीं टूटी

(7)
पछाड़ते-पछाड़ते सफेद हो
गई जिन्दगी
जैसे कफ़न।
मौत का समान
अब मुझे बुलाता है
नदी किनारे

नागार्जुन के बाँदा आने पर

यह बाँदा है।
सूदख़ोर आढ़त वालों की इस नगरी में,
जहाँ मार, काबर, कछार, मडुआ की फ़सलें,
कृषकों के पौरुष से उपजा कन-कन सोना,
लढ़ियों में लद-लद कर आ कर,
बीच हाट में बिक कर कोठों-गोदामों में,
गहरी खोहों में खो जाता है जा-जा कर,
और यहाँ पर
रामपदारथ, रामनिहोरे,
बेनी पंडित, वासुदेव, बल्देव, विधाता,
चन्दन, चतुरी और चतुर्भुज,
गाँवों से आ-आ कर गहने गिरवी रखते,
बढ़े ब्याज के मुँह में बर-बस बेबस घुसते,
फिर भी घर का ख़र्च नहीं पूरा कर सकते,
मोटा खाते, फटा पहनते,
लस्टम-पस्टम जैसे-तैसे भरते-खपते,
न्याय यहाँ पर अन्यायों पर विजय न पाता,
सत्य सरल हो कर कोरा असत्य रह जाता,
न्यायालय की ड्योढ़ी पर दब कर मर जाता,
यहाँ हमारे भावी राष्ट्र-विधाता,
युग के बच्चे,
विद्यालय में वाणी विद्या-बुद्धि न पाते,
विज्ञानी बनने से वंचित रह जाते,
केवल मिट्टी में मिल जाते।

यह बाँदा है,
और यहाँ पर मैं रहता हूँ,
जीवन-यापन कठिनाई से ही करता हूँ,
कभी काव्य की कई पंक्तियाँ,
कभी आठ-दस-बीस पंक्तियाँ,
और कभी कविताएँ लिख कर,
प्यासे मन की प्यास बुझा लेता हूँ रस से,
शायद ही आता है कोई मित्र यहाँ पर,
शायद ही आती हैं मेरे पास चिट्ठियाँ।
मेरे कवि-मित्रों ने मुझ पर कृपा न की है,
इसीलिए रहता उदास हूँ, खोया-खोया,
अपने दुख-दर्दों में डूबा,
जन-साधारण की हालत से ऊबा-ऊबा,
वाण-बिंधे पक्षी-सा घायल,
जल से निकली हुई मीन-सा, विकल तड़पता,
इसीलिए आतुर रहता हूँ,
कभी-कभी तो कोई आये,
छठे-छमाहे चार-पाँच दिन तो रह जाये,
मेरे साथ बिताये,
काव्य, कला, साहित्य-क्षेत्र की छटा दिखाये,
और मुझे रस से भर जाये, मधुर बनाये,
फिर जाये, जीता मुझको कर जाये।
आख़िर मैं भी तो मनुष्य हूँ,
और मुझे रस से भर जाये, मधुर बनाये,
फिर जाये, जीता मुझको कर जाये।
आख़िर मैं भी तो मनुष्य हूँ,
और मुझे भी कवि-मित्रों का साथ चाहिए,
लालायित रहता हूँ मैं सबसे मिलने को,
श्याम सलिल के श्वेत कमल-सा खिल उठने को।
सच मानो जब यहाँ निराला जी आये थे,
कई साल हो गये, यहाँ कम रह पाये थे,

उन्हें देख कर मुग्ध हुआ था, धन्य हुआ था,
कविताओं का पाठ उन्हीं के मुख से सुन कर,
गन्धर्वों को भूल गया था,
तानसेन को भूल गया था,
सूरदास, तुलसी, कबीर को भूल गया था,
ऐसी वाणी थी हिन्दी के महाकृती की।
तब यह बाँदा काव्य-कला की पुरी बना था,
और साल-पर-साल यहाँ मधुमास रहा था,
बम्बेश्वर के पत्थर भी बन गये हृदय थे,
चूनरिया बन गयी हवा थी, गौने वाली,
यह धरती हो गयी वधू थी फूलों वाली,
और गगन का राजा सूरज दूल्हा बन कर
चूम रहा था प्रिय दुल्हन को।
फिर दिन बीते, मधु-घट रीते,
फिर पहले-सा यह नीरस हो गया नगर था,
फिर पहले-सा मैं चिन्तित था,
फिर मेरा मन भी कुंठित था,
फिर लालायित था मिलने को कवि-मित्रों से,
फिर मैं उनकी बाट जोहता है रहा निरन्तर,
जैसे खेतिहर बाट जोहता है बादल की,
जैसे भारत बाट जोहता है सूरज की,
किन्तु न कोई आया,
आने के वादे मित्रों के टूटे,
कई वर्ष फिर बीते,
रंग हुए सब फीके,
और न कोई रही हृदय में आशा।
तभी बन्धुवर शर्मा आये,
महादेव साहा भी आये,
और निराला-पर्व मनाया हम लोगों ने,
मुंशी जी के पुस्तक-घर में।
एक बार फिर मिला सुअवसर मधु पीने का,

कविता का झरना बन कर झर-झर जीने का,
लगातार घंटों, पहरों तक,
एक साथ साँसें लेने का,
एक साथ दिल की धड़कन से ध्वनि करने का,
ऐसा लगा कि जैसे हम सब,
एक प्राण हैं, एक देह हैं एक गीत हैं, एक गूँज हैं
इस विराट फैली धरती के,
और हमी तो वाल्मीकि हैं, कालिदास हैं,
तुलसी हैं, हिन्दी कविता के हरिश्चन्द्र हैं,
और निराला हमी लोग हैं।
बन्धु! आज भी वह दिन मुझको नहीं भूलता;
उसकी स्मृति अब भी बेले-सी महक रही हैं,
उस दिन का आनन्द आज भी
कालिदास का छन्द बना मन मोह रहा है,
मुक्त मोर बन श्याम बदरिया भरे हृदय में,
दुपहरिया में, शाम-सबेरे नाच रहा है,
रैन-अँधेरे में चन्दनियाँ बाँह पसारे,
हमको, सबको भेंट रहा है।
सम्भवतः उस दिन मेरा नव-जन्म हुआ था,
सम्भवतः उस दिन मुझको कविता ने चूमा,
गंगा के कूलों की मिट्टी मैंने पायी,
उस मिट्टी से उगती फ़सलें मैंने पायीं,
और उसी के कारण अब बाँदा में जीवित रहता हूँ,
और उसी के कारण अब तक कविता की रचना करता हूँ,
और तुम्हारे लिए पसारे बाँह खड़ा हूँ,
आओ साथी, गले लगा लूँ,
तुम्हें, तुम्हारी मिथिला की प्यारी धरती को,
तुममें व्यापे विद्यापति को,
और वहाँ की जनवाणी के छन्द चूम लूँ,
और वहाँ के गढ़-पोखर का पानी छू कर नैन जुड़ा लूँ,
और वहाँ के दुखमोचन, मोहन माँझी को मित्र बना लूँ,

और वहाँ के हर चावल को हाथों में ले हृदय लगा लूँ,
और वहाँ की आबहवा से वह सुख पा लूँ
जो गीतों में गाया जा कर कभी न चुकता,
जो नृत्यों में नाचा जा कर कभी न चुकता,
जो आँखों में आँजा जा कर कभी न जलता,
जो रोटी में खाया जा कर कभी न कमता,
जो गोली से मारा जा कर कभी न मरता,
जो दिन-दूना रात चौगुना व्यापक बनता,
और वहाँ नदियों में बहता,
नावों को ले आगे बढ़ता,
और वहाँ फूलों में खिलता,
बागों को सौरभ से भरता।

अहोभाग्य है जो तुम आये मुझसे मिलने,
इस बाँदा में चार रोज़ के लिए ठहरने,
अहोभाग्य है मेरा, मेरे घर वालों का,
जिनको तुम स्वागत से हँसते देख रहे हो।
अहोभाग्य है इस जीवन के इन कूलों का,
जिनको तुम अपनी कविता से सींच रहे हो।
अहोभाग्य है हम दोनों का,
जिनको आजीवन जीना है काव्य-क्षेत्र में।
अहोभाग्य है हम दोनों का,
जिनको आजीवन जीना है काव्य-क्षेत्र में।
अहोभाग्य है हम दोनों की इन आँखो का,
जिनमें अनबुझ ज्योति जगी है अपने युग की।
अहोभाग्य है दो जन-कवियों के हृदयों का
जिनकी धड़कन गरज रही है घन-गर्जन-सी।
अहोभाग्य है कठिनाई में पड़े हुए प्रत्येक व्यक्ति का,
जिसका साहस-शौर्य न घटता।
अहोभाग्य है स्वयं उगे इन सब पेड़ों का,

जिनके द्रुम-दल झरते फिर-फिर नये निकलते।
अहोभाग्य है हर छोटी चंचल चिड़िया का,
जिसका नीड़ बिगड़ते-बनते देर न लगती।
अहोभाग्य है बम्बेश्वर की चौड़ी-चकली चट्टानों का,
जिनको तुमने प्यार किया है, सहलाया है।
अहोभाग्य है केन नदी के इस पानी का,
जिसकी धारा बनी तुम्हारे स्वर की धारा।
अहोभाग्य है बाँदा की इस कठिन भूमि का,
जिसको तुमने चरण छुला कर जिला दिया है।

तुमने हमको मारा
मार-मारकर फिर-फिर मारा
हमें मार कर
तुमने अपना स्वांग सँवारा
और हमारा स्वांग उतारा।
अरे विदूषक!
हिंसक है हठयोग तुम्हारा
दारुण है दुखभोग हमारा

–अपूर्वा से

नागार्जुन

नाम – वैद्यनाथ मिश्र

जन्म – 1911 मई, ज्येष्ठ मास की पूर्णिमा

पिता – श्री गोकुल मिश्र

जन्म-स्थान – गाँव तरउनी (मधुबनी क्षेत्र), ज़िला दरभंगा, बिहार

माँ – श्रीमती उमादेवी

पत्नी – अपराजिता देवी।

बचपन में ही माँ की मृत्यु। पालन-पोषण पिता और चाची के द्वारा।

प्रारंभिक-शिक्षा–गाँव की पाठशाला में। संस्कृत विद्यालय गनौली से व्याकरण मध्यमा करने के बाद चार साल काशी रहे, शास्त्री परीक्षा के लिए। कलकत्ता से साहित्याचार्य की उपाधि प्राप्त की–पालि प्राकृत का विशेष अध्ययन।

1932 में विवाह और '34 में गौना; इसी साल बिहार में जबरदस्त भूकम्प।

1934 में जैन-मुनियों को संस्कृत और प्राकृत अध्यापन के लिए काठियाबाड़ (गुजरात) गये। वहीं गुजराती सीखी। जलवायु अनुकूल न पड़ने से '35 में हैदराबाद (सिन्ध-पाकिस्तान) गये। स्वामी केशवानन्द के साथ मठ में प्राचीन भारतीय भाषाओं का अध्यापन किया। यहीं से श्रीलंका के लिए '36 में प्रस्थान। वहाँ विद्यालंकार परिवेण में भिक्षुओं का अध्यापन करते हुए बौद्ध-भिक्षु हो गये। '38 में बिहार सरकार की ओर से तिब्बत जाने वाले अनुसंधानकर्ताओं के प्रतिनिधिमंडल के साथ ल्हासा (तिब्बत) गये। इसी यात्रा में हिमालय का दिव्य-दर्शन।

इसी बीच बिहार में किसान आन्दोलन में भाग लिया, स्वामी सहजानंद के संचालन में। '39 में राहुल जी के साथ जेल में। '40 में पंजाब-सीमाप्रांत की गुप्त यात्राएँ। '41 में दुबारा भागलपुर सेंट्रल जेल में। जेल से छूटने पर पिता की पकड़ में आ गये और दुबारा गृहस्थाश्रम में प्रवेश। '42 में पंजाब-सिन्ध प्रवास। '44 में इलाहाबाद में बसने के ख्याल से वापसी। '45 में ज्ञानपीठ, बनारस में। '51 में वर्धा की राष्ट्र भाषा प्रचार समिति में। '52-53 में फिर इलाहाबाद और स्वतंत्र लेखन, अनुवाद-कार्य। '63 में भारत-चीन सीमा-विवाद पर कम्युनस्टि पार्टी से अनबन। '67 में बिहार के अकाल के दौरान ग्रामीण इलाकों की ओर। '68 में मैथिली

कविताओं के लिए साहित्य अकादमी द्वारा पुरस्कृत। बिहार के जयप्रकाश आन्दोलन में '74 में फिर जेल और '76 में रिहाई। तब से अपने छोटे बेटे श्रीकांत के साथ दिल्ली-प्रवास। बीच-बीच में विदिशा (विजय बहादुर सिंह के यहाँ), रायपुर, पटना, गढ़वाल जहरीखाल (वाचस्पति उपाध्याय के यहाँ) के अल्प प्रवास चलते ही रहे। गाँव भी जाते रहे।

पहली कविता जो मैथिली में थी–1930 में प्रकाशित हुई–लहरिया सराय के मिथिला मासिक में। खड़ी बोली की पहली रचना '35 में विश्वबंधु, लाहौर से। पहली कविता-पुस्तक जो पैम्फ़लेटनुमा थी–'चना जोर गरम' '52 में। '53 में युगधारा प्रकाशित। तब से अनवरत प्रकाशन। सतरंगे पंखों वाली '59 प्यासी पथरायी आँखें '62, तालाब की मछलियाँ, भस्मांकुर '70 (खंडकाव्य), खिचड़ी विप्लव हमने देखा '80, तुमने कहा था '80, हज़ार हज़ार बाँहों वाली '81, पुरानी जूतियों का कोरस '83, रत्नगर्भ '85 ऐसे भी हम क्या, ऐसे भी तुम क्या '85, इस गुब्बारे की छाया में '89, भूल जाओ पुराने सपने '94 और अपने खेत में '97। उपन्यास : 'पारो', 'नवतुरिया', 'बलचनमा' (मैथिली में)। 'रतिनाथ की चाची', 'बलचनमा', 'नई पौध', 'बाबा बटेसरनाथ', 'वरुण के बेटे', 'दुखमोचन', 'उग्रतारा', 'इमरतिया', 'जमनिया का बाबा', 'हीरक जयंती' (अब 'अभिनंदन' नाम से), 'पारो' उपन्यास (हिन्दी संस्करण)।

- मैथिली में पहला संग्रह चित्रा '49, पत्रहीन नग्नगाछ '67 में (इसी संग्रह पर साहित्य अकादेमी पुरस्कार मिला। अन्ततः 1995 में पहले के दोनों और कुछ और कविताओं को मिलाकर हिन्दी अनुवाद सहित एक नये नाम 'पका है यह कटहल' 1995 में प्रकाशित।
- संस्कृत में– धर्मालोक शतकम, देश-दशकम, कृषक दशकम और श्रमिक दशकम।
- बँगला में एक संग्रह समस्त रचनाओं का 'मैं मिलिट्री का बूढ़ा घोड़ा' '97 में प्रकाशित।
- 'एक व्यक्ति : एक युग' (निराला पर लघु प्रबन्ध)। मेघदूत का हिन्दी काव्यानुवाद। गीत गोविन्द '79 और विद्यापति के गीतों का अनुवाद। बँगला, गुजराती के ग्रन्थों का भी अनुवाद।
- बालकथा साहित्य में–'सयानी कोयल', 'तीन अहदी', 'प्रेमचन्द', 'अयोध्या का राजा', 'वीर विक्रम'।

  सात खंडों में नागार्जुन रचनावली का बड़े बेटे शोभाकान्त द्वारा सम्पादन। नागार्जुन के उपनाम क्रमशः– विद्यार्थी, वैदह, यात्री।
- निधन 5 नवम्बर 1998

उनको प्रणाम!

जो नहीं हो सके पूर्ण-काम
मैं उनको करता हूं प्रणाम

कुछ कुंठित औ' कुछ लक्ष्य-भ्रष्ट
जिनके अभिमंत्रित तीर हुए;
रण की समाप्ति के पहले ही
जो वीर रिक्त तूणीर हुए!
—उनको प्रणाम!
जो छोटी सी नैया लेकर
उतरे करने को उदधि-पार;
मन की मन में ही रही, स्वयं
हो गए उसी में निराकार!
—उनको प्रणाम!
जो उच्च शिखर की ओर बढ़े
रह-रह नव-नव उत्साह भरे;
पर कुछ ने ले ली हिम-समाधि
कुछ असफल ही नीचे उतरे!
—उनको प्रणाम!
एकाकी और अंकिचन हो
जो भू-परिक्रमा को निकले;
हो गए पंगु, प्रति-पद इतने
अदृष्ट के दाव चले!
—उनको प्रणाम!

कृत-कृत्य नहीं जो हो पाए;
प्रत्युत फांसी पर गए झूल
कुछ ही दिन बीते हैं, फिर भी
यह दुनिया जिनको गई भूल!
—उनको प्रणाम!

थी उग्र साधना, पर जिनका
जीवन-नाटक दुःखांत हुआ;
था जन्म-काल में सिंह लग्न
पर कुसमय ही देहांत हुआ!
—उनको प्रणाम!

दृढ़ व्रत औ' दुर्दम साहस के
जो उदाहरण थे मूर्ति-मंत;
पर निरवधि बंदी जीवन ने
जिनकी धुन का कर दिया अंत!
—उनको प्रणाम!

जिनकी सेवाएं अतुलनीय
पर विज्ञापन से रहे दूर
प्रतिकूल परिस्थिति ने जिनके
कर दिए मनोरथ चूर-चूर!
—उनको प्रणाम!

1939

यह कैसे होगा?

यह कैसा होगा?
यह क्योंकर होगा?

नई-नई सृष्टि रचने को तत्पर
कोटि-कोटि कर-चरण
देते रहें अहरह स्निग्ध इंगित
और मैं अलस-अकर्मा
पड़ा रहूँ चूपचाप!
यह कैसे होगा?
यह क्यों कर होगा?

अधिकाधिक योग-क्षेम
अधिकाधिक शुभ-लाभ
कर लूँ संचित लघुतम परिधि में!
असीम रहे व्यक्तिगत हर्ष-उत्कर्ष!
अकेले ही सकुशल जी लूँ सौ वर्ष!
यह कैसे होगा?
यह क्यों कर होगा?

यथासमय मुकुलित हों
यथासमय पुष्पित हों
यथासमय फल दें
आम और जामुन, लीची और कटहल!

तो फिर मैं ही बाँझ रहूँ!
मैं ही न दे पाऊँ—
परिणत प्रज्ञा का अपना फल!
यह कैसे होगा?
यह क्योंकर होगा?

सलिल को सुधा बनाएँ तटबंध
धरा को मुदित करें नियंत्रित नदियाँ
तो फिर मैं ही रहूँ निर्बंध!
मैं ही रहूँ अनियंत्रित!
यह कैसे होगा?
यह क्योंकर होगा?

भौतिक भोगमात्र सुलभ हों भूरि-भूरि,
विवेक हो कुंठित!
तन हो कनकाभ, मन हो तिमिरावृत्त!
कमलपत्री नेत्र हों बाहर-बाहर,
भीतर की आँखें निपट-निमीलित!
यह कैसे होगा?
यह क्योंकर होगा?

बादल को घिरते देखा है

अमल धवल गिरि के शिखरों पर,
बादल को घिरते देखा है।
छोटे-छोटे मोती जैसे
उसके शीतल तुहिन कणों को,
मानसरोवर के उन स्वर्णिम
कमलों पर गिरते देखा है,
बादल को घिरते देखा है।

तुंग हिमालय के कंधों पर
छोटी-बड़ी कई झीलें हैं,
उनके श्यामल नील सलिल में
समतल देशों से आ-आकर
पावस की ऊमस से आकुल
तिक्त-मधुर विस-तंतु खोजते
हंसों को तिरते देखा है,
बादल को घिरते देखा है।

ऋतु बसंत का सुप्रभात था
मंद-मंद था अनिल बह रहा
बालारुण की मृदु किरणें थीं
अलग-बगल स्वर्णाभ शिखर थे
एक-दूसरे से विरहित हो
अगल-बगल रहकर ही जिनको
सारी रात बितानी होगी,

निशाकाल के चिर-अभिशापित
बेबस उन चकवा-चकई का
बंद हुआ क्रन्दन, फिर उनमें
उस महान सरवर के तीरे
शैवालों की हरी दरी पर
प्रणय-कलह छिड़ते देखा है,
बादल को घिरते देखा है।

दुर्गम बर्फ़ानी घाटी में
शत-सहस्र फुट ऊँचाई पर
अलख नाभि से उठने वाले
निज के ही उन्मादक परिमल
के पीछे धावित हो-होकर
तरल तरुण कस्तूरी मृग को
अपने पर चिढ़ते देखा है,
बादल को घिरते देखा है।

कहाँ गया धनपति कुबेर वह?
कहाँ गयी उसकी वह अलका?
नहीं ठिकाना कालिदास के
व्योम-प्रवाही गंगाजल का,
ढूँढ़ा बहुत परन्तु लगा क्या
मेघदूत का पता कहीं पर,
कौन बताए वह छायामय
बरस पड़ा होगा न यहीं पर,
जाने दो, वह कवि कल्पित था,
मैंने तो भीषण जाड़ो में
नभ-चुम्बी कैलाश-शीर्ष पर,
महामेघ को झंझानिल से
गरज-गरज भिड़ते देखा है,
बादल को घिरते देखा है।

शत-शत निर्झर-निर्झरिणी-कल
मुखरित देवदारु कानन में,
शोणित-धवल-भोजपत्रों से
छायी हुई कुटी के भीतर
रंग-बिरंगे और सुगंधित
फूलों से कुन्तल को साजे,
इन्द्रनील की माला डाले
शंख-सरीखे सुघड़ गलों में,
कानों में कुवलय लटकाये,
शतदल लाल कमल वेणी में,
रजत-रचित मणि-खचित कलामय
पान पात्र द्राक्षासव-पूरित
रखे सामने अपने-अपने
लोहित चंदन की त्रिपदी पर,
नरम निदाग बाल-कस्तूरी
मृगछालों पर पलथी मारे
मदिरारुण आँखों वाले उन
उन्मद किन्नर-किन्नरियों की
मृदुल मनोरम अँगुलियों को
वंशी पर फिरते देखा है,
बादल को घिरते देखा है।

1938
('युगधारा')

अब के इस मौसम में

अब के इस मौसम में
कोयल आज बोली है
पहली बार

टूसों को उमगे कई दिन हो गये
टेसू को सुलगे कई दिन हो गये
अलसी को फूले कई दिन हो गये
बौरों को महके कई दिन हो गये

झपटी पछिया
दरक गये केलों के पात
लेते ही करवट
तेज़ाब की फुहारें
छिड़कने लगा सूरज
मुँह बा दिया कलियों ने
देखती रह गयी निठुराई के खेल
चुपचाप कलमुँही
भर गया जी
ज़ोरों से कूक पड़ी

अब के इस मौसम में
कोयल आज कूकी है
पहली बार!

1961

नीम की दो टहनियाँ

नीम की दो टहनियाँ
झाँकती हैं सीखचों के पार

यह कपूरी धूप
शिशिर की यह दुपहरी, यह प्रकृति का उल्लास
रोम-रोम बुझा लेगा ताज़गी की प्यास

रात-भर जगती रही
खटती रही
अब कर रही आराम
गाढ़ी नींद का आश्वास भी अब मौन से लिपटा हुआ है
—बेख़बर सोयी हुई है छापने की यह विराट मशीन
उधर मुँह बाये पड़े हैं टाइपों के मलिन-धूसर केस
पर इधर तो झाँकती हैं दो सलोनी टहनियाँ
सीखचों के पार

फिसल रही चाँदनी

पीपल के पत्तों पर फिसल रही चाँदनी
नालियों के भीगे हुए पेट पर, पास ही
जम रही, घुल रही, पिघल रही चाँदनी
पिछवाड़े बोतल के टुकड़ों पर—
चमक रही, दमक रही, मचल रही चाँदनी
दूर उधर बुर्जी पर उछल रही चाँदनी

आँगन में दूबों पर गिर पड़ी—
अब मगर किस क़दर संभल रही चाँदनी
पिछवाड़े बोतल के टुकड़ों पर
नाच रही, कूद रही, उछल रही चाँदनी
वो देखो, सामने
पीपल के पत्तों पर फिसल रही चाँदनी

('खि. वि. दे. हमने')

जय हे कीचड़

टांगे गल जाएँगी
सरिता की कछार में
पंक ही पंक है
धंसना तो पड़ेगा ही
कर्दम का तुहिनमय स्पर्श...
कंपन की पराकाष्ठा...
जड़िमा में डूब गया स्पर्श-बोध...
रगों में प्रवहमान रक्त
जम गया मानो!
जय हे कीचड़, जय हे पंक!

1968

फूले कदंब

फूले कदंब
टहनी-टहनी में कन्दुक सम झूले कदंब
फूले कदंब

सावन बीता
बादल का कोष नहीं रीता
जाने कब से वो बरस रहा
ललचाई आँखों से नाहक
जाने कब से तू तरस रहा
मन कहता है, छू ले कदंब
फूले कदंब
झूले कदंब

('तु. क. था')

हज़ार बाँहों वाली शिशिर

हज़ार बाँहों वाली शिशिर-विष-कन्या
उतरी लेकर साँसों में प्रलय की वन्या
हिमदग्ध होठों के प्राणशोषी चुम्बन
तन-मन पर लेप गये ज्वालामय चन्दन
एक-एक शिरा में सौ-सौ सुइयों की चुभन
अद्‌भुत यह भुजपाश अद्‌भुत आलिंगन
तृण-तरु झुलस गये, पड़ा है ओसमय तुषार
किया है महाकाल ने हिमानी का शृंगार
आज है गरल धन्य, कल था सुधा धन्या
हज़ार बाँहों वाली शिशिर-विष-कन्या
उतरी लेकर साँसों में प्रलय की वन्या

(**'हज़ार बाँहों वाली'**)

यह तुम थीं

कर गयी चाक
तिमिर का सीना
जोत की फाँक
यह तुम थीं

सिकुड़ गयी रग-रग
झुलस गया अंग-अंग
बनाकर ठूँठ छोड़ गया पतझार
उलंग असगुन-सा खड़ा रहा कचनार
अचानक उमगी डालों की संधि में
छरहरी टहनी
पोर-पोर में गसे थे टूसे
यह तुम थीं

झुका रहा डालें फैलाकर
कगार पर खड़ा कोढ़ी गूलर
ऊपर उठ आयी भादो की तलइया
जुड़ा गया बौने की छाल का रेशा-रेशा
यह तुम थीं।

1957

गुलाबी चूड़ियाँ

प्राइवेट बस का ड्राइवर है तो क्या हुआ,
सात साल की बच्ची का पिता तो है!
सामने गीयर के ऊपर
हुक से लटका रखी हैं
काँच की चार चूड़ियाँ गुलाबी
बस की रफ्तार के मुताबिक
हिलती रहती हैं.....
झुककर मैंने पूछ लिया
खा गया मानो झटका
अधेड़ उम्र का मुच्छड़ रोबीला चेहरा
आहिस्ते से बोला : हाँ सा'ब
लाख कहता हूँ, नहीं मानती है मुनिया
टाँगे हुए हैं कई दिनों से
अपनी अमानत
यहाँ अब्बा की नज़रों के सामने
मैं भी सोचता हूँ
क्या बिगाड़ती हैं चूड़ियाँ
किस जुर्म पे हटा दूँ इनको यहाँ से?
और ड्राइवर ने एक नज़र मुझे देखा
और मैंने एक नज़र उसे
छलक रहा था दूधिया वात्सल्य बड़ी-बड़ी आँखों में
तरलता हावी थी सीधे-सादे प्रश्न पर
और अब वे निगाहें फिर से हो गईं सड़क की ओर

और मैंने झुककर कहा—
हाँ भाई, मैं भी पिता हूँ
वो तो बस यूँ ही पूछ लिया आपसे
वर्ना ये किसको नहीं भाएँगी?
नन्हीं कलाइयों की गुलाबी चूड़ियाँ!

1961

सिंदूर-तिलकित भाल

घोर निर्जन में परिस्थिति ने दिया है डाल!
याद आता तुम्हारा सिंदूर-तिलकित भाल!
कौन है वह व्यक्ति जिसको चाहिए न समाज?
कौन है वह एक जिसको नहीं पड़ता दूसरे से काज?
चाहिए किसको नहीं सहयोग?
चाहिए किसको नहीं सहवास?
कौन चाहेगा कि उसका शून्य में टकराये यह उच्छ्‌वास?
हो गया हूँ मैं नहीं पाषाण
जिसको डाल दे कोई कहीं भी
करेगा वह कभी कुछ न विरोध
करेगा वह कुछ नहीं अनुरोध
वेदना ही नहीं उसके पास
फिर उठेगा कहाँ से निःश्वास
मैं न साधारण, सचेतन जंतु
यहाँ हाँ—ना—किंतु और परंतु
यहाँ हर्ष-विषाद-चिंता-क्रोध
यहाँ है सुख-दुख का अवबोध
यहाँ हैं प्रत्यक्ष औ' अनुमान
यहाँ स्मृति-विस्मृति सभी के स्थान
तभी तो तुम याद आतीं प्राण,
हो गया हूँ मैं नहीं पाषाण!
याद आते स्वजन
जिनकी स्नेह से भीगी अमृतमय आँख
स्मृति-विहंगम की कभी थकने न देगी पाँख

याद आता मुझे अपना वह 'तरउनी' ग्राम
याद आतीं लीचियाँ, वे आम
याद आते मुझे मिथिला के रुचिर भू-भाग
याद आते धान
याद आते कमल, कुमुदिनि और तालमखान
याद आते शस्य श्यामल जनपदों के
रूप-गुण अनुसार ही रक्खे गये वे नाम
याद आते वेणुवन के नीलिमा के निलय, अति अभिराम

धन्य वे जिनके मृदुलतम अंक
हुए थे मेरे लिए पर्यंक
धन्य वे जिनकी उपज के भाग
अन्न-पानी और भाजी-साग
फूल-फल औ' कंद-मूल, अनेक विध मधु-मांस
विपुल उनका ऋण, सधा सकता ना मैं दशमांश
ओह, यद्यपि पड़ गया हूँ दूर उनसे आज
हृदय से पर आ रही आवाज़—
धन्य वे जन, वही धन्य समाज
यहाँ भी तो हूँ न मैं असहाय
यहाँ भी हैं व्यक्ति औ' समुदाय
किंतु जीवन-भर रहूँ फिर भी प्रवासी ही कहेंगे हाय!
मरूँगा तो चिता पर दो फूल देंगे डाल
समय चलता जायेगा निर्बाध अपनी चाल
सुनोगी तुम तो उठेगी हूक
मैं रहूँगा सामने (तस्वीर में) पर मूक
सांध्य नभ में पश्चिमांत-समान
लालिमा का जब करुण आख्यान
सुना करता हूँ, सुमुखि उस काल
याद आता तुम्हारा सिंदूर-तिलकित भाल

1943

वे और तुम

वे लोहा पीट रहे हैं
तुम मन को पीट रहे हो
वे पत्तर जोड़ रहे हैं
तुम सपने जोड़ रहे हो
उनकी घुटन ठहाकों में घुलती है
और तुम्हारी घुटन?
उनींदी घड़ियों में चुरती हैं

वे हुलसित हैं
अपनी ही फ़सलों में डूब गये हैं
तुम हुलसित हो
चितकबरी चाँदनियों में खोये हो
उनको दुख है
नये आम की मंजरियों को पाला मारा गया है
तुमको दुख है
काव्य-संकलन दीमक चाट गये हैं।

1961

काली माई

कितना खून पिया है, जाती नहीं खुमारी!
सुर्ख और लम्बी है मइया जीभ तुम्हारी।

मुण्डमाल के लिए गरीबों पर निगाह है
धनपतियों के लिए दया की खुली राह है!
धन पिशाच का लहू नहीं अच्छा लगता है
वह औरों की बलि देकर तुमको ठगता है
जाने कब से टपक रही है लार तुम्हारी
लाल थूक से दरक गई धरती बेचारी
पैरों के नीचे शंकर करुणावतार है
नंगी हो माँ, तुम पर पागलपन सवार है
भृकुटि तुम्हारी तनी रहे, अब कौन डरेगा
धन-पिशाच ही नर-पशुओं का पेट भरेगा!

माता तुमको प्रिय होगी हिंसा की भाषा
ऐसा है विश्वास और ऐसी है आशा
मेरे इन शब्दों से नाहक रंज न होना
कुछ भी हो लेकिन मन का संतुलन न खोना
हमको क्या, हम तो यों ही पिसते आए हैं
भारी कल के पुर्जे हैं घिसते आए हैं
धनपतियों की खुशियों में खुश तुम भी रहना
उनके ही हित की हुगली में तुम भी बहना
अस्सी प्रतिशत जनता की खातिर कृपाण है
बाकी लोगों की खातिर बस पुष्प बाण है

हमें नहीं चाहिए तुम्हारी ऐसी करुणा
हमें नहीं चाहिए विमाता श्यामा-अरुणा
कितना खून पिया है, जाती नहीं खुमारी
सुर्ख और लम्बी है मइया जीभ तुम्हारी

बीच-बीच में पाती हो ऊपर की पूजा
मुख-रुचि के परिवर्तन की खातिर ज्यों भूजा
कद्दू-लौकी नहीं, तुम्हें तो मांस चाहिए
यम से छीना-झपटी में पूर्णांश चाहिए
लगातार ही बलि पशुओं की आँत चाहिए
कड़ी खुरदरी जिह्वा, पैने दाँत चाहिए

चौरंगी में फिरती है डायन की बेटी
नाम तुम्हारा लेती है लेटी अधलेटी
महल-झोपड़ी सभी जगह आती-जाती है
जिन्हें फाँसती, उनको तुम तक पहुँचाती है
ट्राम-कार टैक्सी-स्कूटर-रिक्शे पर चढ़कर
लक्ष्य वेध करते हैं फौरन आगे बढ़कर
विविध रूप में घूम रहे हैं दूत तुम्हारे
गली-गली के अन्दर तत्पर साँझ-सकारे
मैं तुमसे तो नहीं, मगर उनसे डरता हूँ
मिलते हैं तो उन्हें नमस्ते ही करता हूँ
कितना खून पिया है जाती नहीं खुमारी
सुर्ख और लम्बी है मइया, जीभ तुम्हारी

1961

सौंदर्य-प्रतियोगिता

गंगा की मछली...
यमुना की मछली...
सहेली थीं दोनों,
हिल-मिल कर रहती थीं।
कभी-कभी निकल जाती थीं दूर
संगम से आगे, और आगे, और आगे
एक बार हुआ यूँ कि
सुलग उठी स्पर्धा की आग दोनों के अंदर
—मैं हूँ सुन्दर तो मैं हूँ सुन्दर!
इस तू-तू मैं-मैं में दिन चढ़ा ऊपर
कि सहसा दे गया दिखायी कछुआ रेती पर
जाड़े की धूप में पड़ा पसर कर

मछलियाँ पास आयीं
प्रणाम किया, बोलीं—
सच-सच कहिएगा बाबा,
हम में से किसका वाजिब है खूबसूरती का दावा?

वयस्क-बुजुर्गों सुधी शिरोमणि कछुआ
हिलाता रहा लंबी गरदन, देखता रहा मछलियों की ओर
बोला वह स्थितप्रज्ञ कुछ उपरांत—
गंगा की मछली, तुम भी सुन्दर हो
जमना की मछली, तुम भी सुन्दर हो

वाजिब है दोनों का दावा...
चीख़ पड़ी मछलियाँ—तो फिर बाबा
नाहक हम लड़ते रहे इतनी देर?
कहिये साफ़-साफ़
किसके हक़ में पड़ता है इन्साफ़?
तो फिर सच-सच बतला दूँ?—
पकी प्रज्ञावाले बाबाजी बोले गरदन हिला
—तुम भी सुंदर हो गंगा की मछली,
जमना की मछली, तुम भी सुंदर हो
किंतु, बनिस्बत तुम दोनों के
मैं अधिक सुंदर हूँ
बिल्लौरी काँच-सी कांतिवाली यह गरदन...
बरगद-सी छतनार ऐसी पीठ...
नन्हें मसूर-से ऐसे ये नेत्र...
देखी नहीं होगी ऐसी खूबसूरती
आओ, और निकट आओ।
यूँ मत घबराओ!

भाग कर दोनों हो गयीं ग़ायब
संगम की अतल जलराशि में
अधूरा ही रह गया
प्रवचन महामुनि का।

पैने दाँतों वाली

पैने दाँतों वाली
धूप में पसर कर लेटी है
मोटी-तगड़ी, अधेड़, मादा सूअर...

जमना किनारे
मखमली दूबों पर
पूस की गुनगुनी धूप में
पसर कर लेटी है
यह भी तो मादरे-हिन्द की बेटी है
भरे-पूरे बारह थनों वाली!

लेकिन अभी इस वक्त
छौनों को पिला रही है दूध
मन-मिजाज ठीक है
कर रही है आराम
अखरती नहीं है भरे-पूरे थनों की खींच-तान
दुधमुँहे छौनों की रग-रग में
मचल रही है आखिर मा की ही तो जान।

जमना-किनारे
मखमली दूबों पर
पसर कर लेटी है
यह भी तो मादरे-हिन्द की बेटी है।
पैने दाँतों वाली...

1973

मंत्र-कविता

ओं शब्द ही ब्रह्म है
ओं शब्द, और शब्द, और शब्द, और शब्द
ओं प्रणव, ओं नाद, ओं मुद्राएँ
ओं वक्तव्य, ओं उद्‌गार, ओं घोषणाएँ
ओं भाषण...
ओं प्रवचन...
ओं हुंकार, ओं फटकार, ओं शीत्कार
ओं फुसफुस, ओं फूत्कार ओं चीत्कार
ओं आस्फालन, ओं इंगित, ओं इशारे
ओं नारे, और नारे, और नारे, और नारे

ओं सब-कुछ, सब-कुछ, सब-कुछ
ओं कुछ नहीं, कुछ नहीं, कुछ नहीं
ओं पत्थर पर की दूब, ख़रगोश के सींग
ओं नमक-तेल-हल्दी-जीरा-हींग
ओं मूस की लेंड़ी, कनेर के पात
ओं डायन की चीख़, औघड़ की अटपट बात
ओं कोयला-इस्पात-पेट्रोल
ओं हमी हम ठोस, बाक़ी सब फूटे ढोल

ओं इदमन्नं, इमा आपः इदमाज्यं, इदं हविः
ओं यजमान, ओं पुरोहित, ओं राजा, ओं कविः
ओं क्रान्तिः क्रान्तिः क्रान्तिः सर्वग्वं क्रान्तिः

ओं शान्तिः शान्तिः शान्तिः सर्वग्वं शान्तिः
ओं भ्रान्तिः भ्रान्तिः भ्रान्तिः सर्वग्वं भ्रान्ति
ओं बचाओ बचाओ बचाओ बचाओ
ओं हटाओ हटाओ हटाओ हटाओ
ओ घेराओ, घेराओ घेराओ घरोओ
ओ निभाओ निभाओ निभाओ निभाओ

ओं दलों में एक दल अपना दल, ओम
ओं अंगीकरण, शुद्धीकरण, राष्ट्रीयकरण
ओं मुष्टीकरण, तुष्टिकरण, पुष्टीकरण
ओ एतराज, आक्षेप, अनुशासन
ओं गद्दी पर आजन्म वज्रासन
ओं ट्रिब्यूनल ओं आश्वासन
ओं गुटनिरपेक्ष, सत्तासापेक्ष जोड़-तोड़
ओं छल-छंद, ओं मिथ्या, ओं होड़महोड़
ओं बकवास, ओं उद्घाटन
ओ मारण-मोहन उच्चाटन

ओं काली काली काली महाकाली महाकाली
ओं मार मार मार वार न जाये ख़ाली
ओं अपना खुशहाली
ओ दुश्मनों की पामाली
ओं मार, मार, मार, मार, मार, मार, मार
ओं अपोज़िशन के मुंड बनें तेरे गले का हार
ओं ए ह्रीं क्ली हूं आङ्
ओं हम चबायेंगे तिलक और गाँधी की टाँग
ओं बूढ़े की आँख, छोकरी का काजल
ओं तुलसीदल, विल्वपत्र, चन्दन, रोली, अक्षत, गंगाजल
ओं शेर के दाँत, भालू के नाखून, मर्कट का फोता
ओं हमेशा हमेशा करेगा राज मेरा पोता
ओं छूः छूः फूः फूः फट्‌ फिट्‌ फुट्‌

ओं शत्रुओं की छाती पर लोहा कुट्
ओं भैरो, भैरो, भैरो, ओं बजरंगबली
ओं बंदूक का टोटा, पिस्तौल की नली
ओं डालर, ओं रूबल, ओं पाउंड
ओं साउंउ, ओं साउंड, ओं साउंड

ओम् ओम् ओम्
ओम् धरती, धरती, धरती, व्योम, व्योम व्योम
ओं अष्टधातुओं की ईंटों के भट्ठे
ओ महामहिम, महामहो उल्लू के पट्ठे
ओं दुर्गा, दुर्गा, दुर्गा, तारा, तारा तारा
ओं इसी पेट के अन्द समा जाये सर्वहारा
हरिः ओं तत्सत्, हरिः ओम् तत्सत...।

हमने तो रगड़ा है

तुमसे क्या झगड़ा है
हमने तो रगड़ा है
इनको भी, उनको भी, उनको भी!

दोस्त है, दुश्मन है
खास है, कॉमन है
छाँटो भी, मीजो भी, धुनको भी

लँगड़ा सवार क्या
बनना अचार क्या
सनको भी, अकड़ो भी, तुनको भी

चुप-चुप तो मौत है
पीप है, कठौत है
बमको भी, खाँसो भी सनको भी

तुमसे क्या झगड़ा है
हमने तो रगड़ा है
इनको भी, उनको भी, उनको भी!

1978

पछाड़ दिया मेरे आस्तिक ने

शुरू-शुरू कातिक में
निशा शेष ओस की बूंदियों से लदी है
अगहनी धान की दुद्धी मंजरियाँ
पाकर परस प्रभाती किरणों का
मुखर हो उठेगा इनका अभिराम रूप...
टहलने निकला हूं 'परमान' के किनारे-किनारे
बढ़ता जा रहा हूं खेत की मेड़ों पर से, आगे
वापस मिला है अपना वह बचपन
कई युगों के बाद आज
करेगा मेरा स्वागत
शरद् का बाल रवि...
चमकता रहेगा घड़ी-आधी घड़ी
पूर्वांचल प्रवाही 'परमान' की
द्रुत-विलम्बित लहरों पर
और मेरे ये अनावृत चरण युगल
करते रहेंगे चहलकदमी
सैकत पुलिन पर

छोड़ते जाएंगे सादी-हल्की छाप...
और फिर आएगी, हंसी मुझे अपने आप पर
उतर पडूंगा तत्क्षण पंकिल कछार में
बुलाएंगे अपनी ओर भारी खुरों के निशान
झुक जाएगा यह मस्तक अनायास
दुधारू भैंसों की याद में...

यह लो, दूर कहीं शीशम की झुरमुट से
उड़ता आया है नीलकंठ
गुजर जाएगा ऊपर-ही-ऊपर
कहां जाकर बैठेगा?
इधर पीछे जवान पाकड़ की फुनगी पर?
या कि, उस बूढ़े पीपल की बदरंग डाल पर?
या कि, उड़ता ही जाएगा
पहुंचेगा विष्णुपुर के बीचोंबीच
मंदिर की अंगनाई में मौलसिरी की
सघन पत्तियों वाली टहनियों की ओट में
हो जाएगा, अदृश्य, करेगा वहीं आराम!
जाने भी दो,
आओ तुम मेरे साथ रत्नेश्वर
देखेंगे आज जी भरकर
उगते सूरज का अरुण-अरुण पूर्ण-बिम्ब
जाने कब से नहीं देखा था शिशु भास्कर
आओ रत्नेश्वर, कृतार्थ हों हमारे नेत्र!
देखना भई, जल्दी न करना
लौटना तो है ही
मगर यह कहां दिखता है रोज-रोज
सोते ही बिता देता हूं शत-शत प्रभात
छूट-सा गया है जनपदों का स्पर्श
(हाय रे आंचलिक कथाकार!)
आज मगर उगते सूरज को
देर तक देखेंगे, जी भरकर देखेंगे
करेंगे अर्पित बहते जल का अर्घ
गुनगुनाएंगे गद्गद् होकर—
"ओं नमो भगवते भुवन-भास्कराय
ओं नमो ज्योतिरीश्वराय
ओं नमः सूर्याय सवित्रे... ।"
देखना भई रत्नेश्वर, जल्दी न करना!

लौटेंगे इत्मीनान से
पछाड़ दिया है आज मेरे आस्तिक ने मेरे नास्तिक को
साक्षी रहा तुम्हारे जैसा नौजवान 'पोस्ट-ग्रेजुएट'
मेरे इस 'डेविएशन' का!
नहीं? मैं झूठ कहता हूं?
मुकर जाऊं शायद कभी...
कहां! मैंने तो कभी झुकाया नहीं था यह मस्तक
कहां! मैंने तो कभी दिया नहीं था अर्घ सूर्य को!
तो तुम रत्नेश्वर, मुसकुरा-भर देना मेरी उस
मिथ्या पर...

1964

खुरदुरे पैर

खुब गये
दूधिया निगाहों में
फटी बिवाइयोंवाले खुरदुरे पैर

धँस गये
कुसुम कोमल मन में
गुट्ठल घट्ठोंवाले कुलिश-कठोर पैर

दे रहे थे गति
रबड़-विहीन ठूँठ पैडलों को
चला रहे थे
एक नहीं, दो नहीं, तीन-तीन चक्र
कर रहे थे मात त्रिविक्रम वामन के पुराने पैरों को
नाप रहे थे धरती का अनहद फ़ासला
घंटों के हिसाब से ढोये जा रहे थे।

देर तक टकराये
उस दिन आँखों से वे पैर
भूल नहीं पाऊँगा कटी बिवाइयाँ
खुब गयीं दूधिया निगाहों में
धँस गयीं कुसुम-कोमल मन में

('प्यासी पथरायी आँखें')

मेरी भी आभा है इसमें

नये गगन में नया सूर्य जो चमक रहा है
यह विशाल भूखंड आज जो दमक रहा है
मेरी भी आभा है इसमें

भीनी-भीनी खुशबू वाले
रंग-बिरंगे
यह जो इतने फूल खिले हैं
कल इनको मेरे प्राणों ने नहलाया था
कल इनको मेरे सपनों ने सहलाया था

पकी सुनहली फसलों से जो
अबकी यह खलिहान भर गया
मेरी रग रग के शोणित की बूँदें इसमें मुस्काती हैं

नये गगन में नया सूर्य जो चमक रहा है
यह विशाल भूखंड आज जो दमक रहा है
मेरी भी आभा है इसमें

बाकी बच गया अंडा

पांच पूत भारतमाता के, दुश्मन था खूंखार
गोली खाकर एक मर गया, बाकी रह गए चार
चार पूत भारतमाता के, चारों चतुर-प्रवीन
देश-निकाला मिला एक को, बाकी रह गए तीन
तीन पूत भारतमाता के, लड़ने लग गए वो
अलग हो गया उधर एक,अब बाकी बच गए दो
दो बेटे भारतमाता के, छोड़ पुरानी टेक
चिपक गया है एक गद्दी से, बाकी बच गया एक
एक पूत भारतमाता का, कंधे पर है झंडा
पुलिस पकड़ के जेल ले गई, बाकी बच गया अंडा!

1950

कछुए ने मारी हाँक गरदन निकालकर

'अरे, आओ, सुन लो एक बात'
कछुए ने मारी हाँक गरदन निकालकर।
पास आया ख़रगोश।
झील की कछार पर बैठा था कछुआ।
बोला—क्या बात थी, दादा? अभी ज़रा जल्दी में हूँ
लाइन के उस पार वो जो जंगल है
वहाँ आज चुनाव का दंगल है
अभी तो अदना-सा पंच हूँ, शाम को मगर मुखिया रहूँगा
लौटती बेर तफ़सील में कहूँगा
हाँ तो भला, क्या बात है दादा?...
लेकर डकार कछुआ लगा कहने—
हमारी झील की मछलियों ने दी थी दावत
कि अभी बुकिंग बंद है हवड़ा की
कि अभी सूखे पड़े हैं जाल
कि अभी सारा-सारा दिन ताश पीटते हैं मछुए
पी-पा कर धुत्त, दुहराते रहते हैं हड़ताली नारे...
तुम भई पता तो लगाना!
रुक गया है सचमुच क्या गाड़ियों का आना-जाना?

('प्यासी पथरायी आँखें')

भूले स्वाद बेर के

सीता हुई भूमिगत, सखी बनी सूपनखा
बचन बिसर गये देर के, सबेर के!
बन गया साहूकार लंकापति विभीषण
पा गये अभयदान शावक कुबेर के!
जी उठा दसकन्धर
स्तब्ध हुए मुनिगण
हावी हुआ स्वर्ण-मृग कंधों पर शेर के!
बुढ़भस की लीला है, काम के रहे न राम!
शबरी न याद रही, भूले स्वाद बेर के!

अकाल और उसके बाद

कई दिनों तक चूल्हा रोया, चक्की रही उदास
कई दिनों तक कानी कुतिया सोयी उनके पास
कई दिनों तक लगी भीत पर छिपकलियों की गश्त
कई दिनों तक चूहों की भी हालत रही शिकस्त

दाने आये घर के अंदर कई दिनों के बाद
धुआँ उठा आँगन से ऊपर कई दिनों के बाद
चमक उठीं घर भर की आँखें कई दिनों के बाद
कौए ने खुजलायीं पाँखें कई दिनों के बाद

1952

आओ रानी, हम ढोयेंगे पालकी

आओ रानी, हम ढोयेंगे पालकी
यही हुई है राय जवाहरलाल की
रफ़ू करेंगे फटे-पुराने जाल की
यही हुई है राय जवाहरलाल की
आओ रानी, हम ढोयेंगे पालकी!

आओ, शाही बैंड बजाएँ
आओ, बन्दनवार सजाएँ
खुशियों में डूबें उतराएँ,
आओ तुमको सैर कराएँ—
उटकमंड की, शिमला नैनीताल की
आओ रानी, हम ढोयेंगे पालकी

तुम मुस्कान लुटाती जाओ
तुम वरदान लुटाती जाओ
आओ जी चाँदी के पथ पर
आओ जी कंचन के रथ पर
नज़र बिछी है, एक-एक दिक्‌पाल की
छटा दिखाओ गति की लय की ताल की
आओ रानी, हम ढोयेंगे पालकी

सैनिक तुम्हें सलामी देंगे
लोग-बाग बलि-बलि जायेंगे
दृग-दृग में खुशियाँ छलकेंगी

ओसों में बूँदें झलकेंगी
प्रणति मिलेगी नये राष्ट्र के भाल की
आओ रानी, हम ढोयेंगे पालकी

बेबस-बेसुध सूखे-रुखड़े,
हम ठहरे तिनकों के टुकड़े...
टहनी हो तुम भारी-भरकम डाल की
खोज-ख़बर तो लो अपने भक्तों की ख़ास महाल की!
लो कपूर की लपट
आरती लो सोने के थाल की
आओ रानी, हम ढोयेंगे पालकी

भूखी भारतमाता के सूखे हाथों को चूम लो
प्रेसिडेंट के लंच-डिनर में स्वाद बदल लो, झूम लो
पद्मभूषणों, भारतरत्नों से उनके उद्‌गार लो
पार्लमेन्ट के प्रतिनिधियों से आदर लो, सत्कार लो
मिनिस्टरों से शेकहैंड लो, जनता से जयकार लो
दाएँ-बाएँ खड़े हज़ारी आफ़िसरों से प्यार लो
धनकुबेर उत्सुक दीखेंगे उनको ज़रा दुलार लो
होठों को कंपित कर लो, रह-रह के कनखी मार लो
बिजली की यह दीपमालिका फिर-फिर इसे लो निहार लो
वह तो नयी-नयी दिल्ली है, दिल में इसे उतार लो
एक बात कह दूँ मलका, थोड़ी सी लाज उधार लो
बापू को मत छेड़ो, अपने पुरखों से उपहार लो
जय ब्रिटेन की, जय हो इस कलिकाल की!
आओ रानी, हम ढोयेंगे पालकी!
रफ़ू करेंगे फटे-पुराने जाल की!
यही हुई है राय जवाहरलाल की!
आओ रानी, हम ढोयेंगे पालकी!

(सतरंगे पंखों वाली)
1961

रजनीगंधा

तुम खिलो रात की रानी!
हो म्लान भले यह जीवन और जवानी
तुम खिलो रात की रानी!
प्रहरी-परिवेष्टित इस बंदीशाला में
मैं सड़ूँ सही, पर ताजी रहे कहानी
तुम खिलो रात की रानी!

यह प्रहरी के बूटों की कर्कश टापें
रह-रह कर बहुधा नींद तोड़ जाती हैं
आँखें खुलतीं तो बस झुँझला उठता हूँ
ये हृदयहीन! ये नर पिशाच! ये कुत्ते!
इतने में अनुपम सुवार से सुरभित
शीतल समीर का हल्का झोंका आता
सारे अभाव अभियोग भूल जाता हूँ
यह आकुल मन इतना प्रमुदित हो जाता
जय हो जय हो कल्याणी!

यह जेल और यह सेल-नियंत्रित प्राणी
इस आँगन में उस ओर तुम्हारा खिलना
यह भीनी-भीनी सारी रात महकना
दिन हुआ कि बस हो गयीं मौन तुम सजनी
आयी निशा कि फिर खिलीं कौन तुम सजनी—
रजनीगंधा बनकर भू पर उतरी हो!

अभिशापित देवसुता या कि परी हो!
पुलकित होते जन-मन, जगती है वाणी
जय जय जय जय कल्याणी!

(युगधारा से)

इन सलाखों से टिकाकर भाल

इन सलाखों से टिकाकर भाल
सोचता ही रहूँगा चिरकाल
और भी तो पकेंगे कुछ बाल
जाने किसकी/जाने किसकी
और भी तो गलेगी कुछ-दाल
न टपकेगी कि उनकी राल
चाँद पूछेगा न दिल का हाल
सामने आकर करेगा वो न एक सवाल
मैं सलाखों में टिकाये भाल
सोचता ही रहूँगा चिरकाल

शासन की बंदूक

खड़ी हो गयी चाँप कर कंकालों की हूक
नभ में विपुल विराट-सी शासन की बंदूक

उस हिटलरी गुमान पर सभी रहे हैं थूक
जिसमें कानी हो गयी शासन की बंदूक

बढ़ी बधिरता दसगुनी, बने विनोबा मूक
धन्य धन्य वह, धन्य वह, शासन की बंदूक

सत्य स्वयं घायल हुआ, गयी अहिंसा चूक
जहाँ-तहाँ दगने लगी शासन की बंदूक

जली ठूँठ पर बैठकर गयी कोकिला कूक
बाल न बाँका कर सकी शासन की बंदूक

(तुमने कहा था)

चंदू, मैंने सपना देखा

चन्दू, मैंने सपना देखा, उछल रहे तुम ज्यों हिरनौटा
चन्दू, मैंने सपना देखा, भभुआ से हूँ पटना लौटा
चन्दू, मैंने सपना देखा, तुम्हें खोजते बद्री बाबू
चन्दू, मैंने सपना देखा, खेल-कूद में हो बेक़ाबू

चन्दू, मैंने सपना देखा, कल-परसों ही छूट रहे हो
चन्दू, मैंने सपना देखा, खूब पतंगें लूट रहे हो
चन्दू, मैंने सपना देखा, लाये हो तुम नया कैलेंडर
चन्दू, मैंने सपना देखो, तुम हो बाहर, मैं हूँ बाहर
चन्दू, मैंने सपना देखा, भुभुआ से पटना आये हो
चन्दू, मैंने सपना देखा, मेरे लिए शहद लाये हो

चन्दू, मैंने सपना देखा, फैल गया है सुयश तुम्हारा
चन्दू, मैंने सपना देखा, तुम्हें जानता भारत सारा
चन्दू, मैंने सपना देखा, तुम तो बहुत बड़े डॉक्टर हो
चन्दू, मैंने सपना देखा, अपनी ड्यूटी में तत्पर हो

चन्दू, मैंने सपना देखा, इम्तिहान में बैठे हो तुम
चन्दू, मैंने सपना देखा, पुलिस-यान में बैठे हो तुम
चन्दू, मैंने सपना देखा, तुम हो बाहर, मैं हूँ बाहर
चन्दू, मैंने सपना देखा, लाये हो तुम नया कलैंडर

(खिचड़ी विप्लव देखा हमने)

हरिजन-गाथा

एक

ऐसा तो कभी नहीं हुआ था!
महसूस करने लगीं वे
एक अनोखी बेचैनी
एक अपूर्व आकुलता
उसकी गर्भकुक्षियों के अन्दर
बार-बार उठने लगीं टीसें
लगाने लगे दौड़ उनके भ्रूण
अन्दर-ही-अन्दर
ऐसा तो कभी नहीं हुआ था

ऐसा तो कभी नहीं हुआ था कि
हरिजन-माताएँ अपने भ्रूणों के जनकों को
खो चुकी हों एक पैशाचिक दुष्कांड में
ऐसा तो कभी नहीं हुआ था....

ऐसा तो कभी नहीं हुआ था कि
एक नहीं, दो नहीं, तीन नहीं—
तेरह-के-तेरह अभागे—
अकिंचन मनुपुत्र
जिन्दा झोंक दिये गये हों
प्रचंड अग्नि की विकराल लपटों में
साधन-सम्पन्न ऊँची जातियों वाले
सौ-सौ मनुपुत्रों द्वारा!

ऐसा तो कभी नहीं हुआ था...
ऐसा तो कभी नहीं हुआ था कि
महज़ दस मील दूर पड़ता हो थाना
और दारोग़ा जी तक बार-बार
ख़बरें पहुँचा दी गयी हों संभावित दुर्घटनाओं की

और, निरंतर कई दिनों तक
चलती रही हों तैयारियाँ सरे आम
(किरासिन के कनस्तर, मोटे-मोटे लक्कड़,
उपलों के ढेर, सूखी घास-फूस के पूले
जुटाये गये हों उल्लासपूर्वक)
और एक विराट चिताकुंड के लिए
खोदा गया हो गड्ढा हँस-हँस कर
और ऊँची जातियों वाली वो समूची आबादी
आ गयी हो होली वाले 'सुपर मौज' के मूड में
और, इस तरह ज़िन्दा झोंक दिये गये हों

तेरह-के-तेरह अभागे मनुपुत्र
सौ-सौ भाग्यवान मनुपुत्रों द्वारा
ऐसा तो कभी नहीं हुआ था...

दो

चकित हुए दोनों वयस्क बुजुर्ग
ऐसा नवजातक
न तो देखा था, न सुना ही था आज तक!
पैदा हुआ है दस रोज़ पहले अपनी बिरादरी में,
क्या करेगा भला आगे चलकर?
रामजी के आसरे जी गया अगर
कौन-सी माटी गोड़ेगा?
कौन-सा ढेला फोड़ेगा?
मग्गह का यह बदनाम इलाक़ा
जाने कैसा सलूक करेगा इस बाल से

पैदा हुआ है बेचारा—
भूमिहीन बँधुआ मज़दूरों के घर में
जीवन गुज़ारेगा हैवान की तरह
भटकेगा जहाँ-तहाँ बनमानुस-जैसा
अधपेटा रहेगा अधनंगा डोलेगा
तोतला होगा कि साफ़-साफ़ बोलेगा
जाने क्या करेगा
बहादुर होगा कि बेमौत मरेगा...
फ़िक्र की तलैया में खाने लगे गोते
वयस्क बुजुर्ग दोनों, एक ही बिरादरी के हरिजन
सोचने लगे बार-बार...
कैसे तो अनोखे हैं अभागे के हाथ-पैर
रामजी ही करेंगे इसकी ख़ैर
हम कैसे जानेंगे, हम ठहरे हैवान
देखो तो कैसा मुलुर-मुलुर देख रहा शैतान!
सोचते रहे दोनों बार-बार...

हाल ही में घटित हुआ था वो विराट दुष्कांड...
झोंक दिये गये थे तेरह निरपराध हरिजन
सुसज्जित चिता में...

यह पैशाचिक नरमेध
पैदा कर गया है दहशत जन-जन के मन में
इन बूढ़ों को तो नींद ही उड़ गयी है तब से!
बाक़ी नहीं बचे हैं पलकों के निशान
दिखते हैं दृगों के कोर-ही-कोर
देती है जब-तब पहरा पपोटों पर
सील-मुहर सूखी कीचड़ की

उनमें से एक बोला दूसरे से
बच्चे की हथेलियों के निशान
दिखलायेंगे गुरु जी से

वो ज़रूर कुछ-न-कुछ बतलायेंगे
इसकी क़िस्मत के बारे में
देखो तो ससुरे के कान हैं कैसे लम्बे
आँखें हैं छोटी पर कितनी तेज़ हैं
कैसी तेज़ रोशनी फूट रही है इनसे!
सिर हिलाकर और स्वर खींच कर
बुद्धू ने कहा—
हाँ जी खदेरन, गुरु जी ही देखेंगे इसको
बतायेंगे वही इस कलुए की किस्मत के बारे में
चलो, चलें, बुला लावें गुरु महाराज को...

पास खड़ी थी दस साला छोकरी
दद्दू के हाथों से ले लिया शिशु को
संभल कर चली गयी, झोंपड़ी के अन्दर

अगले नहीं, उससे अगले रोज़
पधारे गुरु महाराज
रैदासी कुटिया के अधेड़ संत गरीबदास
बकरी वाली गंगा-जमनी दाढ़ी थी
लटक रहा था गले से
अँगूठानुमा ज़रा-सा टुकड़ा तुलसी काठ का
क़द था नाटा, सूरत थी साँवली
कपार पर, बाईं तरफ़ घोड़े के खुर
का निशान था
चेहरा था गोल-मटोल, आँखें थीं घुच्ची
बदन कठमस्त था...
ऐसे आप अधेड़ संत गरीबदास पधारे
चमर-टोली में...

'अरे भगाओ इस बालक को
होगा यह भारी उतपाती

जुलुम मिटायेंगे धरती से
इसके साथी और संघाती

‘यह उन सबका लीडर होगा
नाम छपेगा अख़बारों में
बड़े-बड़े मिलने आयेंगे
लद-लद कर मोटर-कारों में

‘खान खोदने वाले सौ-सौ
मज़दूरों के बीच पलेगा
युग की आँचों में फ़ौलादी
साँचे-सा यह वहीं ढलेगा

‘इसे भेज दो झरिया-फरिया
माँ भी शिशु के साथ रहेगी
बतला देना, अपना असली
नाम-पता कुछ भी न कहेगी

‘आज भगाओ, अभी भगाओ
तुम लोगों को मोह न घेरे
होशियार, इस शिशु के पीछे
लगा रहे हैं गीदड़ फेरे

बड़े-बड़े इन भूमिधरों को
यदि इसका कुछ पता चल गया
दीन-हीन छोटे लोगों को
समझो फिर दुर्भाग्य छल गया

‘जनबल धनबल सभी जुटेगा
हथियारों की कमी न होगी
लेकिन अपने लेखे इसको
हर्ष न होगा, गमी न होगी

'सब के दुख में दुखी रहेगा
सब के सुख में सुख मानेगा
समझ-बूझ कर ही समता का
असली मुद्दा पहचानेगा

'अरे देखना इसके डर से
थर-थर काँपेंगे हत्यारे
चोर-उचक्के-गुंडे डाकू
सभी फिरेंगे मारे-मारे

'इसकी, अपनी पार्टी होगी
इसका अपना ही दल होगा
अजी देखना, इसके लेखे
जंगल में ही मंगल होगा

'श्याम सलोना यह अछूत शिशु
हम सबका उद्धार करेगा
आज यही सम्पूर्ण क्रांति का
बेड़ा सचमुच पार करेगा।

'हिंसा और अहिंसा दोनों
बहनें इसकी प्यार करेंगी
इसके आगे आपस में वे
कभी नहीं तक़रार करेंगी...

इतना कहकर उस बाबा ने
दस-दस के छह नोट निकाले
बस फिर उसके होठों पर थे
अपनी उँगलियों के ताले

फिर तो बाबा की वे आँखें
बार-बार गीली हो आयीं

साफ़ सिलेटी हृदय-गगन में
जाने कैसी सुधियाँ छाईं

नव शिशु का सिर सूँघ रहा था
विह्वल होकर बार-बार वो
साँस खींचता था रह-रह कर
गुमसुम-सा था लगातार वो

पाँच महीने होने आये
हत्याकांड मचा था कैसा!
प्रबल वर्ग ने निम्न वर्ग पर
पहले नहीं किया था ऐसा!

देख रहा था नवजातक के
दाएँ कर की नरम हथेली
सोच रहा था—इस ग़रीब ने
सूक्ष्म-रूप में विपदा झेली

आड़ी-तरछी रेखाओं में
हथियारों के ही निशान हैं
खुखरी है, बम है, असि भी है
गंडासा-भाला प्रधान हैं

दिल ने कहा—दलित माँओ के
सब बच्चे अब बाग़ी होंगे
अग्निपुत्र होंगे वे, अन्तिम
विप्लव में सहभागी होंगे
दिल ने कहा—अरे यह बच्चा
सचमुच अवतारी वराह है
इसकी भावी लीलाओं का
सारी धरती चरागाह है
दिल ने कहा—अरे हम तो बस

पिटते आये, रोते आये!
बकरी के खुर जितना पानी
उसमें सौ-सौ गोते खाये!

दिल ने कहा—अरे यह बालक
निम्न वर्ग का नायक होगा
नयी ऋचाओं का निर्माता
नये वेद का गायक होगा

होंगे इसके सौ सहयोद्धा
लाख-लाख जन अनुचर होंगे
होगा कर्म-वचन का पक्का
फोटो इसके घर-घर होंगे

दिल ने कहा—अरे इस शिशु को
दुनिया-भर में कीर्ति मिलेगी
इस कलुए कीं तदबीरों से
शोषण की बुनियाद हिलेगी

दिल ने कहा—अभी जो भी शिशु
इस बस्ती में पैदा होंगे
सब-के-सब सूरमा बनेंगे
सब के सब ही शैदा होंगे

दस दिन वाले श्याम सलोने
शिशु-मुख की यह छटा निराली
दिल ने कहा—भला क्या देखें
नज़रें गीली पलकों वाली
थाम लिए विह्वल बाबा ने
अभिनव लघु मानव के मृदु पग
पाकर इनके परस जादुई
भूमि अकंटक होगी लगभग
बिजली की फुर्ती से बाबा

उठा वहाँ से, बाहर आया
वह था मानो पीछे-पीछे
आगे थी भास्वर शिशु-छाया
लौटा नहीं कुटी में बाबा
नदी किनारे निकल गया
लेकिन इन दोनों को तो अब
लगता था सब-कुछ नया-नया

तीन

'सुनते हो' बोला खदेरन
'बुद्धू भाई देर नहीं करनी है इसमें
चलो, कहीं बच्चे को रखा आवें...
बतला गये हैं अभी-अभी
गुरु महाराज,
बच्चे को माँ-सहित हटा देना है कहीं
फ़ौरन बुद्धू भाई...!'
बुद्धू ने अपना माथा हिलाया
खदेरन की बात पर
एक नहीं, तीन बार!
बोला मगर एक शब्द नहीं
व्याप रही थी गम्भीरता चेहरे पर
था भी तो वही उम्र में बड़ा
(सत्तर से कम का तो भला क्या रहा होगा!)

'तो चलो!
उठो, फ़ौरन उठो!
शाम की गाड़ी से निकल चलेंगे
मालूम की गाड़ी से निकल चलेंगे
लौटने में तीन-चार रोज तो लग ही जायेंगे...

'बुद्धू भाई, तुम तो अपने घर जाओ
खाओ, पियो, आराम कर लो
रात में गाड़ी के अन्दर जागना ही तो पड़ेगा...
रास्ते के लिए थोड़ा चना-चबेना जुटा लेना

मैं इत्ते में करता हूँ तैयार
समझा-बुझा बर
सुखिया और उसकी सास को...'

बुद्धू ने पूछा, धरती टेक कर
उठते-उठते—
'झरिया, गिरीडीह, बोकारो
कहाँ रखोगे छोकरे को?
वहीं न? जहाँ, अपनी बिरादरी के
कुली-मजूर होंगे सौ-पचास?
चार-छै महीने के बाद ही
कोई काम पकड़ लेगी सुखिया भी...'
और, फिर अपने-आप से
धीमी आवाज में कहने लगा बुद्धू—
छोकरे की बदनसीबी तो देखो
माँ के पेट में था तभी इसका बाप भी
झोंक दिया गया उसी आग में...

'बेचारी सुखिया जैसे-तैसे पाल ही लेगी इसको
मैं तो इसे साल-साल देख आय करूँगा
जब तक है चलने-फिरने की ताक़त चोले में...
तो क्या आगे भी इस कलुए के लिए
भेजते रहेंगे खर्ची गुरु महाराज?...'

बढ़ आया बुद्धू अपने छप्पर की तरफ़
नाचते रहे लेकिन माथे के अन्दर
गुरु महाराज के मुँह से निकले हुए
हथियारों के नाम और आकार-प्रकार
खुखरी, भाला, गंडासा, बम, तलवार...
तलवार, बम, गंडासा, भाला, खुखरी...

1977

अंत-श्रावण का यह मेघ

बरसता रहे इसी तरह
दिन भर, रात भर
अंत-श्रावण का यह मेघ
भिगोता रहे इसी तरह
खेतिहर मजदूर-मजदूरनियों के अंग-अंग
अंत-श्रावण का यह मेघ
सुनता रहे इसी तरह
रिक्शावाले दिलफेंक छोकरे की गाली
अंत-श्रावण का यह मेघ
लोको के आस-पास
अर्द्धदग्ध छिटके-फिंके कोयले चुनती
बड़ी आँखों वाली छोकरी का उलाहना भी
सुनता रहे इसी तरह
अंत-श्रावण का यह मेघ
तर-ब-तर करता रहे इसी तरह
अलसी के तेल से चिकनाया उसका जूड़ा
अंत-श्रावण का यह मेघ...

(इण्डिया टुडे, साहित्य वार्षिकी)
1996

लिट्टी इण्टरनेशनल

लालू ने
लिट्टी को
इण्टरनेशनल बना दिया!
आप्रवासी भारतीय जुटे थे
इण्टरनेशनल हो गया था
समूचा पटना!
बड़ी गहमा-गहमी रही
दो-तीन रोज़ तो
लालू बोले :
हम चौबीस रोज
अमेरिका रहे
उहाँ हमें उधर का ही
खाना लेना पड़ा, मजबूरी थी
अपनी लिट्टी कहीं नहीं,
ब्रेड ही ब्रेड कहीं नहीं,
ब्रेड ही ब्रेड आगे आता था
जाम-जेली सॉस........जी हाँ
बहू नहीं सामने आई कहीं!

विदेशी भारतीय विदा हुए तो
लालू ने एक-एक किलो सत्तू दिया
और.......हाँ, और
लिट्टी बनाने का तरीका

खुद-ब-खुद सिखलाया—
"जी हाँ, इसमें क्या दिक्कत है
गैस की आँच में नहीं—
कण्डे की आँच में सिंकने पर
इसका अरिजिनल सबाद मिलेगा!
आप चाहेंगे तो आप उहाँ से
अपना कुक (रसोइया) भेजिए,
इहाँ महीने भर रहेगा
सीख जायेगाऽऽ
मगर हाँ,
एक ठो दिक्कत फिर भी रह जायेगी
कच्चे आम की चटनी,
करोंदे का अचार
कच्चे आँवले की चटनी ी ी ी.....
ई सब कइसे होगा?
लेकिन हाँ, जाना-आना-पीना
हमारे इहाँ के लोग भी जान जाएँगे
और हाँ, गुझिया, मालपुआ
मिस्सी रोटी......ई सब सीखने में
आपके कुक् को कई महीने लग जायेंगे....
हड़बड़ाइए नहीं
रसे-रसे सब कुछ आपका कुक्
सीखिए लेगा नऽऽ!!"

15 जनवरी 1996
(अपने खेत में संकलित)

भवानी प्रसाद मिश्र

पिता–पं. सीताराम मिश्र, शिक्षा विभाग में जिला शिक्षा निरीक्षक

माँ–श्रीमती गोमती देवी

पत्नी–श्रीमती सरला मिश्र, विवाह 1939 में।

जन्म-तिथि–29 मार्च 1913

जन्म-स्थान–गाँव–टिमरिया, तहसील–सिवनी-मालवा, जिला–होशंगाबाद, म.प्र.

शिक्षा–प्राथमिक शिक्षा सोहागपुर, हाई स्कूल की शिक्षा शासकीय स्कूल होशंगाबाद किन्तु प्रभात फेरियों में शामिल होने के चलते होशंगाबाद छोड़ना पड़ गया और इम्तहान नरसिंहपुर से। जबलपुर के प्रसिद्ध राबर्टसन कालेज से अंगरेजी, संस्कृत और हिन्दी साहित्य लेकर स्नातक।

1930 से ही नियमित काव्य-लेखन किन्तु काव्यारम्भ तो ग्यारह वर्ष अर्थात् 1924 से। 'कवि' शीर्षक पहली चर्चित कविता 17 वर्ष की उम्र में। छात्र जीवन से ही तैराकी, कुश्ती और नाटक में अभिनय में विशेष रुचि एवं दक्षता। 1936 में सन्नाटा, 1937 में मन्त्रियों का स्वागत और 1939 में सतपुड़ा के जंगल जैसी अति चर्चित और लोक प्रसिद्ध कविताओं की रचना।

शिक्षा-उपरान्त थोड़े दिन इण्डियन प्रेस इलाहाबाद की हिन्दी प्रचार योजना के अन्तर्गत बड़ौदा (गुजरात)। जल्दी ही वह नौकरी छोड़ छिन्दवाड़ा के हाई स्कूल में संस्कृत टीचर। यह नौकरी भी छोड़ बैतूल नगरपालिका से स्कूल लेकर मिश्रा हाई स्कूल का स्वतन्त्र संचालन। वहीं से 10 अगस्त 1942 को भारत छोड़ो आन्दोलन कर्ता के रूप में जेल जाकर अप्रैल 1945 के लगभग रिहा। 1945 से वर्धा के महिलाश्रम में शिक्षक। यहीं पहली बार गाँधी का दर्शन। फिर राष्ट्रभाषा प्रचार समिति वर्धा में कवि मित्र नागार्जुन के साथ। इसी बीच हिन्दी फिल्म 'स्वयं सिद्धा' के लिए गीत-लेखन के चलते विवादों का जन्म जिससे उत्पीड़ित हो कवि की अतिप्रसिद्ध कविता 'गीत फरोश' का जन्म। 1951 में दूसरा सप्तक के पहले कवि के रूप में संकलित। 1953 में पहले कविता-संग्रह 'गीत फरोश' का प्रकाशन। 1956 में मुम्बई आकाशवाणी के चीफ प्रोड्यूसर। 1957 में दिल्ली तबादला। कुछ दिनों बाद गाँधी वाङ्मय के हिन्दी

खंडों के सम्पादन से आ जुड़े। आकाशवाणी से जुड़ने से पहले कुछेक महीनों के लिए 1955 में मद्रास गये, हिन्दी फिल्मों के संवाद निर्देशन और सम्पादन के लिए। 1961 से गाँधी शान्ति प्रतिष्ठान की पत्रिका गाँधी मार्ग का सम्पादन।

रवीन्द्रनाथ के काव्य-व्यक्तित्व के प्रति आकृष्ट होकर जबलपुर के ही दिनों में बँगला सीखी। जेल में उर्दू भी सीखते रहे और कार्ल मार्क्स की पूँजी (कैपिटल) ग्रन्थ का कविता और गद्य में (अधूरा) अनुवाद भी शुरू किया। 1975 में जयप्रकाश के सम्पूर्ण क्रान्ति के साथ जुड़कर विनोबा से असहमति जाहिर की और आपातकाल के विरोध में प्रतिदिन तीन कविताएँ लिखकर 'त्रिकाल सन्ध्या' जैसे संग्रह तैयार किया। इस बीच कई बार हार्ट अटैक भी आया और बचते गये। परिणाम स्वरूप 1968 में 'अँधेरी कविताएँ' लिखीं। 1968 में ही चकित है दुख, दूसरे संग्रह का प्रकाशन। 1972 में 'बुनी हुई रस्सी' पर साहित्य अकादमी पुरस्कार। गाँधी जन्मशती 1969 में गाँधी पंचशती (यानी पाँच सौ कविताओं का एक साथ) का प्रकाशन। फिर तो प्रत्येक साल एक स्वतन्त्र संग्रह का जैसे सिलसिला सा चल पड़ा। 1973 में 'खुशबू के शिलालेख', 1974 में 'व्यक्तिगत', 'अनाम तुम आते हो' और 'परिवर्तन जिए' का, 1976 में एण्टीगोनी का गाँधी मार्ग में धारावाहिक अनुवाद। इदं न मम 1977, कालजयी (खंडकाव्य) 1978, शरीर कविता फसलें और फूल एवं मानसरोवर दिन 1980 में, जिन्होंने मुझे रचा (संस्मरण) 1981, संप्रति 1982, कुछ नीति कुछ राजनीति 1983, नीली रेखा तक 1984। 20 फरवरी 1985 को खंडवा से लौटते हुए गृहनगर नरसिंहपुर में अन्तिम हृदयाघात से मृत्यु। तूस की आग का प्रकाशन मरणोपरान्त हुआ। कवि की लोकप्रिय कविताएँ 1978 में राजपाल एण्ड सन्स से एवं प्रेम कविताएँ ये कोहरे मेरे हैं (दोनों के सम्पादक विजय बहादुर सिंह) का प्रकाशन। प्रेम कविताएँ मृत्यु उपरान्त प्रकाशित।

कवि का जीवन कोरे कवि का जीवन कभी नहीं रहा। कविता से कहीं अधिक रुचि उसकी समय एवं समाज की अत्याचार-विरोधी और परिवर्तनशील गतिविधियों में रही जिसका प्रमाण है स्वाधीनता आन्दोलन में प्रत्यक्ष भागीदारी के अलावा, सर्वोदय आन्दोलन, स्वराज्य संगम, मानवाधिकार संगठन, विश्व समन्वय संघ, गाँधी से जुड़ी अन्य संस्थाएँ।

कवि से कहीं अधिक एक राष्ट्रीय कार्यकर्ता। कविता को जीवन की तुलना में दोयम दरजे की चीज मानता हुआ। काव्य-पाठ में अद्वितीय और वक्तृत्व-कला में असाधारण।

कवि

क़लम अपनी साध,
और मन की बात बिल्कुल ठीक कह एकाध।

यह कि तेरी-भर न हो तो कह,
और बहते बने सादे ढंग से तो बह।
जिस तरह हम बोलते हैं, उस तरह तू लिख,
और इसके बाद भी हमसे बड़ा तू दिख।
चीज़ ऐसी दे कि जिसका स्वाद सिर चढ़ जाए
बीज ऐसा बो कि जिसकी बेल बन बढ़ जाए।
फल लगें ऐसे कि सुख-रस, सार और समर्थ
प्राण-संचारी कि शोभा-भर न जिनका अर्थ।

टेढ़ मत पैदा करे गति तीर की अपना,
पाप को कर लक्ष्य कर दे झूठ को सपना।
विन्ध्य, रेवा, फूल, फल, बरसात या गरमी,
प्यार प्रिय का, कष्ट-कारा, क्रोध या नरमी,
देश या कि विदेश, मेरा हो कि तेरा हो
हो विशद विस्तार, चाहे एक घेरा हो,
तू जिसे छू दे दिशा कल्याण हो उसकी,
तू जिसे गा दे सदा वरदान हो उसकी।

जनवरी, 1930

सन्नाटा

तो पहले अपना नाम बता दूँ तुमको,
फिर चुपके-चुपके धाम बता दूँ तुमको;
तुम चौंक नहीं पड़ना, यदि धीमे-धीमे
मैं अपना कोई काम बता दूँ तुमको।

कुछ लोग भ्रान्तिवश मुझे शान्ति कहते हैं,
निस्तब्ध बताते हैं, कुछ चुप रहते हैं;
मैं शान्त नहीं निस्तब्ध नहीं, फिर क्या हूँ,
मैं मौन नहीं हूँ, मुझमें स्वर बहते हैं।

कभी-कभी कुछ मुझमें चल जाता है,
कभी-कभी कुछ मुझमें जल जाता है;
जो चलता है, वह शायद है मेढक हो,
वह जुगनू है, जो तुमको छल जाता है।

मैं सन्नाटा हूँ, फिर भी बोल रहा हूँ,
मैं शान्त बहुत हूँ, फिर भी डोल रहा हूँ;
यह 'सर्-सर्' यह 'खड़-खड़' सब मेरी है,
है यह रहस्य मैं इसको खोल रहा हूँ।

मैं सूने में रहता हूँ, ऐसा सूना,
जहाँ घास उगा रहता है ऊना;
और झाड़ कुछ इमली के, पीपल के,
अन्धकार जिनसे होता है दूना।

तुम देख रहे हो मुझको, जहाँ खड़ा हूँ,
तुम देख रहे हो मुझको जहाँ पड़ा हूँ,
मैं ऐसे ही खँडहर चुनता फिरता हूँ,
मैं ऐसे ही जगहों में पला, बढ़ा हूँ।

हाँ, यहाँ किले की दीवारों के ऊपर,
नीचे तलघर में या समतल पर भू पर
कुछ जनश्रुतियों का पहरा यहाँ लगा है,
जो मुझे भयानक कर देती हैं छूकर।

तुम डरो नहीं, डर वैसे कहाँ नहीं है,
पर ख़ास बात डर की कुछ यहाँ नहीं है;
बस एक बात है, वह केवल ऐसी है,
कुछ लोग यहाँ थे, अब वे यहाँ नहीं हैं।

यहाँ बहुत दिन हुए एक थी रानी,
इतिहास बताता उसकी नहीं कहानी;
वह किसी एक पागल पर जान दिए थी,
थी उसकी केवल एक यही नादानी!

यह घाट नदी का, अब जो टूट गया है,
यह घाट नदी का, अब जो फूट गया है--
वह यहाँ बैठकर रोज़-रोज़ गाता था,
अब यहाँ बैठना उसका छूट गया है।

शाम हुए रानी खिड़की पर आती,
थी पागल के गीतों को वह दुहराती;
तब पागल आता और बजाता बंसी,
रानी उसकी बंसी पर छुपकर गाती।

किसी एक दिन राजा ने यह देखा,
खिंच गयी हृदय पर उसके दुख की रेखा;
वह भरा क्रोध में आया औ रानी से,
उसने माँगा इन सब साँझों का लेखा।

रानी बोली पागल को ज़रा बुला दो,
मैं पागल हूँ, राजा, तुम मुझे भुला दो;
मैं बहुत दिनों से जाग रही हूँ राजा।
बंसी बजवाकर मुझको जरा सुला दो।

वह राजा था, हाँ कोई खेल नहीं था,
ऐसे जवाब से उसका मेल नहीं था;
रानी ऐसे बोली थी, जैसे उसके
इस बड़े क़िले में कोई जेल नहीं था।

तुम जहाँ खड़े हो, यहीं कभी सूली थी,
रानी की कोमल देह यहीं झूली थी;
हाँ, पागल की भी यहीं, यहीं रानी की,
राजा हँसकर बोला—रानी भूली थी।

किन्तु नहीं फिर राजा ने सुख जाना,
हर जगह गूँजता था पागल का गाना;
बीच-बीच में 'राजा तुम भूले थे'
रानी का हँसकर सुन पड़ता था ताना।
तब और बरस बीते, राजा भी बीते,
रह गये क़िले के कमरे रीते रीते
तब मैं आया, कुछ मेरे साथी आये,
अब हम सब मिलकर करते हैं मनचीते।

पर कभी-कभी जब पागल आ जाता है,
लाता है रानी को, या गा जाता है;
तब मेरे उल्लू, साँप और गिरगिट पर
अनजान एक सकता-सा छा जाता है।

सितम्बर, 1936

मंगल-वर्षा

पीके फूटे आज प्यार के, पानी बरसा री।
हरियाली छा गयी, हमारे सावन सरसा री।
बादल आये आसमान में, धरती फूली री,
अरी सुहागिन, भरी माँग में भूली-भूली री,
बिजली चमकी भाग सखी री, दादुर बोले री,
अन्ध प्राण ही बही, उड़े पंछी अनमोले री,
छन-छन उठी हिलोर, मगन मन पागल दरसा री।
पीके फूटे आज प्यार के पानी बरसा री।
फिसली-सी पगडंडी, खिसली आँख लजीली री,
इन्द्र-धनुष रंग रँगी, आज मैं सहज रँगीली री,
रुनझुन बिछिया आज, हिला-डुल मेरी बेनी री,
ऊँचे-ऊँचे पेंग, हिंडोला सरग-नसेनी री,
और सखी सुन मोर! विजन वन दीखे घर-सा री।
पीके फूटे आज प्यार के, पानी बरसा री।
फुर-फुर उड़ी फुहार अलक हल मोती छाये री,
खड़ी रेत के बीच किसानिन कजरी गाये री,
झर-झर झरना झरे, आज मन प्राण सिहाये री,
कौन जन्म के पुण्य कि ऐसे शुभ दिन आये री,
रात सुहागिन गात मुदित मन साजन परसा री।
पीके फूटे आज प्यार के, पानी बरसा री।

12.7.1939, बैतूल

सतपुड़ा के जंगल

सतपुड़ा के घने जंगल
नींद में डूबे हुए-से,
ऊँघते अनमने जंगल।
झाड़ ऊँचे और नीचे
चुप खड़े हैं आँख भींचे;
घास चुप है, काश चुप है
मूक शाल, पलाश चुप है;
बन सके तो धँसो इनमें,
धँस न पाती हवा जिनमें,
सतपुड़ा के घने जंगल
नींद में डूबे हुए-से
ऊँघते, अनमने-जंगल!

सड़े पत्ते, गले पत्ते,
हरे पत्ते, जले पत्ते,
वन्य को पथ ढँक रहे-से,
पंक दल में पले पत्ते,
चलो इन पर चल सको तो,
दलो इनको दल सको तो,
ये घिनौने-घने जंगल,
नींद में डूबे हुए-से
ऊँघते, अनमने जंगल!

अटपटी उलझी लताएँ,
डालियों को खींच खाएँ,
पैर को पकड़ें अचानक,
प्राण को कस लें कँपाएँ,
साँप-सी काली लताएँ,
बला की पाली लताएँ,
लताओं के बने जंगल,
नींद में डूबे हुए-से
ऊँघते अनमने जंगल।

मकड़ियों के जाल मुँह पर,
और सिर के बाल मुँह पर,
मच्छरों के दंश वाले,
दाग़ काले-लाल मुँह पर,
वात-झंझा वहन करते,
कष्ट से ये सने जंगल,
नींद में डूबे हुए-से
ऊँघते अनमने जंगल।

अजगरों से भरे जंगल
अगम, गति से परे जंगल,
सात-सात पहाड़ वाले,
बड़े-छोटे झाड़ वाले,
शेर वाले बाघ वाले,
गरज और दहाड़ वाले,
कम्प से कनकने जंगल,
नींद में डूबे हुए-से,
ऊँघते अनमने जंगल।

इन वनों के ख़ूब भीतर,
चार मुर्ग़े, चार तीतर,
पाल कर निश्चिन्त बैठे,
विजन वन के बीच बैठे,
झोंपड़ी पर फूस डाले
गोंड तगड़े और काले

जब कि होली पास आती,
सरसराती घास गाती,
और महुए से लपकती,
मत्त करती बास आती,
गूँज उठते ढोल इनके,
गीत इनके बोल इनके!

सतपुड़ा के घने जंगल
नींद में डूबे हुए-से
ऊँघते अनमने जंगल
जागते अँगड़ाइयों में,
खोह खड्डों खाइयों में
घास पागल, कास पागल,
शाल और पलाश पागल,
लता पागल, वात पागल,
डाल पागल, पात पागल,
मत्त मुर्गे और तीतर,
इन वनों के ख़ूब भीतर!

क्षितिज तक फैला हुआ-सा,
मृत्यु तक मैला हुआ-सा,
क्षुब्ध काली लहर वाला,
मथित, उत्थित जहर वाला,
मेरु वाला, शेष वाला,

शम्भु और सुरेश वाला,
एक सागर जानते हो?
उसे कैसा मानते हो?
ठीक वैसे घने जंगल,
नींद में डूबे हुए-से
ऊँघते अनमने जंगल।

धँसो इनमें डर नहीं है,
मौत का यह घर नहीं है,
उतर कर बहते अनेकों,
कल-कथा कहते अनेकों,
नदी निर्झर और नाले,
इन वनों ने गोद पाले।

लाख पंछी सौ हिरन-दल,
चाँद के कितने किरन-दल,
झूमते बन-फूल, फलियाँ,
खिल रहीं अज्ञात कलियाँ,
हरित दूर्वा, रक्त किसलय,
पूत, पावन, पूर्ण रसमय,
सतपुड़ा के घने जंगल,
लताओं के बने जंगल।

2 अगस्त, 1939

पहिला पानी

बरसात आ गयी रे बरसात आ गयी रे,
कल तक किरन का सोना था जान ही का गाहक,
उसका वह रूप उसकी रंगत सभी था नाहक,
उसकी तरफ़ जो ताकें, आँखों में दम नहीं थी,
हर इक किरन की गरमी सूरज से कम नहीं थी,
जलती थी धरती ऐसे, जैसे तवा हो कोई,
कमरा कहीं भी बैठो जैसे अवाँ हो कोई,
मिट्‌टी बदन कि जिसमें पड़कर ख़राब हो ले,
जल-भुन के जिसमें सारी दुनिया कबाब हो ले,
ऐसे बखत पे बदली उठ करके छा गयी रे,
बरसात आ गयी रे, बरसात आ गयी रे।

बनकर तमाचा मुँह पर जो लू कि लग रही थी,
जो आप अपनी खू से डरती-सी भग रही थी,
छूकर जिसे हज़ारों झाड़ों के गान सूखे,
नालों के नद्दियों के झरनों के गान सूखे,
जिसकी लपेट में पड़ पंछी के पर नहीं थे,
वह घर में धँस न जाती ऐसे तो घर नहीं थे,
दो-चार घर हुए भी ऐसे तो हमको क्या है
उनका न कीजे चर्चा, उनको कि हमसे क्या है,
हम उस हवा के सदक़े जो लू को खा गयी रे
बरसात आ गयी रे, बरसात आ गयी रे।

पहले झले को धरती हर बूँद पी गयी रे
मरती थी बिना पानी, पी करके जी गयी रे,
पहले झले का पानी, पीते ही जान आयी,
कोनों में कछारों में सब्ज़े की शान छाई,
पहले झले का पानी जैसे अकास-बानी,
दुनिया में उसने भर दी लो हर तरफ़ जवानी,
बच्चे निकलकर दौड़े बूढ़ों ने झुक के झाँका,
मेरे किसान ने तब कजली को बढ़ के हाँका,
उस हाँक की सुरावट बादल को भा गयी रे,
बरसात आ गयी रे, बरसात आ गयी रे।

गाँवों की बात बदली, जंगल की कुछ न पूछो,
हर-सू में नया मंगल, मंगल की कुछ न पूछो,
सौ-साठ रंग वाली नभ ने कमान पायी,
बादल गरज उठा तो सबने ज़बान पायी,
गाया हज़ार मन से, रस्ते पे चल-रहे ने,
आफ़त को भूल गाया आफ़त के पल-रहे ने,
डालों पे पड़े झूले छपरी में जमी आल्हा,
ढोलक को कई दिन में, थापों से पड़ा पाला,
हर एक अधमरे को बदली नचा गयी रे,
बरसात आ गयी रे, बरसात आ गयी रे।

मेढक ने शोर बाँधा, चिड़ियों ने चहक खोली,
मुश्किल से लोग सुनते थे जिनकी कभी बोली,
वह मोर वह पपीहा थकते नहीं हैं जैसे,
सुध है कि सुध नहीं है, खोये हुए हैं ऐसे,
ठंडी हवा ने आकर जब से इन्हें छुआ है
भगवान जाने तब से झाड़ों को क्या हुआ है,
पत्ती हर एक भरकर मस्ती में हिल रही है,
डाली कि आम वाली पीपल से मिल रही है,
सूखी पड़ी थी नदिया, सो भदभदा गयी रे,
बरसात आ गयी रे, बरसात आ गयी रे।

तू उठ के बैठ जा रे लिखने में क्या धरा है,
खिड़की से झाँक तो ले कैसा हरा-भरा है,
धरती पै सरग उतरा-सा जान पड़ रहा है,
धारा से सरग धरती पर आन पड़ रहा है,
मैदान, खेत, नद्‌दी, नाले में बह गया है,
तालाब में रुका है, आँगन में रह गया है,
तू इस सरग को छूकर मुरझा न, फूल जा रे,
इसको समेट लेकर हर मौत भूल जा रे,
धरती कि आज जीने का गीत गा गयी रे,
बरसात आ गयी रे, बरसात आ गयी रे।

ऐसी घड़ी में उठकर, जीने का फल उठा ले,
अमरत की बीज गठरी, बढ़कर सकल उठा ले,
ओठों पै गीत जीने के धर के हल उठा ले,
बोने के धुन में सिर पर बादल के दल उठा ले,
बिजली चमक रही है, बादल गरज रहा है,
सामान वज्र सिर पर गिरने के सज रहा है,
चल पड़ कि खेत, तेरे तुझको बुला रहे हैं।
पागल हवा के झोंके डाली झुला रहे हैं,
बिजली महल पै गिर के जी में समा गयी रे,
बरसात आ गयी रे, बरसात आ गयी रे।

20 जुलाई, 1944

घर की याद

आज पानी गिर रहा है,
बहुत पानी गिर रहा है
रात-भर गिरता रहा है,
प्राण-मन घिरता रहा है,

अब सबेरा हो गया है,
कब सबेरा हो गया है,
ठीक से मैंने न जाना,
बहुत सोकर सिर्फ़ माना--

क्योंकि बादल की अँधेरी,
है अभी तक भी घनेरी,
अभी तक चुपचाप हैं सब,
रात वाली छाप है सब,

गिर रहा पानी झरा-झर,
हिल रहे पत्ते हरा-हर,
बह रही है हवा सरसर,
काँपते हैं प्राण थर-थर

बहुत पानी गिर रहा है,
घर नज़र में तिर रहा है,
घर कि मुझसे दूर है जो,
घर ख़ुशी का पूर है जो,

घर कि घर में चार भाई,
मायके में बहिन आयी,
बहिन आयी बाप के घर
हाय रे परिताप के घर।

आज का दिन दिन नहीं है,
क्योंकि इसका छिन नहीं है,
एक छिन सौ बरस है रे,
हाय कैसा तरस है रे,

घर कि घर में सब जुड़े हैं
सब कि इतने कब जुड़े हैं,
चार भाई चार बहिनें,
भुजा भाई प्यार बहिनें,

और माँ बिन-पढ़ी मेरी,
दुख में वह गढ़ी मेरी,
माँ कि जिसकी गोद में सिर,
रख लिया तो दुख नहीं फिर,

माँ कि जिसकी स्नेह-धारा
का यहाँ तक भी पसारा,
उसे लिखना नहीं आता,
जो कि उसका पत्र पाता।

और पानी गिर रहा है,
घर चतुर्दिक् घिर रहा है,
पिताजी भोले बहादुर,
वज्र-भुज नवनीत-सा उर,

पिताजी जिनको बुढ़ापा,
एक क्षण भी नहीं व्यापा,
जो अभी भी दौड़ जाएँ,
जो अभी भी खिलखिलाएँ,

मौत के आगे न हिचकें
शेर के आगे न बिचकें
बोल में बादल गरजता,
काम में झंझा लरजता,

आज गीता पाठ करके,
दंड दो सौ साठ करके,
ख़ूब मुगदर हिला लेकर,
मूठ उनकी मिला लेकर,

जबकि नीचे आये होंगे,
नैन जल से छाये होंगे,
हाय, पानी गिर रहा है,
घर नज़र में तिर रहा है,

चार भाई चार बहिनें,
भुजा भाई प्यार बहिनें,
खेलते या खड़े होंगे,
नज़र उनको पड़े होंगे।

पिताजी जिनको बुढ़ापा,
एक क्षण भी नहीं व्यापा,
रो पड़े होंगे बराबर,
पाँचवें का नाम लेकर,

पाँचवाँ मैं हूँ अभागा,
जिसे सोने पर सुहागा,
पिताजी कहते रहे हैं,
प्यार में बहते रहे हैं,

आज उनके स्वर्ण बेटे,
लगे होंगे उन्हें हेटे,
क्योंकि मैं उन पर सुहागा
बँधा बैठा हूँ अभागा,

और माँ ने कहा होगा,
दुख कितना बहा होगा,
आँख में किस लिए पानी
वहाँ अच्छा है भवानी,

वह तुम्हारा मन समझकर,
और अपनापन समझकर,
गया है सो ठीक ही है
यह तुम्हारी लीक ही है,

पाँव जो पीछे हटाता,
कोख को मेरी लजाता,
इस तरह होओ न कच्चे,
रो पड़ेंगे और बच्चे,

पिताजी ने कहा होगा,
हाय, कितना सहा होगा,
कहाँ, मैं रोता कहाँ हूँ,
धीर मैं खोता, कहाँ हूँ,

गिर रहा है आज पानी,
याद आता है भवानी,
उसे थी बरसात प्यारी,
रात-दिन की झड़ी झारी,

खुले सिर नंगे बदन वह,
घूमता-फिरता मगन वह,
बड़े बाड़े में कि जाता,
बीज लौकी का लगाता,

तुझे बतलाता कि बेला
ने फलानी फूल झेला
तू कि उसके साथ जाती,
आज इससे याद आती,

मैं न रोऊँगा--कहा होगा,
और फिर पानी बहा होगा,
दृश्य उसके बाद का रे,
पाँचवें की याद का रे,

भाई पागल, बहिन पागल,
और अम्मा ठीक बादल,
और भौजी और सरला,
सहज पानी, सहज तरला,

शर्म से रो भी न पाएँ,
ख़ूब भीतर छटपटाएँ,
आज ऐसा हुआ होगा
मन सभी का चुआ होगा।

अभी पानी थम गया है,
मन निहायत नम गया है,
एक-से बादल जमे हैं
गगन-भर फैले रमे हैं,
ढेर है उनका, न फाँकें,
जो कि किरनें झुकें-झाँकें,
लग रहे हैं वे मुझे यों,
माँ कि आँगन लीप दे ज्यों;

गगन-आँगन की लुनाई,
दिशा के मन में समाई,
दश-दिशा चुपचाप है रे,
स्वस्थ की यह छाप है रे,

झाड़ आँखें बन्द करके,
साँस सुस्थिर मन्द करके,
हिले बिन चुपके खड़े हैं,
क्षितिज पर जैसे जड़े हैं,

एक पंछी बोलता है,
घाव उनके खोलता है,
आदमी के उर बिचारे,
किस लिए इतनी तृषा रे,

तू ज़रा-सा दुख कितना,
सह सकेगा क्या कि इतना,
और इस पर बस नहीं है,
बस बिना कुछ रस नहीं है,

हवा आयी उड़ चला तू,
लहर आयी मुड़ चला तू,
लगा झटका टूट बैठा,
गिरा नीच फूट बैठा,

तू कि प्रिय से दूर होकर,
बह चला रे पूर होकर,
दुख भर क्या पास तेरे,
अश्रुसिंचित हास तेरे!

पिताजी का वेश मुझको,
दे रहा है क्लेश मुझको,
देह एक पहाड़ जैसे,
मन कि बड़ का झाड़ जैसे

एक पत्ता टूट जाए,
बस कि धारा फूट जाए,
एक हलकी चोट लग ले,
दूध की नद्दी उमग ले,

एक टहनी कम न होले,
कम कहाँ कि ख़म न होले
ध्यान कितना फ़िक्र कितनी,
डाल जितनी जड़ें उतनी!

इस तरह का हाल उनका,
इस तरह का ख़याल उनका,
हवा, उनको धीर देना,
यह नहीं जी चीर देना,

हे सजीले हरे सावन,
हे कि मेरे पुण्य पावन
तुम बरस लो वे न बरसें,
पाँचवें को वे न तरसें,

मैं मज़े में हूँ सही है,
घर नहीं हूँ बस यही है,

किन्तु यह बस बड़ा बस है,
इसी बस से सब विरस है,

किन्तु उनसे यह न कहना,
उन्हें देते धीरे रहना,
उन्हें कहना लिख रहा हूँ,
उन्हें कहना पढ़ रहा हूँ,

काम करता हूँ कि कहना,
नाम करता हूँ कि कहना,
चाहते हैं लोग, कहना
मत करो कुछ शोक कहना,

और कहना मस्त हूँ मैं,
कातने में व्यस्त हूँ मैं,
वज़न सत्तर सेर मेरा,
और भोजन ढेर मेरा,

कूदता हूँ, खेलता हूँ
दुख डटकर ठेलता हूँ,
और कहना मस्त हूँ मैं,
यों न कहना अस्त हूँ मैं,

हाय रे, ऐसा न कहना,
है कि जो वैसा न कहना
कह न देना जागता हूँ,
आदमी से भागता हूँ,

कह न देना मौन हूँ मैं,
खुद न समझूँ कौन हूँ मैं,

देखना कुछ बक न देना,
उन्हें कोई शक न देना,

हे सजीले हरे सावन,
हे कि मेरे पुण्य पावन,
तुम बरस लो वे न बरसें,
पाँचवें को वे न तरसें।

11 जुलाई, 1994
(सबेरे)

निर्दोष

वाणी की दीनता
अपनी मैं चीन्हता

कहने में अर्थ नहीं
कहना पर व्यर्थ नहीं
मिलती है कहने में एक तल्लीनता

आसपास भूलता हूँ
जग-भर में झूलता हूँ
सिन्धु के किनारे जैसे कंकर शिशु बीनता

कंकर निराले नीले
लाल सतरंगी पीले
शिशु की सजावट अपनी शिशु की प्रवीनता

भीतर की आहट-भर
सजती है सजावट पर
नित्य नया कंकर-क्रम क्रम की नवीनता

कंकर को चुनने में
वाणी को बुनने में
कोई उत्कर्ष नहीं कोई नहीं हीनता

केवल स्वभाव है—
चुनने का चाव है
जीने की क्षमता है मरने की क्षीणता।

31 अक्टूबर, 1944

जाहिल मेरे बाने

मैं असभ्य हूँ क्योंकि खुले नंगे पाँवों चलता हूँ
मैं असभ्य हूँ क्योंकि धूल की गोदी में पलता हूँ
मैं असभ्य हूँ क्योंकि चीरकर धरती धान उगाता
मैं असभ्य हूँ क्योंकि ढोल पर बहुत जोर से गाता
आप सभ्य हैं क्योंकि हवा में उड़ जाते हैं ऊपर
आप सभ्य हैं क्योंकि आग बरसा देते हैं भू पर
आप सभ्य हैं क्योंकि धान से भरी आपकी कोठी
आप सभ्य हैं क्योंकि जोर से पढ़ पाते हैं पोथी
आप सभ्य हैं क्योंकि आपके कपड़े स्वयं बने हैं
आप सभ्य हैं क्योंकि आपके जबड़े खून सने हैं
आप बड़े चिन्तित हैं मेरे पिछड़ेपन के मारे
आप सोचते हैं कि सीखता यह भी ढंग हमारे
मैं उतारना नहीं चाहता जाहिल अपने बाने
धोती-कुरता बहुत जोर से लिपटाए हूँ याने!

30 जनवरी, 1953

दर्द जब घिरे

दर्द जब घिरे बहाना करो
न, ना ना, ना ना, ना ना करो
दर्द जो दिल से बाहिर हो
तो दुनिया भर पर ज़ाहिर हो
दर्द ज़ाहिर, करना बेकार
हमारा यह नुस्ख़ा है यार
दर्द को दरी बनाओ, हाँ
नहीं उसका सिरहाना करो।
दर्द जब घिरे बहाना करो
न, ना ना, ना ना, ना ना करो
दरी पर तोषक अच्छी एक
और उस पर बढ़िया चादर
कोई आ जाये ऐसे में
तो उसको बैठाओ सादर
जिसे सादर बैठाया है,
दर्द उससे ही पाया है
मगर यह ख़बर न दो, उसको
दर्द जाना-अनजाना करो।

हँसो बोलो मस्ती के संग
दर्द को लगे कि यह क्या ढंग
दर्द भीतर हैरान रहे
ओठ पर अपने गान रहे
मज़ा आ जाये अतिथि को ठीक

कि उसका ठौर-ठिकाना करो
दर्द का क्या है वह अपना
और सुख नन्हा-सा सपना
अभी आया है जायेगा
न जाने फिर कब आयेगा
हँसाओ उसे, कुदाओ उसे
लाड़ उसका मनमाना करो
दर्द जब घिरे बहाना करो
न, ना ना, ना ना, ना ना करो।

11 अगस्त, 1950

गीत-फ़रोश

जी हाँ हुज़ूर, मैं गीत बेचता हूँ,
मैं तरह-तरह के गीत बेचता हूँ,
मैं किसिम-किसिम के गीत बेचता हूँ!

जी, माल देखिए, दाम बताऊँगा,
बेकाम नहीं हैं, काम बताऊँगा,
कुछ गीत लिखे हैं मस्ती में मैंने,
कुछ गीत लिखे हैं पस्ती में मैंने,
यह गीत सख़्त सर-दर्द भुलाएगा,
यह गीत पिया को पास बुलाएगा!

जी, पहले कुछ दिन शर्म लगी मुझको;
पर बाद-बाद में अक़्ल जगी मुझको,
जी, लोगों ने तो बेच दिये ईमान,
जी, आप न हों सुनकर ज्यादा हैरान—
मैं सोच-समझकर आख़िर
अपने गीत बेचता हूँ,
जी हाँ हुज़ूर, मैं गीत बेचता हूँ,
मैं किसिम-किसिम के गीत बेचता हूँ!

यह गीत सुबह का है, गाकर देखें,
यह गीत ग़ज़ब का है, ढाकर देखें,
यह गीत ज़रा सूने में लिक्खा था,
यह गीत वहाँ पूने में लिक्खा था,

यह गीत पहाड़ी पर चढ़ जाता है,
यह गीत बढ़ाये से बढ़ जाता है!

यह गीत भूख और प्यास भगाता है,
जी, यह मसान में भूख जगाता है,
यह गीत भुवाली की है हवा हुज़ूर,
यह गीत तपेदिक की है दवा हुज़ूर,
जी, और गीत भी हैं दिखलाता हूँ,
जी, सुनना चाहें आप तो गाता हूँ।

जी, छन्द और बेछन्द पसन्द करें,
जी अमर गीत और वे जो तुरत मरें!
ना, बुरा मानने की इसमें क्या बात,
मैं ले आता हूँ क़लम और दावात,
इनमें से भाए नहीं, नये लिख दूँ,
जी, नये चाहिए नहीं, गये लिख दूँ!
मैं नये, पुराने सभी तरह के
गीत बेचता हूँ,
जी हाँ, हुज़ूर मैं गीत बेचता हूँ,
मैं तरह-तरह के गीत बेचता हूँ
मैं किसिम-किसिम के गीत बेचता हूँ!

जी, गीत जनम का लिखूँ मरण का लिखूँ,
जी, गीत जीत का लिखूँ, शरण का लिखूँ,
यह गीत रेशमी है, यह खादी का,
यह गीत पित्त का है, यह बादी का!
कुछ और डिज़ाइन भी हैं, यह इल्मी,
यह लीजे चलती चीज़, नयी फ़िल्मी,
यह सोच-सोच कर मर जाने का गीत,
यह दुकान से घर जाने का गीत!
जी नहीं, दिल्लगी की इसमें क्या बात,

मैं लिखता ही तो रहता हूँ दिन-रात,
तो तरह-तरह के बन जाते हैं गीत,
जी, रूठ-रूठ कर मन जाते हैं गीत!
जी, बहुत ढेर लग गया, हटाता हूँ,
गाहक की मर्ज़ी, अच्छा जाता हूँ;
या भीतर जाकर पूछ आइये आप,
है गीत बेचना वैसे बिल्कुल पाप,
क्या करूँ मगर लाचार
हारकर गीत बेचता हूँ!
जी हाँ, हुजूर मैं गीत बेचता हूँ।
मैं किसिम-किसिम के गीत बेचता हूँ!

1947

जब पहले दिन

जब पहले दिन तुमने मेरा हाथ स्नेह से लिया
मन विभोर हो गया, बिचारा मन!
उसने जाना नहीं कि वर्षा की बूँदों से
अधिक छुपाये है बिजली यह धन!
जिसने स्वाति बूँद की आशा से
तुमको निस-दिन ताका हो,
जिसने सिवा तुम्हारी छवि के
कोई नहीं रूप आँका हो,
वह घातों के रोज़ नये आघात मूक बन
कब कि करे सहन।
मुझे एक दिन पास बैठकर
शिकवा करने की सुविधा
और समय चाहिए,
और बहुत झुँझलाकर भी तुम
पूरी बात सुनोगी मेरी
इतना मुझको अभय चाहिए।
उसके बाद वज्र की जितनी कड़ियाँ
तेरी घनमाला में
बरसा लेना सजन!
जब पहले दिन तुमने मेरा हाथ स्नेह से लिया
मन विभोर हो गया, बिचारा मन!

14 जुलाई, 1954

निरापद कोई नहीं है

निरापद कोई नहीं है
न तुम न मैं न वे
न वे न मैं न तुम
सबके पीछे बँधी है दुम आसक्ति की।

आसक्ति के आनन्द का छन्द ही ऐसा है
इसकी दुम पर
पैसा है।

ना, निरापद कोई नहीं है
ठीक आदमक़द कोई नहीं है
न मैं न तुम न वे
न तुम न मैं न वे।
कोई है कोई है कोई है
जिसकी ज़िन्दगी
दूध की धोई है?
ना, दूध किसी का धोबी नहीं है
हो तो भी नहीं है।

25 सितम्बर, 1961

अनुत्तरदायी

इस उथल-पुथल का वे मुझसे मतलब पूछते थे
पूछते थे सच का मुँह क्यों काला है
पूछते थे झूठ का क्यों बोलबाला है
पूछते थे विनोबा कांग्रेस से लड़कर जेल क्यों नहीं जाते
पूछते थे जवाहरलाल साथियों की बेईमानी पर
ज़हर क्यों नहीं खाते

और पूछते थे, तुम्हें क्या हो गया है
तुम्हारी वाणी का रस कहाँ खो गया है

जवाब मेरे पास सब बातों का है
मगर मैं उत्तर क्यों दूँ
मैं उत्तरदायी जो नहीं हूँ!

31 दिसम्बर, 1961

अप्रस्तुत

आँखें उठाओ
देखो आकाश नीला है,
हलके लाल बादल हैं
चाँद गहरा पीला है
अच्छी शाम है,
हवा रुकी है
पंछी गा रहे हैं,
मगर
इस सबका क्या होगा,
मुझे चेटियार साहब बुला रहे हैं।

5 फरवरी, 1962

मौत के नाख़ून

मैल से भरे हुए
काले नाख़ून चुभो दिए हैं
तुमने मेरे गले में

और मैं
उस चुभन का दर्द
उतना महसूस नहीं करता
जितना
सोचता हूँ
नाख़ूनों के कालेपन को

बचपन से है मुझे
नखों को काटकर
साफ़ रखने का ख़ब्त

इसीलिए ज़ब्त नहीं होता
कालापन
तुम्हारे नाख़ूनों का

होने को इस समय
हैं वे तुम्हारी
अँगुलियों के सिरे पर

मगर थे
थोड़ी देर पहले
मेरे गले के भीतर

धँसते हुए तुम्हारे
काले नाख़ूनों को
मैंने चाहा था

लाल सुर्ख़
कर दे
मेरा ख़ून ही

मगर लाल नहीं हुए
तुम्हारे नाख़ून
ख़ूनाख़ून करके भी

मेरा गला
और मैं चुभन के दर्द को
उतना महसूस
नहीं कर रहा हूँ
जितना सोच राह हूँ
तुम्हारे नाख़ूनों को

उनके कालेपन को
मौत साफ़-सुथरी चाहिए
वैसी नहीं

जैसी आती दिखती है

28 दिसम्बर, 1967

शरीर और फ़सलें, कविता और फूल

कमर जैसे कलाई टूट जाये
हिम्मत जैसे घड़ी फूट जाये

तबीयत
कुछ नये ढंग से ख़राब हुई है
सोचने की इच्छा लगभग शराब हुई है

ज़रा अकेलापन
कि ख़याल में ग़र्क़
उम्र के वर्क़

उसी में धुँधले हैं
उजले हैं उसी में
सामने आते हुए दो हाथ

साथ-साथ सूखते दिख रहे हैं
एक वृक्ष एक नदी
नाव पर

लदी हुई बारात को
गीत नहीं सूझ रहा है
शाम का सारा समाँ

मल्लाह से जूझ रहा है
असभ्य सन्देहों को सहलाऊँ

धुँधले-धुँधले दिनों को
धूप में घसीटूँ नहलाऊँ
बहलाऊँ
बरसों का उदास मन

रास्ते के हिसाब से
क़दम धरूँ
शरीर और फ़सलें

कविता और फूल
सब एक हैं
सबको बोना बखरना गोड़ना
पड़ता है

सत्य हो शिव हो सुन्दर हो
आख़िरकार इन सबको
किसी न किसी पल
तोड़ना पड़ता है
जैसे काँटा

अचानक पाँव में गड़ता है
ऐसे हर कारण
समय में जाकर पड़ता है

किसी क्षण
कौन-सा कारण
उच्चाटन

वशीकरण मारण
या मरण का पनपा
सो मैं नहीं जानता

मगर कारणहीन
नहीं मानता मैं
किसी पल के पाँव को

वह लँगड़ा के चले
चाहे हिम्मत से जमा कर एड़ी
ज़िन्दाबाद कारण के काँटे

संयोग की बेड़ी
ऊँचे से गिरती है जब धारा
तो धुआँ हो जाता है उसका पानी

बानी को तुमने
पत्थर पर कसा
तो धुआँ भी समझते उसका

असम्भव को तश्तरी में पेश
तुम करो
सम्भव से ज्यादा को

कलरव नहीं कहते
उसका अलग नाम है
शब्द अपनी गवाही देंगे

मगर उसके आगे
जो उनके पीछे तक देखता है
एक मौसम आ रहा है

दूसरा जा रहा है
मेरे मन में इन दिनों
कोई नहीं गा रहा है

क्योंकि मन
एक मैली कमीज़ है इन दिनों
सोच रहा हूँ

धुलने दे दूँ कहीं
या खुद धो डालूँ
मगर कमीज़ एक ही है

और मौसम
खुले बदन दस मिनिट भी
बैठने का

नहीं है
याने यह मौसम
मेरी क़लम से

एक भी गीत ऐंठने का नहीं है
जो दृश्य
सारे दृश्यों में अच्छा है

इन दिनों उसकी तरफ
मेरी पीठ है

याने अदीठ एक घाव है
अच्छे से अच्छा दृश्य
मेरे लिए फ़िलहाल

सवाल नहीं उठता
उसे मेरे देख सकने का
वर्णन उसका

पर्यायवाची हो सकता है
कोरे बकने का
इसलिए

जो कह सकता हूँ इन दिनों
उसमें न गाने का कुछ है
न मुसकाने का

खाली शामों में
उसे पढ़ा-भर जा सकता है
उलझन-भरी दृष्टि

उसके बाद गड़ाई जा सकती है
अँधेरापन समेटते हुए
आसमान पर

क्योंकि
विस्मृति की इच्छा-भर
बहती है

इन कविताओं के तल में
रोज़मर्रा का दुखी चेहरा
प्रतिबिम्बित है इस जल में

गोताज़न हैं इसमें छोटे सुख
दीर्घ दुख
चित लेटे हैं इसकी लहरों पर

पहरों बिना थके
पड़े रह सकते हैं
आप चाहें तो कह सकते हैं इसे

उनकी ज़्यादती
पानी के साथ
या कह सकते हैं

मेरी अनौपचारिकता
बानी के साथ
फूल को

बिखरा देने वाली हवा भी
कौन कहता है
कि चलनी नहीं चाहिए

समूचा जंगल
जला देने वाली आग भी
कौन कहता है
कि जलनी नहीं चाहिए
अरसे से
ऐसी एक हवा

मुझ पर चल रही है
जल रही है मुझमें
अरसे से एक ऐसी आग
और मैं उसकी सुन्दरता को
समझने की कोशिश कर रहा हूँ
कभी अलकें दिखती हैं

इस सुन्दरता की मुझे
तो कभी पलकें
साढिम और लचीली
बँधती नहीं है वह
मेरी बाँहों में

मगर झलकें ज़्यादा-ज़्यादा

मिलती हैं इसकी अब
पहले से
मैं खुला बैठा हूँ

हवा में और आग में
सपना नहीं था (सोचा नहीं था)
कि ऐसी ज़बर्दस्त निष्क्रियता भी

लिखी है भाग में
किसका ख़याल करूँ
सौभाग्य के इस पल में

बह रही है
विस्मृति की इच्छा-भर
भीतर जब
मन के तल में

1968

एक माँ

एक माँ
चल रही है सड़क पर
अपने बच्चे को

छाती से चिपटाए हुए
और आश्वस्त है वह
कि प्रलय काल तक

ले जायेगी उसे निकालकर
चारों तरफ से
उमड़कर आ रही आफ़तों से

सड़क के किनारे की
एक बेंच पर
बैठा है एक आदमी

और पढ़ रहा है वह
अख़बार
ऐसे निश्चिन्त-भाव से

जैसे कभी नहीं
छुएँगी उसे
अख़बार में छपी घटनाएँ

दो लड़के
एक-दूसरे के गले में
हाथ डालकर

ऐसे हँस रहे हैं जैसे
कोई फ़र्क़ नहीं पड़ा है देश में
चार-चार पाँच-पाँच

झूठे चुनावों के बावजूद
सिर्फ़ मैं ही
सोच में पड़ा हूँ

और मुझे ही
काली एक छाया
सरकती और बढ़ती

दिख रही है
क्यों नहीं हो पाता मैं
इस माँ की तरह

अख़बार पढ़ने वाले
इस आदमी की तरह
इन लड़कों की तरह।

24 फरवरी, 1969

असाधारण

कैसी असाधारण चुप्पी है
वातावरण में

हवा तक पड़ी है
इस समय
अश्वत्थ के चरण में!

27 अक्टूबर, 1969

टहलते-टहलते

सुबह टहलते-टहलते
हरी-भरी दूब पर पाँव पड़े
तो लगा जैसे पड़ गया हो पाँव
किसी सोते हुए आदमी के शरीर पर

हटकर धीरे-से आ गया
पक्की कोलतार की सड़क पर
नया ही नया हुआ आज ऐसा
कई बार हरी दूब पर चला हूँ
लेकिन गला हूँ आज जैसा शर्म से
ऐसा तो क्या मिलता-जुलता तक इससे
पहले कभी नहीं हुआ
कि छुआ हो किसी हरे-हरे बोध ने
और अँकुरी हो मन-भर में सिहरन
लगता है हरी घास पर
चलना बैठना लेटना सब छूट जायेगा।

आयेगा इस बिछुड़न के रास्ते
कोई बड़ा सुख-संस्पर्श
अभी तो ऐसा ही लग रहा है

लिखते हुए यह सब
लेखनी तक पर रोमांच जग रहा है
चहता हूँ यह बोध
चेतना बन जाये और
आये कोई बड़ा सुख-संस्पर्श इस रास्ते!

1971

चार कौए उर्फ़ चार हौए

बहुत नहीं थे सिर्फ़ चार कौए थे काले
उन्होंने यह तय किया कि सारे उड़ने वाले
उनके ढंग से उड़ें, रुकें, खाएँ और गाएँ
वे जिसको त्योहार कहें सब उसे मनाएँ।

कभी-कभी जादू हो जाता है दुनिया में
दुनिया-भर के गुण दिखते हैं औगुनिया में
ये औगुनिए चार बड़े सरताज हो गये
इनके नौकर चील, गरुड़ और बाज़ हो गये।

हंस मोर चातक गौरैए किस गिनती में
हाथ बाँधकर खड़े हो गये सब विनती में
हुक्म हुआ, चातक पंछी रट नहीं लगाएँ
पिऊ-पिऊ को छोड़ें कौए—कौए गाएँ
बीस तरह के काम दे दिए गौरैयों को
खाना-पीना मौज उड़ाना छुटभैयों को

कौओं की ऐसी बन आयी पाँचों घी में
बड़े-बड़े मनसूबे आये उनके जी में
उड़ने तक के नियम बदलकर ऐसे ढाले
उड़ने वाले सिर्फ़ रह गये बैठे ठाले।

आगे क्या कुछ हुआ सुनाना बहुत कठिन है
यह दिन कवि का नहीं चार कौओं का दिन है
उत्सुकता जग जाये तो मेरे घर आ जाना
लम्बा क़िस्सा थोड़े में किस तरह सुनाना!

1975
संदर्भ : आपातकाल 26 जून 1975

प्रजातन्त्रीय

पहले उन्होंने
प्रजा को रास्तों पर बिछाया
उन पर आना-जाना किया
और अब उसे इकट्ठा करके
पीट रहे हैं
क़ालीनों की तरह

पाँवड़े की तरह बरत कर
प्रजा को तब भी
उन्होंने अपने को
प्रजातन्त्रीय माना था
और धूल झाड़ते हुए उसकी
क़ालीनों की तरह
अब भी मान रहे हैं अपने को
प्रजातन्त्रीय!

22 जुलाई, 1975

भारत में

क्या तुमने लोगों को
अपने ही लोगों के खून में
बदक की तरह तैरते देखा है

नहीं देखा है तो आओ
भारत में आकर देख जाओ
यह दृश्य आजकल आम है

आराम मिलता है इस दृश्य से
यहाँ की कुछ आँखों को
उन आँखों को भी देखा जाओ
सत्ता के नशे में लाल
विकराल और खुश

15 जुलाई, 1975
आपातकाल

बुद्धिवादी

आफ़त में पड़ जाने पर
कौन क्या करेगा
यह कोई नहीं जानता

तुम अगर यह सब
आफ़त से बचने के लिए
कर रहे होते

तो मैं बुरा न मानता
मगर तुम आराम की
ज़िन्दगी के लालच में

हो गये हो
हत्यारों के साथ
और बुरा लगा है यह मुझे!

दिसम्बर, 1976
संदर्भ : आपातकाल

सपने से बाहर

सपने देख रहा था जो आदमी
वह निकला है
अपने सपने से बाहर
लहूलुहान और भयभीत

अस्फुट-सा
मगर एक गीत
उसकी ख़ून की बूँदों से
टपक रहा है
और देखो
अस्फुट-सा यह गीत
लपक रहा है
चीते की तरह
उस किसी दिशा में
जिसे माना था उसने
पाने लायक़
अपने सपने की
घनी निशा में!

7 अक्टूबर, 1977

शायद भगवान था वह

शायद भगवान था वह
जो ठिठक गया देखकर हमें
चिन्ता का भाव आया
उसके चेहरे पर
और
फिर उसने पूछा
झिझकते हुए
तुम्हें ज़रूरत आनन्द की
हो तो है मेरे पास
हमने उसकी ओर देखा
हम समझे नहीं
आनन्द की बात
और हमने कहा
हमें कुछ नहीं चाहिए
हम ज़रा जल्दी में हैं
बहुत बाद में समझे हम कि
शायद भगवान था वह
और आनन्द था उसके पास
मगर हम जल्दी में थे।

23 दिसम्बर, 1978

हँसकर लापरवाही से वे

मैंने थोड़ी आज़ादी से लिखकर गीत दिये
उसने थोड़ी लापरवाही से वे गीत लिए
आज़ादी और लापरवाही
से गाढ़ी हो गयी सियाही
आखर काले
सुर मतवाले
ढाले धरती और गगन ने, सारी रात पिये!
मैंने थोड़ी आज़ादी से लिखकर गीत दिये!!
आज़ादी और लापरवाही
बरपा कर दे अगर तबाही
कोई अपना
सीधा सपना
सम्भव है अब अलग ढंग से आगे और जिये
मैंने थोड़ी आज़ादी से लिखकर गीत लिये!!
लापरवाही से ले जाओ
मेरे गीत गगन भर गाओ।

1979

वे परेशानी में थे

वे परेशानी में थे
तो पूछा हमने
क्या बोया था आपने
इस साल ख़रीफ के दिनों में
तो बोले
तुम हमें क्या कोई
बोने वाला समझते हो
हम तो फ़सलें ख़रीदते हैं
मगर फ़सल इस साल की
तकलीफ़ दे रही है
किसान को भड़का दिया है किसी ने
ज्यादा दाम माँग रहा है वह इस साल
पिछले साल से भी
तो अब हम
उससे मोल-भाव करने के बजाय
करना चाहते हैं सरकार से मोल-भाव
न सही किसान
सरकार हमारी मुट्‌ठी में है!

23 फरवरी, 1982

क़लम कारण

हमने उठा ली क़लम
और जो कुछ ठीक माना
सो लिखने लगे

क़लम कर दिये गये
इस अपराध में
हमारे हाथ

कि हमने
उन्हें
नाथ क्यों नहीं लिखा!

1983

वसन्त दिल्ली में

फागुन और चैत में
रुके रहे दिल्ली में
तो सुनोगे
आसपास
इमारतें बनने-बनाने के
सिलसिले में
इस्पात की बड़ी मशीन की
इस्पात के
किसी छोटे-बड़े टुकड़े पर
चोट की आवाज़ें

देखोगे खिले
और लटकते हुए
पलाश और अमलताश की
जगह
उड़ते हुए चिनगारियाँ
जो लोहे को
झुकाने और जोड़ने में
छूटती हैं
फुलझड़ियों की तरह

और चोटें पड़ने
और फुलझड़ियाँ छूटने के

बीच-बीच में
आवाज़ें ओछी और कठोर
काम करने वालों से
काम लेने वालों की

रुके रहे अगर तुम
उस वक़्त दिल्ली में
तो जहाँ कहीं जाओगे

अपने जैसे
सन्दिग्ध लोग पाओगे
स्वर और सौन्दर्य की छुअन से
हीन
दीन किसी रास्ते पर
या दफ़्तर में
विमूढ़ कि

वे जिसे जानते थे
वह यहाँ नहीं है
स्वर और रंगों का मेला

एक सब कुछ को
जमाकर बर्फ़ कर देने वाली
ठंडी और क्रूर हवा
बह रही है भीतर-बाहर
वसन्त में भी।

1983

फिर बहुत दिनों तक

रात ने एक हलका इशारा किया
और कवि
उसके पास सरक गया

इस अप्रत्याशित घटना से
बादल का घना टुकड़ा
एक जगह से दरक गया

और उस सन्धि में से
चाँद
दिखने लगा

चाँदनी में
डुबाकर क़लम
पहाड़ कुछ लिखने लगा

फिर बहुत दिनों तक
न रात को आने-जाने की
सुध रही

न कवि ने न पहाड़ ने
किसी से अपने उस सुख की
बात कही!

26 नवम्बर, 1983

शमशेर बहादुर सिंह

नाम – शमशेर बहादुर सिंह

जन्म – 3 जनवरी 1911, देहरादून के एक जाट परिवार में।

मूलनिवास – ग्राम–एलम, ज़िला–मुजफ्फरनगर।

पिता का नाम – बाबू तारीफ़ सिंह (कलक्टरी में चीफ़ रीडर–गोंडा, देहरादून, सहारनपुर आदि में)

माँ का नाम – प्रभुदेई।

प्रारंभिक और माध्यमिक-शिक्षा देहरादून में ही हुई। 1928 में गोंडा से हाई स्कूल किया। 1929 में धर्मदेवी से विवाह और 1931 में इंटर पास किया।

आगे की पढ़ाई इलाहाबाद से। 1933 में बी. ए. और '34 में बी. ए. (आनर्स) अंग्रेज़ी में दाख़िला लिया, पर पढ़ाई हो न सकी। '35 में क्षयग्रस्त पत्नी की मृत्यु।

'35-'36 में उकील बंधुओं (दिल्ली) के कला स्कूल में पेंटिंग सीखना शुरू। बाद में इसी की देहरादून शाखा में शिक्षा ग्रहण करते रहे। साथ-साथ अपने केमिस्ट ससुर की दूकान पर कम्पाउंडरी की।

'37 में कवि मित्र बच्चन की प्रेरणा से पुनः इलाहाबाद वापसी। बच्चन और पंत जी के सहयोग से दुबारा पढ़ाई शुरू की, पर एम. ए. (अंग्रेजी) पूर्वार्ध ही कर सके। '39 में पिता की मृत्यु। इसी दौरान 'रूपाभ' में कार्यालय-सहायक के रूप में काम किया। '40 में बनारस में त्रिलोचन के साथ 'कहानी' मासिक में सम्पादन-सहयोग।

'42 में अपने मामा बाबू लक्ष्मीचंदजी के पास जबलपुर आये और कम्युनिस्ट पार्टी की गतिविधियों में हिस्सा लेने लगे। '44 में कैंसरग्रस्त ससुर को बम्बई लाये। वहीं इप्टा की गतिविधियों से काफ़ी प्रभावित। '45 में दुबारा बम्बई जा कर पार्टी कम्यून में रहे। यहीं पूर्णचंद जोशी, कैफ़ी आज़मी आदि से सम्पर्क हुआ। यहीं से 'नया साहित्य' का संपादन किया और पत्रिका का 'निराला-अंक' निकाला। '47 में पुनः इलाहाबाद वापसी। '48 में माया प्रेस में सहायक सम्पादक, सन् '54 तक एक सौ चालीस रुपये माहवारी पर।

'51 में 'दूसरा सप्तक' के कवि के रूप में, शामिल।

'53 में बहादुरगंज वाले मकान में आये, जहाँ दिल्ली आने के पूर्व तक रहे।

1962 में कुछ महीनों के लिए (गर्मियों में) सारनाथ आकर रहे। यहीं एलेन गिन्सबर्ग से निकट का परिचय। '63-'64 में कभी प्रयाग, कभी दिल्ली। अततः '65 में दिल्ली विश्वविद्यालय के उर्दू विभाग के हिन्दी-उर्दू कोश योजना में हिन्दी कम्पाइलर की हैसियत से काम। '77 में वहाँ से सेवा-निवृत। 1978 में सोवियत संघ की यात्रा। 1981 में मध्यप्रदेश कला परिषद के अन्तर्गत स्थापित प्रेमचंद सृजन-पीठ (उज्जैन) में।

बाद में गुजरात के सुरेन्द्र नगर में रंजना अरगड़े के साथ। 12 मई 1993 को वहीं निधन।

कतिपय सम्मान

साहित्य अकादमी पुरस्कार 1977 'चुका भी हूँ नहीं मैं' के लिए।

मैथिलीशरण गुप्त सम्मान (मध्य प्रदेश शासन) 1987। कबीर सम्मान (भारत भवन भोपाल) 1989-90।

प्रकाशित कृतियाँ

'दूसरा सप्तक' '51 के सात कवियों में से एक।

कुछ कविताएँ, 1959 में।

कुछ और कविताएँ, 1961 में।

चुका भी हूँ नहीं मैं, 1975 में।

उदिता, 1980 (इसमें कवि की प्रारंभिक कविताएँ हैं। इस रूप में प्रथम संकलन)

इतने पास अपने, 1980।

बात बोलेगी, 1981।

काल तुझसे होड़ है मेरी 1990

कहीं बहुत दूर से सुन रहा हूँ 1995

गद्य—कुछ गद्य रचनाएँ (दोआब सरस्वती प्रेस बनारस 1942 और कुछ और गद्य रचनाएँ 1989 में। प्लाट का मोर्चा, न्यू लिटरेचर इलाहाबाद 1951, इलाहाबाद शामिल)

कुछ और गद्य रचनाएँ 1992। कतिपय महत्वपूर्ण अनुवाद उर्दू, अंग्रेजी से, साथ ही कई महत्वपूर्ण संपादन भी। खासतौर से फ़ैज़ अहमद फ़ैज़ का मुग़ीसुद्दीन फ़रीदी के साथ।

अनुवाद : कामिनी (उर्दू लेखक सरशार का उपन्यास) इसी लेखक के दो अन्य उपन्यास 'हश्शू' और 'पी कहाँ' का अनुवाद भी। उर्दू का संक्षिप्त इतिहास (प्रो. एजाज़ हुसैन की कृति का मूल अंग्रेजी में।) आश्चर्य लोक में एलिस, लुई कैरोल का अनुवाद 1961 में। अन्य कई रूसी कृतियों का अनुवाद।

अकाल

भूख
        अनाज
मुनाफ़ाखोर का
अनाजखोर का
                बिल्कुल छिपा-सा, निर्जन में,
                        अँधेरा बाज़ार :
                जिसके चारों ओर गवरमेंट
कंकरीले रुपै लिये दान-समितियाँ
और भूखी लाशों से दूर,
सूने-सूने से खिचड़ी-रसोइयों वाले,
हम-तुम, वे, सब
इस मौनतांडव के चारों ओर
असहाय-से चक्कर लगा रहे हैं,
समझ नहीं पा रहे हैं,
कुछ सोच तक नहीं पा रहे हैं,
केवल कुछ कर पा रहे हैं ऐसे
कि मानो कुछ कर पा नहीं रहे हैं

मृत्यु का यह नया रूप है स्पष्ट
            हमारे जीवन के बीच
लय-ध्वनि स्वर-संकेत और संज्ञा से हीन
अभूतपूर्व।
भारत के वीर हम

दुश्मन के सीने में
विजय का निश्चित भी तीर हम;
खुली-खुली खोखली आँखों के द्वार पर प्रहरी;
धोबी की रस्सियों पर लटकी
सूखती चोलियों के-से-स्तनों की
लाज रखने वाले हम
तेल की दूकान पर बँधी-लटकी
झिल्ली की कुप्पियों के-से
रुंड-मुंड छोटे-छोटे
असंख्य बाल-समूहों के पोषक हम;

उन्नत मस्तक भारतवासी
अपने ही दीर्घ निर्घोषों से मानों
मारवाड़ का मरुवातावरण कंपित कर देंगे हम :
आज मरना सीख रहे हैं
इस मूक शांत युद्ध में
अपनी शत्रु भयविहीन सड़कों और गलियों में—
जहाँ कुत्तों का जीवन भी दीर्घतर लगता है,
स्पृहणीय; केवल
अपना ही दयनीय।

क्यों जन्मा था मनुष्य
बीसवीं सदी के मध्यान्ह में
यों मरने के लिए?
झुलसा-सा पतझड़ का पत्र
चिथड़ों का बादल-सा
धूमिल संध्याओं में,
हवा का निरीह कंप केवल!

वीर बलिदान की सदी है यह!
हमीं उठेंगे क्या?...

वीर बलिदान की सदी है यह ...
नानाविध पूर्ण शक्तिशाली
समृद्ध?
स्वर्ण-इतिहासों के स्रष्टा
हमीं बनेंगे क्या?
अखिल उत्पादन के अमर अधिकारी
विश्व राष्ट्रों के संग साभिमान
हमीं बढ़ेंगे क्या?

(चुका भी हूँ नहीं मैं)

'धर्म' और 'मजहब' वाले

1

यह किसने दाँत निकाले हैं!
		यह किसने आँखें ऊपर कीं!
यह किसने लट्ठ संभाले हैं!
		यह किसकी खोपड़ियाँ तड़कीं?!

—देखा, ये हिन्दू, वो मुस्लिम!
		ये "धर्म" औ" "मजहब" वाले हैं!

2

"जय हिन्द!" ये पीछे से हमला!
		"अल्लाह अकबर!" बुजदिल चाकू!
यह "धर्म" था हत्यारा पहला!
		या "मजहब" था कातिल डाकू?!

—जो भी हो, हिन्दू या मुस्लिम :
		ये "धर्म" औ "मजहब" वाले हैं!

राजनीतिक करवटें 1948

(ब-तर्ज़ कव्वाली)

हाय लीडर दुरंगी न कम गुम हुए!!
बीच धारा अगम थी—गुड़म्-गुम हुए!!

"इन्क़लाबी" हमारे न कम गुम हुए :
ले के साइकिल हमारी निगम गुम हुए!!

ऐसे खोये जा के आफ़िस में हम :
अपने कानों पे रखे क़लम गुम हुए!!

बोली बरसात में इनक़लाबी दुल्हन :
'ले के छाता हमारा वलम गुम हुए।'

रक्खो एक्सौ-चवालीस दफ़ा फूँक-फूँक!
वर्ना रखा जो अगला क़दम, गुम हुए!!

जैसे होश आज[1] बंगाल सरकार के;
हम तो ऐसे, तुम्हारी क़सम, गुम हुए!

ऐसी आँधी चले...हम भी पूछें—कहाँ;
वो जो ढाते थे जुल्मो-सितम, गुम हुए??

आ रहे हैं मसीह-ओ-ख़िजर झींकते :
हाय! अब इन्क़लाब में हम गुम हुए!!

क्या गुरूजी मनुऽजी को ले आयेंगे?—
हो गये जिनको लाखों जनम गुम हुए?

किस एटमूगर से पूछें कि—इन्सान के
हीरोशिमा में कितने अटम गुम हुए?

हमने ज़ेर-ज़मी[1], की तरक्की पसन्द :
ले के शमशेर अपनी क़लम गुम हुए!

(चुका भी हूँ नहीं मैं)

प्रेम की पाती
(घर के बसन्ता के नाम)

1
कौन के पीतम, कौन की पाती!
आस लगाये दीया न बाती!
ओ मेरे साईं ओर मेरे ईश्वर
तेरा ही नाम अब प्रानों की थाती!

होली का भय, दीवाली का आतंक
ईद मुहर्रम, एक ही भाँतिऽ!
पर्व के दिन और ऐसे भयानक
छलनी-छलनी रे देश की छाती!

प्रेम के संगी, धर्म के साथी
ऊँघ गये सब संग-संगाती!
काले बज़ार में धर्म की दुल्हन
कैसे ये दूल्हा! कैसे बराती!

हिन्दू कि मुस्लिम सिख कि इसाई
भारतवासी कौन एक जातिऽ!

2
कौन पठायी किन्ने रे बाँची
प्रेम की पाती साँची रे साँची!

मैं तो न जानूँ उर्दू कि हिन्दी
प्रेम की बानी साँची रे साँची!

प्रान हमारे मान तुम्हारा
एक धरन थे, टाँक न टाँची।
आज गिरी कुल साख हमारी
देश में परखी लोक में जाँची!

आज सुहाग के फूल बखेरे
माई रे मेरे आग में ताँची!
फूल का काँटा फूल को छेदे
डंक-लगी-सी भामरी नाची!

तीरथराज की आब गयी कल
आज इन्दौर है, मेरठ, राँची!
धन गुजरात में गाँधी तरपन
धन्न रे धर्म की मूरत काँची!

वैष्णव-जन तो ऐनेई कहिये
साबर-सन्त शती यह साँची!
कैसा जग्य कि होम हुए हैं
मात-शिशु समिधा भर खाँची!

भारत-भाग्य-विधाता रे जन-मन
जन के रे मन पर चंडी नाची!
आज मनाओ घर के बसन्ता
प्रेम का पर्व है साँची रे साँची!

(बात बोलेगी)

सांप्रदायिक दंगों के परिप्रेक्ष्य में, गाँधी जन्मशती वर्ष में लिखी गई।

बादलो

ये हमारी तुम्हारी कहाँ की मुलाकात है, बादलो
कि तुम
दिल के करीब लाके, बिल्कुल ही
दिल से मिला के ही जैसे
अपने फाहा-से गाल
सेंकते जाते हो...।

आज कोई जख़्म
इतना नाज़ुक नहीं
जितना यह वक़्त है
जिसमें हम तुम
सब रिस रहे हैं
चुप-चुप।

× ×

धूप जब
तुम पर
छतों पर
और मेरे सीने पर...
डूबती जाती है
हल्की-हल्की
नश्तर-सी।
वह चमका

30.9.48

कहा

बात बोलेगी

बात बोलेगी,
हम नहीं।
भेद खोलेगी
बात ही।

सत्य का मुख
झूठ की आँखें
क्या...देखें!

सत्य का रुख़
समय का रुख़ है :
अभय जनता को
सत्य ही सुख है,
सत्य ही सुख।

दैत्य दानव;
भीषण; क्रूर
स्थिति; कंगाल
बुद्धि; घर मजूर।

सत्य का
क्या रंग है?—
पूछो
एक संग।

एक—जनता का
दुःख एक।
हवा में उड़ती पताकाएँ
अनेक।

दैत्य दानव। क्रूर स्थिति।
कंगाल बुद्धि : मंजूर घर भर।
एक जनता का—अमर वरः
एकता का स्वर।
—अन्यथा स्वातंत्र्य-इति।

(बात बोलेगी)
1945

कत्थई गुलाब

कत्थई गुलाब
दबाये हुए हैं
नर्म नर्म
केसरिया साँवलापन मानो
शाम की
अँगूरी रेशम की झलक,
कोमल
कोहरिल
बिजलियाँ-सी
लहराये हुए हैं

आकाशीय
गंगा की
झिलमिली ओढ़े
तुम्हारे
तन का छन्द
गतस्पर्श
अति अति अति नवीन आशाओं भरा
तुम्हारा
बन्द बन्द

"ये लहरें घेर लेती हैं
ये लहरें......

उभरकर अर्द्धद्वितीय
टूट जाता है......"

किसका होगा यह पद
किस कवि-मन का
किस सरि-तट पर सुना?

ओ प्रेम की
असम्भव सरलते
सदैव सदैव!

(इतने पास अपने-से)
1980

ओ मेरे घर

ओ मेरे घर
ओ हे मेरी पृथ्वी
साँस के एवज़ तूने क्या दिया मुझे
—ओ मेरी माँ?

तूने युद्ध ही मुझे दिया
प्रेम ही मुझे दिया क्रूरतम कटुतम
और क्या दिया
मुझे भगवान दिये कई-कई
मुझसे भी निरीह, मुझसे भी निरीह!
और अद्भुत शक्तिशाली मकानीकी प्रतिमाएँ
ऐसी मुझे ज़िन्दगी दी
ओह
आँखें दीं जो गीली मिट्टी का बुदबुद-सी हैं
और तारे दिये मुझे अनगिनती
साँसों की तरह
अनगिनती इकाइयों में
मुझसे लगातार दूर जाते
मौत की व्यर्थ प्रतीक्षाओं-से।

और दी मुझे एक लम्बे नाटक की
हँसी
फैली हुई

दर्शकशाला के इस छोर से उस छोर तक
    लहराती कटु-क्रूर!
फिर मुझे जागना दिया, यह कहकर कि
लो और सोओ!
और वही तलवारें अँधेरे की
    अंतिम लोरियों के बजाय!

इंसान के अँखौटे में डालकर
    सब-कुछ तो दे दिया;
जब मुझे मेरे कवि का बीज दिया कटु-तिक्त!

फिर एक ही जन्म में और क्या-क्या
चाहिए!

(इतने पास अपने)

बैल

मैं वह गुट्ठल काली कड़ी कूबवाला बैल हूँ
जो अकेला धीरे-धीरे छः मील खींचकर ले जाते हुए
ठेले पर ऊपर तक लदा हुआ माल
स्टेशन से दूर गोदाम तक
चुचचाप धीरे-धीरे, आँखें बाहर को निकली हुईं,
त्यौरी चढ़ी हुई, कांधे जो लगाते हुए
सीना और छाती आगे को झुककर, जोर लगाते हुए
रानें भरी हुईं गर्म पसीने से तर, मगर
            जोर लगाती हुईं,
नथुने फूले हुए, सांस और दम
            अपनी जोर आजमाई में लगे हुए
क्यों और किसके लिए?
अपनी शाम के, अपनी सुबह के
बँधे हुए
चारे के लिए
उससे मीठी उससे नमकीन और प्यारी
चीज
दुनिया में और कोई है क्या?
या...रात की ठहरी हुई, बहुत गहराई से बोलती हुई
चुपचाप बोलती हुई–दम साधे आँखें मीचे
सबको देखती-सी हुई शान्ति के लिए
गम्भीर, प्राणों में उठती हुई शान्ति...
आकाश के तारे, कुत्तों का पागल शोर

जो इस शान्ति को बढ़ाता ही है
पहरुओं की ठक्-ठक्, सीटियाँ...
और कहीं दूर किसी गाय के गले की घंटियाँ
कटड़ों और बच्चों की
हवा में
मासूम कच्ची-सी खुशबू, और घोड़ों का
खोखले गर्व से और बिला किसी वजह, बार-बार
टापें जमीन पर मारना
यह सब जो उस शान्ति को और
ठोस और स्थायी-सा बनाते हैं;
मालिक के खर्राटे, मालकिन की बच्चों को थपकियां
किसी बच्चे का रात में रो उठना
यह सब रात में कितना प्यार लगता है
मुझे नहीं मामूल यह मेरे सपने का हिस्सा होता है
एक मीठी जागती नींद का, या जागरण का—
कोई अन्तर नहीं। मुझे यह महसूस होता है
कि ठेले को लगातार, सारी आंतों और
नसों के तनावों से खींचते हुए भी
जैसे
मैं
सो जाता हूँ
वह गहरा लगातार श्रम
पुट्ठओं को श्लथ कर देनेवाला
श्रम
स्वयं मेरी नींद का कर्ब बन जाता है
मालिक पर तब जो मुझे गुस्सा आता है
उससे मेरा जोर और बढ़ जाता है
मगर मुश्किल यह है
कि मालिक मेरी नस-नस को जानता और समझता है
मुझे वह इस तरह निचोड़ता है जैसे
घानी में एक-एक बीज कसकर दबाकर

पेरा जाता है
मेरे लहू की एक-एक बूँद किसके लिए
समर्पित होती है
यह तर्पण किसके लिए होता है?
सुबह के अन्न देव के लिए?
शाम के अन्न देव के लिए?
जिसका नाम चारा है :
यह एक मोटी और स्पष्ट बात है,
गीत नहीं
कि वह चारा है और मैं बेचारा।
मेरा मालिक भी शायद एक अन्य दो टाँगों पर खड़ा
और मुँहवाला कपड़ा पहननेवाला
बैल है : एक गन्दा-सा नाटा-सा बैल
कमजोर मगर बहुत चालाक और गीत गुनगुनानेवाला
बैल...वो गीत मुझे अच्छे लगते हैं...मगर
कभी-कभी मैं अपने इसी श्रम में
कहाँ खो जाता हूँ, कुछ पता नहीं चलता
यहाँ सारी दुनिया मुझे बैल मालूम होती है
बां ा ा ा ा ा ा! बां ा ा ा ा! बां ा ा ा ा ा!

1972-73

उषा

प्रात नभ था बहुत नीला शंख जैसे
भोर का नभ

राख से लीपा हुआ चौका
    (अभी गीला पड़ा है)

बहुत काली सिल ज़रा से लाल केसर-से
कि जैसे धुल गयी हो

स्लेट पर या लाल खड़िया चाक
    मल दी हो किसी ने

नील जल में या किसी को
    गौर झिलमिल देह
जैसे हिल रही हो

और ......
    जादू टूटता है इस उषा का अब
    सूर्योदय हो रहा है।

(कुछ कविताएँ)

एक पीली शाम

एक पीली शाम
          पतझर का जरा अटका हुआ पत्ता
शान्त
मेरी भावनाओं में तुम्हारा मुखकमल
कृश म्लान हारा-सा
          (कि मैं हूँ वह
मौन दर्पण में तुम्हारें कहीं?)

          वासना डूबी
          शिथिल पल में
          स्नेह काजल में
          लिए अद्‌भुत रूप-कोमलता

अब गिरा अब गिरा वह अटका हुआ आँसू
सांध्य तारक-सा
          अतल में

1953

टूटी हुई, बिखरी हुई

टूटी हुई, बिखरी हुई चाय
    की दली हुई पाँव के नीचे
                    पत्तियाँ
            मेरी कविता
बाल, झड़े हुए, मैल से रूखे, गिरे हुए, गर्दन
से फिर भी चिपके
    ...कुछ ऐसी मेरी खाल,
    मुझसे अलग-सी, मिट्टी में
                    मिली-सी
दोपहर-बाद की धूप-छाँह में खड़ी इन्तज़ार की
ठेलेगाड़ियाँ जैसे मेरी पसलियाँ
ख़ाली बोरे सूजों से रफ़ू किये जा रहे हैं...जो
                मेरी आँखों का सूनापन हैं।

ठंड भी एक मुस्कराहट लिये हुए है
                जो कि मेरी दोस्त है।

कबूतरों ने एक ग़ज़ल गुनगुनायी...
मैं समझ न सका, रदीफ़-काफ़िये क्या थे,
इतना ख़फ़ीफ़, इतना हल्का, इतना मीठा
                    उनका दर्द था।

आसमान में गंगा की रेत आईने की तरह हिल रही है।
मैं उसी में कीचड़ की तरह सो रहा हूँ

और चमक रहा हूँ कहीं...
न जाने कहाँ।
मेरी बाँसुरी है एक नाव की पतवार—
जिसके स्वर गीले हो गये हैं,
छप्-छप् मेरा हृदय कर रहा है...
छप् छप् छप्।

वह पैदा हुआ है जो मेरी मृत्यु को सँवारने वाला है।
वह दूकान मैंने खोली है जहाँ 'प्वाइज़न' का लेबुल लिये हुए
दवाइयाँ हँसती हैं—
उनके इंजेक्शन की चिकोटियों में बड़ा प्रेम है।

वह मुझ पर हँस रही हैं, जो मेरे होठों पर एक तलुए
के बल खड़ी हैं
मगर उसके बाल मेरी पीठ के नीचे दबे हुए हैं
और मेरी पीठ को समय के बारीक तारों की तरह
खुरच रहे हैं
उसके एक चुम्बन की स्पष्ट परछायीं मुहर बनकर उसके
तलुओं के ठप्पे से मेरे मुँह को कुचल चुकी है
उसका सीना मुझको पीसकर बराबर कर चुका है।

मुझको प्यास के पहाड़ों पर लिटा दो जहाँ मैं
एक झरने की तरह तड़प रहा हूँ।
मुझको सूरज की किरनों में जलने दो—
ताकि उसकी आँच और लपट में तुम
फ़ौवारे की तरह नाचो।

मुझको जंगली फूलों की तरह ओस से टपकने दो,
ताकि उसकी दबी हुई खुशबू से अपने पलकों की
उनींदी जलन को तुम भिगो सको, मुमकिन है तो।
हाँ, तुम मुझसे बोलो, जैसे मेरे दरवाज़े की शर्माती चूलें

सवाल करती हैं बार-बार...मेरे दिल के
अनगिनती कमरों से।
हाँ, तुम मुझसे प्रेम करो जैसे मछलियाँ लहरों से करती हैं
...जिनमें वह फँसने नहीं आतीं,
जैसे हवाएँ मेरे सीने से करती हैं
जिसको वह गहराई तक दबा नहीं पातीं,
तुम मुझसे प्रेम करो जैसे मैं तुमसे करता हूँ।

आईनो, मुस्कराओ और मुझे मार डालो।
आईनो, मैं तुम्हारी ज़िन्दगी हूँ।

एक फूल ऊषा की खिलखिलाहट पहनकर
रात का गड़ता हुआ काला कम्बल उतारता हुआ
मुझसे लिपट गया।

उसमें काँटे नहीं थे—सिर्फ़ एक बहुत
काली, बहुत लम्बी जुल्फ़ थी जो ज़मीन तक
साया किये हुए थी...जहाँ मेरे पाँव
खो गये थे।

वह गुल मोतियों को चबाता हुआ, सितारों को
अपनी कनखियों में घुलाता हुआ, मुझ पर
एक जिंदा इत्रपाश बनकर बरस पड़ा—
और तब मैंने देखा कि मैं सिर्फ़ एक साँस हूँ जो उसकी
बूँदों में बस गयी है।
जो तुम्हारी सीनों में फाँस की तरह ख़ाब में
अटकती होगी, बुरी तरह खटकती होगी।

मैं उसके पाँवों पर कोई सिजदा न बन सका
क्योंकि मेरे झुकते-न-झुकते
उसके पाँवों की दिशा मेरी आँखों को लेकर
खो गयी थी।

जब तुम मुझे मिले, एक खुला फटा हुआ लिफ़ाफ़ा
तुम्हारे हाथ आया।
बहुत उसे उलटा-पलटा—उसमें कुछ न था—
तुमने उसे फेंक दिया : तभी जाकर मैं नीचे
पड़ा हुआ तुम्हें 'मैं' लगा। तुम उसे
उठाने के लिए झुके भी, पर फिर कुछ सोचकर
मुझे वहीं छोड़ दिया। मैं तुमसे
यों ही मिल लिया था।

मेरी याददाश्त को तुमने गुनाहगार बनाया—और उसका
सूद बहुत बढ़ाकर मुझसे वसूल किया। और तब मैंने कहा—
अगले जनम में। मैं इस तरह मुस्कुराया जैसे शाम के पानी में
डूबते पहाड़ ग़मगीन मुस्कुराते हैं।

मेरी कविता की तुमने खूब दाद दी—मैंने समझा
तुम अपनी ही बातें सुना रहे हो। तुमने मेरी
कविता की खूब दाद दी।

तुमने मुझे जिस रंग में लपेटा, मैं लिपटता गया :
और जब लपेट न खुले—तुमने मुझे जला दिया।
मुझे जलते हुए को भी तुम देखते रहे : और वह
मुझे अच्छा लगता रहा।

एक खुशबू जो मेरी पलकों में इशारों की तरह
बस गयी है, जैसे तुम्हारे नाम की नन्हीं-सी
स्पेलिंग हो, छोटी-सी प्यारी-सी, तिरछी स्पेलिंग!

आह, तुम्हारे दाँतों से जो दूब के तिनके की नोक
उस पिकनिक में चिपकी रह गयी थी,
आज तक मेरी नींद में गड़ती है।

अगर मुझे किसी से ईर्ष्या होती तो मैं

दूसरा जन्म बार-बार हर घंटे लेता जाता :
पर मैं तो जैसे इसी शरीर से अमर हूँ–
तुम्हारी बरकत!

बहुत-से तीर, बहुत-सी नावें, बहुत-से पर इधर
उड़ते हुए आये, घूमते हुए गुज़र गये
मुझको लिये, सब-के-सब। तुमने समझा
कि उनमें तुम थे। नहीं, नहीं, नहीं।

उनमे कोई न था। सिर्फ़ बीती हुई
अनहोनी और होनी की उदास
रंगीनियाँ थीं। फ़कत।

(कुछ और कविताएँ)

सौन्दर्य

एक सोने की घाटी जैसे उड़ चली
जब तूने अपने हाथ उठाकर
मुझे देखा
एक कमल सहस्रदली होटों से
दिशाओं को छूने लगा
जब तूने आँख भर मुझे देखा।

न जाने किसने मुझे अतुलित
छवि के भयानक अतल से
निकाला...जब तू, बाल लहराये,
मेरे सम्मुख खड़ी थी : मुझे नहीं ज्ञात।
सच बताना, क्या तू ही तो नहीं थी?

तूने मुझे दूरियों से बढ़कर
एक अहिर्निश गोद बनकर
लपेट लिया है,
इतनी विशाल व्यापक तू होगी,
सच कहता हूँ, मुझे स्वप्न में भी
गुमान न था

हाँ, तेरी हँसी को मैं उषा की भाप से निर्मित
गुलाब की बिखरती पंखुड़ियाँ ही समझता था :
मगर वह मेरा हृदय भी कभी छील डालेगी,

मुझे मालूम न था।
तेरी निर्दयता ही शायद दया हो,
दोनों की एक-प्राणता ही शायद
तेरा अजानपन और
तेरा सौन्दर्य है।

(इतने पास अपने)
1980

एक नीला दरिया बरस रहा

1

एक नीला दरिया बरस रहा है
और बहुत चौड़ी हवाएँ हैं
मकानात हैं मैदान
किस क़दर ऊबड़-खाबड़
मगर
                एक दरिया

और हवाएँ
मेरे सीने में गूँज रही हैं।

एक रोमान
जो कहीं नहीं है मगर जो मैं
                हूँ   हूँ
एक गूँज ऊबड़-खाबड़
                लगातार
आँख जो कि अँखुआए हुए
    उपज आयी हो बहुत ही क़रीब बहुत
    ही क़रीब।

2

    एक सुतून
फिर हुआ खड़ा
वहीं

जहाँ कि वह शुरू से था खड़ा
एक जुनून
जो कि महज़ नाम था
फिर हुआ
जुनून।
सब तुक एक हैं
यानी कि मेरा
खून।

अजब बेअदबी है ज़माने की—कि
कि
अक्स है इन्तिहाई गहरा
वही दरिया...
और वो मुझे ले गया डुबा
जहाँ इन्तिहाई गहराइयों के सिवा
और कुछ न था
एक इन्तिहाइयत....हाइयत
जो कि महज़ महज़ महज़
मैं हूँ—और
कुछ नहीं
यहाँ।

3

मगर
मेरी पसली में हैं—गिन लो
व्यंजन : और उनके बीच में है
स्वर
(उसे मेरा ही कहो-फ़िलहाल :
अहा, तुम कितने अच्छे हो कि मूर्ख हो—महात्मा मूर्ख
—इस ज़माने के स्वाँग में उतरे हुए
...एक आदिमतम देवता : स्थिरतम!)
नहीं नहीं नहीं

वह
स्वर :
एक ही हाथ : बायें आकाश को उठाये हुए हैं
एक गोल गति इक् करोड़ लाख बार घूम-घूम
मुझे लील जाती है
समूचा
अथाहों के दरिया में
अपने अक्स समेत
वह स्तर सच्च

4
तब मेरे लिए पहाड़ अरावली के
पुरातन-तम
खोद-खोद डाले गये होंगे
सदैव के एक भविष्य में अभी से
नग्नतम बिवाइयाँ दरारें
धरती के सीने में अन्दर तक चली गयी हुई
घूम-घूमकर
एक स्थिर चक्कर में
कविता की पंक्तियों की तरह—
अभी से।

5
हाँ मगर
वह
स्व
र
एक फ़नल
धअँवाता
विशाल आकाश में

और वहीं
मैं

सीढ़ियों के-से
उलझे-पुलझे पथों से
चढ़ रहा हूँ उतर रहा हूँ चढ़ रहा ....
                    तर रहा....

हूँ
और वहीं
    एक
बड़ा नन्हा-सा
बड़ी गहराइयों वाला
            अणु है अणु
            नहीं मालूम? अणु
    गूँजता हुआ
एक व्यर्थ का अभ्युदय,
            याकि
व्यर्थ का तुक–
    क्षण का
निरन्तर–
एक बूँद लहू
और लो मरा आविर्भाव
    कि भवता
कि है-हो-था
    अभी तक
    वही मैं कोई
एक कविता

6

एक विलयनवादी काव्य जोकि केवल
मैं लिखता–लिख सकता–हमेशा नहीं–
वैसा काव्य। जैसा कि इनमें
ध्वनित-अध्वनित :
    स्व
    .....

.....

.....

.....

.... इत्यादि।

समय के
चौराहों के चकित केन्द्रों से
उद्भूत होता है कोई : "उसे-व्यक्ति-कहो"
कि यही काव्य है।
आत्मतम।
इसीलिए उसमें अपने को खो दिया
जाना गवारा करता हूँ
    क्योंकि वहाँ मेरा एक महीन युग-भाव है
वहीं—शायद मेरे लिए ... मात्र। शायद
मेरे ही अनेक बिंबों के लिए मात्र।
जिन्हें "मेरे पाठक कहा जाय" मात्र।

तो। इसमें और कुछ नहीं।
कोई संगीत नहीं। केवल प्रलाप।
                        केवल तुम।
केवल प्रलाप। केवल मैं और आप। अनाप शनाप।

7

शराब
यानी इन्सानियत की तलछट का छोड़ा हुआ
स्वाद।
मुझे दो।
मगर पैमाना हो
फ़ोनिमिक्स।
उन भाषाओं का, पश्चिम और पूर्व की, जो
मिलनसीमा को
आर्गनित
करती हैं,

बस
वहीं मेरा कवि :
तुम्हारा अन्यतम व्यक्ति।

नश्शा मुझे नहीं होता। नहीं होता।
मुझे पीने वालों को
होता
है—मेरी कविता को
अगर वो उठा सकें और एक घूँट
    पी सकें।

अगर।

इसलिए बस
मुझे वही शराब दो। बस।
(—मुझे नश्शा नहीं चाहिए।)

(चुका भी हूँ नहीं मैं)
1970

सारनाथ की एक शाम

(त्रिलोचन के लिए)

ये आकाश के सरगम
    खनिज रंग हैं
बहुमूल्य अतीत हैं
    या शायद भविष्य ॥1॥

तू किस
    गहरे सागर के नीचे
            के गहरे सागर
        के नीचे का
        गहरा सागर होकर
भिंच गया है
अथाह शिला से   केवल
अनिंद्य अवर्ण्य मछलियों के विद्युत
तुम्हें मुझे खनते हैं
अपने सुख के लिए ॥2॥
        (सुख तो व्यंग्य में ही है
                और कहाँ
        युग दर्शन
            मित्र
        छल का अपना ही
            छन्द है
        सर्वोपरि मधुर मुक्त
            और कितना एब्स्ट्रैक्ट

क्योंकि व्यभिचार ही आधुनिकतम
काव्य कला है आज
आलोचना के डाक्टर
उसे अनादि भी कहते हैं) ॥3॥

शब्द का परिष्कार
स्वयं दिशा है
वही मेरी आत्मा हो
आधी दूर तक

तब भी
तू बहुत दूर है बहुत आगे
त्रिलोचन ॥4॥

वह कोलाहल जो कोंपलों में भरा है
सुनकर
तू विक्षुब्ध हो-हो जाता
क्या उपनिषदों का शोर
उसे दबा पाता ॥5॥

वरुण के किनारे एक चक्रस्तूप है
शायद वहीं विश्व का केन्द्र है
वहीं कहीं
ऐसा सुनते हैं ॥6॥

आधुनिकता आधुनिकता
डूब रही है महासागर में
किसी कोंपल के ओंठ पे
उभरी ओस के महासागर में
डूब रही है
तो फिर क्षुब्ध क्यों है तू ॥7॥

तूने शताब्दियों
सॉनेट से मुक्त छन्द खन कर
संस्कृत वृत्तों में उन्हें बाँधा सहज ही लगभग
जैसे ये आकाश बँधे हुए हैं अपने
सरगम के अट्टहास में ॥8॥

ओ
शक्ति के साधक अर्थ के साधक
तू धरती को दोनों ओर से
थामे हुए और
आँख मीचे हुए ऐसे ही सूँघ रहा है उसे
जाने कब से ॥9॥

तुझे केवल मैं जानता हूँ॥10॥

क्योंकि
मैं उसी धरती में लोट रहा हूँ उसके
ऋतुओं की पलकों-सा बिछा हुआ मैं
उसकी ऊष्मा में
सुलग रहा हूँ
शांति के लिए ॥11॥

एक वासन्ती सोम झलक जो मेरे
अंक से छीन कर चाँद लुका लेता है
खींच ले जाती है प्राण मेरा
उस पर भी है तेरी दृष्टि॥12॥

आन्तरिक एकान्त
वरुणा किनारे की वह पद्य—
मेरी ऊष्मा ॥13॥

भुवनेश्वर

न जाने कहाँ किस लोक में आज, जा किस
सदाव्रत का हिसाब बैठे तुम लिख रहे होगे (अपनी
भवों में?)—जहाँ पता नहीं प्राप्त भी होगा
तुम्हें कोरी चाय या एक हरी पुड़िया का बल
भी?... हिसाब; मसलन : ताड़ी कितने
की?...कितने की देसी?—और, रम?—
कितनी अधिक-से-अधिक, कितनी कम-से-कम?
कितनी असली, कितनी....।

(इन्सान रोटी पर ही ज़िन्दा नहीं : इस सच्चाई
को और किसने अपनी कड़ुई मुस्कुराहट-भरी
भूख के अन्दर महसूस किया होगा एक तपे
पत्थर की तरह, भुवनेश्वर, जितना कि तुमने!)

2

फिर फ्रेम से उतरकर साइडार-अंगों की
अपनी अजब-सी खनक और चमक लिये
गोरी गुलाबी धूप
एक शोख आँख मारती-सी गिरती है
मौन एकान्त...किसी सूने कारिडार में या ईंटों
के ढेर पर या टपकती शराब के पसीने-सी
आसमानी छत के नीचे,
कहीं भी, जहाँ तुम बुझी-बुझी-सी अपनी ग़ज़ल-
भरी आँखों में

अनोखे पद एज़रा पाउंड के
या इलियट के भाव-वक्तव्य
पाल कली के-से सरल घरौंदो के डुडूल्स में
                                    सँजोकर
दियासलाइयों और बिजली के तार से सजाकर,
अख़बार के नुचे हुए
कागज़ों से छाकर, तोड़ देते होंगे,
सहज, नये मुक्त-छन्दों की तरह, और
हँस पड़ते होंगे निःसारता पर इस कुल
आधुनिकता की।

3

'भूले हैं बात करके कोई' (ओह, ओ हाली!)
"भूले हैं बात करके कोई
    राजदाँ से हम!...'
'अल्लाह की नातवानी' कि हम, मोमिन! हम—
    'दीवार तक न पहुँचे।'
'र म...रामा—हो रामा—अँखियाँ
    मिल के बिछड़ गयीं...
                        अँखियाँ...!'

4

ओ बदनसीब शायर, एकांकीकार, प्रथम
वाइल्डियन हिन्दी विट्ट, नव्वाब
फ़कीरो में, गिरहकट, अपनी बोसीदा
ज़ंजीरों में लिपटे, आज़ाद,
भ्रष्ट, अघोरी साधक!
जली हुई बीड़ी की नीलिमा-से रूखे होंट ये
चूमे हुए
    किसी रूथ के हैं—
किसी एक काफ़िर शाम में
किसी
    क्रास के नीचे...

वो दिन वो दिन
अज़ब एक लवली
आवारा यूथ के हैं जो
धुँधली छतों में, छितरे बादलों में कहीं
बिखर गये हैं, वो
ख़ानाख़राब शबाब के
शोख गुनाहों-भरे बदमाश
खूबसूरत दिन! वो
एक खूबसूरत-सी गाली
थूककर चले गये हैं वहीं कहीं...

हाँ, तपती लहरों में छोड़ गये हैं वो
संगम, गोमती, दशाश्वमेध के कुछ
सैलानियों बीच
न जाने क्या,
एक टूटी हुई नाव की तरह,
जो डूबती भी नहीं, जो सामने ही हो जैसे
और कहीं भी नहीं!

(कुछ और कविताएँ)
1958

अनिल चौधरी के चित्र

(जो दिल्ली की एक प्रदर्शनी में देखें)

शिमला के पहाड़
    गुड़ीमुड़ी
        रजाइयों में   दुबके पड़े हैं

हरे-भरे काही बैंगनी भूरे नीले आकाश के नीचे
स्वच्छ या गदरे रंगों के आकाश के नीचे
और चम्बल घाटी की गोलमोल विरल रोऐंदार
                        पहाड़ियाँ
                    उपत्यकाओं की उपत्यकाएँ
                भेड़ों का घना रेवड़ हैं

जल, हरा चौड़ा दूर तक
    एक किनारे फैला
चला गया है

ये साँस लेते पहाड़ ये उसाँस लेती पहाड़ियाँ
ये चिकनी पथरीली गालियारियाँ
यह ठहरा हुआ-सा केसरिया आसमान
आत्मीय पारिवारिक मुँह से मुँह मिलाये हुए मानो
ऐसी भरी-पूरी शान्ति सबकी
    इस निर्जल लगते वातावरण में

वन झाड़ियों के उमेठे हुए तौलियों के बीच से
फैलकर बहता एक चौड़ा शान्त चश्मा
दूर............वह चश्मा चुपचाप गिर रहा है
—चट्टानों की चिकनी मेहराब के बीच से हम
देख रहे हैं—

ये वन उपत्यकाएँ नहीं गुदगुदैले बच्चे
सो रहे हैं, कहीं-कहीं गुदगुदैली माएँ और पत्नियाँ
और बेख़बर सपनों में जड़ बने उनके
वयस्क आत्मीय जन साथ-साथ
एक अजब कोमलता से सब आश्वस्त
अजब है ना?

दो सैनिक बूट वहाँ एक तरफ़ खड़े...
व्यंग्य-विद्रूप-सा लगता है
वे इस चौखटे से बाहर दूसरे दरवाज़े में हैं

एक स्वच्छ और निर्मल
कविता यहाँ बह रही है
एक जवान कविता

वास्तव में दो कैनवास हैं
एक तरल : एक स्थिर
दोनों पारदर्शी
एक दूसरे में छिपे हुए।

(इतने पास अपने)
1980

गजानन मुक्तिबोध

ज़माने भर का कोई इस क़दर अपना न हो जाये
कि अपनी ज़िन्दगी ख़ुद आपको बेगाना हो जाये।

महर होगी ये शब बीतेगी और ऐसी सहर होगी
कि बेहोशी हमारे होश का पैमाना हो जाये।

किरन फूटी है ज़ख़्मों के लहू से : यह नया दिन है :
दिलों की रोशनी के फूल हैं—नज़राना हो जाये।

ग़रीबुद्हर थे हम; उठ गये दुनिया से; अच्छा है...
हमारे नाम रौशन अगर वीराना हो जाये।

बहुत खींचे तेरे मस्तों ने फ़ाके फिर भी कम खींचे
रियाज़त ख़्वार होती है अगर अफ़साना हो जाये।

चमन खिलता था वह खिलता था, और वह खिलना कैसा था
कि जैसे हर कली से दर्द का याराना हो जाये।

इधर मैं हूँ उधर मैं हूँ अजल तू बीच में क्या है
फ़क़त इक नाम है यह नाम भी धोका न हो जाये।

वो सरमस्तों की महफ़िल में गजानन मुक्तिबोध आया
सियासत ज़ाहिदों की ख़न्दए-दीवाना हो जाये।

(कुछ और कविताएँ)

काल, तुझसे होड़ है मेरी

काल,
तुझसे होड़ है मेरी : अपराजित तू—
तुझमें अपराजित मैं वास करूँ।
इसीलिए तेरे हृदय में समा रहा हूँ
सीधा तीर-सा, जो रुका हुआ लगता हो—
कि जैसा ध्रुव नक्षत्र भी न लगे,
एक एकनिष्ठ, स्थिर, कालोपरि
भाव, भावोपरि
सुख, आनन्दोपरि
सत्य, सत्यासत्योपरि
मैं—तेरी भी, ओ 'काल' ऊपर!
सौन्दर्य यही तो है, जो तू नहीं है, ओ काल!

जौ मैं हूँ—
मैं कि जिसमें सब कुछ है...

क्रान्तियाँ, कम्यून,
कम्युनिस्ट समाज के
नाना कला विज्ञान और दर्शन के

जीवन्त वैभव से समन्वित
व्यक्ति मैं।
मैं, जो वह हरेक हूँ
जो, तुझसे, ओ काल, परे है।

(काल, तुझसे होड़ है मेरी)
1988

प्रकृति-रूप

एक चिकना चौड़ा आबशार

साँवला संगमर्मरी
आधा खिला व्यापक-सा गुलाब एक
महक-महक सुगन्ध शक्ति में

स्पष्टतः सुरक्षित

अविरल वह स्थिर आबशार
खुली साँस की
सांख्यिकी में बँधा
वह हँसता रूप

गुलाब बाड़ी टपक रही है।
हम आदिवासी-से मौन
भीगे हुए खड़े हैं

(काल, तुझसे होड़ है मेरी)
1988

एक ठोस बदन अष्टधातु का-सा

एक ठोस बदन अष्टधातु का-सा

सचमुच?
    जंघाएँ दो ठोस दरिया
ठै रे हुए-से
        मगर जानता हूँ कि वो

बराबर-बराबर बहुत तेज़
        रौ में हैं
ठै रा हुआ-सा मैं हूँ मेरी
        दृष्टि एकटक्

ठोस वक्ष कपोल उभरे हुए चारों
निमन्त्रण देते चैलेंज-सा
चारों एक साथ
अपनी स्थिरता में, चल
काल की तरह

चरण
हैं वहीं मगर दर अस्ल हैं नहीं वहाँ
वो उस अष्टधातु की मूर्ति को
कहीं लिए जा रहे हैं
शायद
मेरे व्यक्तित्व के अदृश्य सागर की ओर।।

(काल, तुझसे होड़ है मेरी)
1988

ग़ज़ल

उलट गये सारे पैमाने, कासागरी क्यों बाक़ी है।
देस के देस उजाड़ हुए, दिल की नगरी क्यों बाक़ी है।

कौन है अपना कौन पराया, छोड़ो भी इन बातों को
इक हम तुम हैं ख़ैर से अपनी पर्दादरी क्यों बाक़ी है।

शायद भूले-भटके किसी को रात हमारी याद आयी
सपने में जब आन मिले फिर बेख़बरी क्यों बाक़ी है।

किसका साँस है मेरे अन्दर : इतने पास औ' इतनी दूर
इस नज़दीकी में दूरी की हमसफ़री क्यों बाक़ी है।

सचमुच मुझको ऐसा लगा जैसे तुम बिल्कुल पास ही हो
साँस में अब तक वही सुनहरी दोपहरी क्यों बाक़ी है।

बीत गये युग फिर भी जैसे तुम बिल्कुल पास ही हो
दिल में औ' आँखों में तुम्हारी ख़ुशनज़री क्यों बाक़ी है।

शोर भजन औ' कीर्तन का है या फ़िल्मी धुनों का हंगामा
सर पे हि लाउडस्पीकर की टेढ़ी छतरी क्यों बाक़ी है।

कैसा सियासत का तूफ़ान कि आग की लपटों में इन्सान
अपनों पर अपनों की ही बेदादगरी क्यों बाक़ी है।

धर्म तिजारत पेशा था जो वही हमें ले डूबा है
बीच भँवर के सौदे में यह इक खंजरी क्यों बाक़ी है।

काल, तुझसे होड़ है मेरी
1984, उज्जैन

तुमने मुझे

तुमने मुझे और गूँगा बना दिया
एक ही सुनहरी आभा-सी
सब चीजों पर छा गयी

मैं और भी अकेला हो गया
तुम्हारे साथ गहरे उतरने के बाद
मैं एक गार से निकला
अकेला, खोया हुआ और गूँगा

अपनी भाषा तो भूल ही गया जैसे
चारों तरफ़ की भाषा ऐसी हो गयी
जैसे पेड़ों पौधों की होती है
नदियों में लहरों की होती है

हज़रत आदम के यौवन का बचपना
हज़रत हौव्वा की युवा मासूमियत
कैसी भी! कैसी भी!

ऐसा लगता है जैसे
तुम चारों तरफ से मुझसे लिपटी हुई हो
मैं तुम्हारे व्यक्तित्व के मुख में
आनन्द का स्थायी ग्रास...हूँ

मूक।

(काल, तुझसे होड़ है मेरी)
1988

कहता है बाज़ुओं

कहता है बाज़ुओं का ज़ोर, सारे जहाँ को तोलकर
मालिके-दो जहाँ! इधर देख के मेरा मोल कर।

आज भी हैं वो मनचले आज भी हैं वो सिरफिरे,
तीरो-सनाँ की बाढ़ पर चलते थे सीना खोलकर।

इसमें तो आग है बहुत, इसका तो ख़ून गर्म है—
बोले वो इसके दिल पे हाथ, और जिगर टटोलकर।

बातों में अपने रंग ला, लहज़े को शोख़तर बना
शर्तों को लोचदार रख, वादों को गोलमाल कर!!

अर्ज़े-अदा इशारा हो, अब य नहीं तरीक़े फ़न
राज की बात भी कहो, 'शम्स' तो साफ़ खोलकर।

—नयापथ में प्रकाशित

*इसमें शमशेर ने अपने तख़ल्लुस 'शम्स' का प्रयोग किया है।

ग़ज़ल

जहाँ में अब तो जितने रोज़
अपना जीना होना है,
तुम्हारी चोटें होनी हैं...
हमारा सीना होना है।
वो जल्वे लोटते फिरते हैं
ख़ाको-खूने-इंसाँ में :
तुम्हारा तूर पर जाना
मगर नाबीना होना है'*

क़दमरंजा है सूए-बाम
एक शोखी क़यामत की :
मेरे खूने-हिना-परवर से
रंगीं जीना होना है!

वो कल आयेंगे वादे पर
मगर कल देखिए कब हो!
ग़लत फिर, हज़रते-दिल,
आपका तख़्मीना होना है।

बस ऐ शमशेर, चल कर,
अब कहीं उजलतगज़ीं हो जा—
कि हर शीशे को महफ़िल में
गदाए-मीना होना है।

(कुछ और कविताएँ)

---

*यह मिसरा लेखक के मामा स्व. बाबू लक्ष्मीचन्द्र जी का फ़र्माया हुआ है।

ग़ज़ल

वही उम्र का एक पल कोई लाए
तड़पती हुई-सी ग़ज़ल कोई लाए

हक़ीकत[1] को लाए तख़ैयुल[2] से बाहर
मेरी मुश्किलों का जो हल कोई लाए

कहीं सर्द खूँ में तड़पती है बिजली
ज़माने का रद्दोबदल कोई लाए

उसी कम-निगाही[3] को फिर सौंपता हूँ
मेरी जान का क्या बदल कोई लाए

दुबारा हमें होश आए न आए
इशारों का मौक़ा-महल कोई लाए

नज़र तेरी दस्तूरे-फ़िरदौस[4] लायी
मेरी ज़िंदगी में अमल कोई लाए

(कुछ और कविताएँ)

1. यथार्थ 2. कल्पना 3. उपेक्षा 4. स्वर्गिक संविधान

ग़ज़ल

ईमान गड़बड़ी में है दिल के हिसाब में!
लिक्खा हुआ कुछ और मिला है किताब में!

दिल जिनमें ढूँढ़ता था कभी अपनी दास्ताँ
वो सुर्ख़ियाँ कहाँ हैं मुहब्बत के बाब में!

ए दिलनेवाज़! पहले ही जब दिल के और हों,
क्या ख़िलवतों में लुत्फ़, धरा क्या हिजाब में!

उस आस्ताँ तक हमको बहारों में ले के जाओ,
जिस पर कोई शहीद हुआ हो शबाब में!

(उदिता)

तीन शेर

लिक्खा है मुक़द्दर में, दर-दर की दुआ माँगो!
सय्यार्-मह्-ओ-मह् र्-ओ-अख़्तर की दुआ माँगो!

इन्सान के पर्दे में रूठा है ख़ुदा हमसे
इस घर की दुआ माँगो, उस घर की दुआ माँगो!

फिर सुर्ख़ निशाँ बनकर, काँधे पे उठे तनकर
जो सर है हथेली पर उस सर की दुआ माँगो!

(उदिता)

ग़ज़ल

जी को लगती है तेरी बात खरी है शायद
वही शमशेर मुज़फ़्फ़रनगरी है शायद

आज फिर काम से लौटा हूँ बड़ी रात गये
ताक़ पर ही मेरे हिस्से की धरी है शायद

मेरी बातें भी तुझे ख़ाबे-जवानी-सी हैं
तेरी आँखों में अभी नींद भरी है शायद

× × ×

एक क़लम है और सौ मज़मून हैं;
एक क़तरा ख़ूने-दिल तूफ़ान है।

(कुछ और कविताएँ)

सब ही जाएगा

—सब ही जाएगा।

सोच-सोचकर जोड़-जोड़कर, मन क्या पाएगा?
सब अपना कल सपना होगा ज्यों रेते की धूल;
झंझा हिल जाएगी जीवन के सब विटप समूल;
पीतम की रतनारी आँखें, तिय का नीलम हास
होंगी फूटी कौड़ी ख़ाली, फटे बाँस की साँस;
महल-अटारी बाग़-बग़ीचे रौनक के दरबार,
हवा हुए पर; —काल हँसेगा, रोयेंगे मिल स्यार।
किसका सुख, किसका दुःख तुझको, मन के अंधे मोह!
लकुटि था प्रखर धारा में, वृथा भार मत ढोह,
कि सब ही जाएगा।

(कहीं बहुत दूर से सुन रहा हूँ–से)

गजानन माधव मुक्तिबोध

जन्म – 13 नवम्बर 1917 को श्योपुर (ग्वालियर), म. प्र.।

पिता – श्री माधव सुक्तिबोध, म.प्र. पुलिस की नौकरी में। माँ ईसागढ़ जिला सागर बुन्देलखंड के एक किसान परिवार की। वक़ौल मुक्तिबोध, 'पिताजी देवता हैं, माँ मेरी गुरु हैं। सामाजिक दम्भ, स्वाँग, ऊँच-नीच की भावना, अन्याय और उत्पीड़न से कभी समझौता न करते हुए घृणा करना उसी ने मुझे सिखाया।'

आरम्भिक शिक्षा उज्जैन में हुई। वहीं से 1930 में मिडिल स्कूल की परीक्षा पास की। उसके बाद पढ़ाई का सिलसिला ठीक चला। '35 में माधव कॉलेज, उज्जैन में बी. ए. की पढ़ाई की शुरुआत। यहीं से लेखन की शुरुआत। यहीं उनका संपर्क प्रभाकर माचवे, वीरेन्द्रकुमार जैन और 'कर्मवीर' के सहयोगी सम्पादक प्रभागचन्द्र शर्मा से हुआ। '38 में इन्दौर के होल्कर कॉलेज से बी. ए. किया। प्रारंभ में वे रमाशंकर शुक्ल, माखनलाल चतुर्वेदी और महादेवी वर्मा की काव्य-शैली से काफ़ी प्रभावित रहे। बाद में अपने हेडमास्टर, डॉ. विष्णुनारायण जोशी (बर्गसाँ के अध्येता) के प्रभाव में पश्चिम के चिन्तकों और दार्शनिकों का गहरा अध्ययन। 1939 में अपनी ज़िद पर शान्ता जी से प्रेम-विवाह। 1953 में हिन्दी से एम. ए. किया, नागपुर विश्वविद्यालय से।

20 वर्ष की छोटी उम्र से मिडिल स्कूल की मास्टरी की शुरुआत। '38 में 'शारदा शिक्षा सदन' शुजालपुर मंडी में नेमिचन्द्र जैन के साथ सहायक अध्यापकी। यहीं से मार्क्सवादी विचारों के प्रभाव में आये। '42 में 'मध्यभारत प्रगतिशील लेखक संघ' की स्थापना, उज्जैन में। '43 में नेमिचन्द्र जैन, प्रभाकर माचवे आदि मित्रों के साथ 'तार सप्तक' के कवियों में अपनी 6 कविताओं के साथ शामिल। '44 के अंत में इंदौर में फ़ासिस्ट विरोधी लेखक कांग्रेस का आयोजन किया, जिसकी अध्यक्षता राहुल जी ने की। '45 में त्रिलोचन शास्त्री के साथ हंस कार्यालय, बनारस में। पहले दफ़्तरी, फिर सहायक सम्पादकी। वहीं से आजीविका की तलाश में भारतभूषण अग्रवाल और नेमिचन्द्र जैन के आग्रह पर कलकत्ता गये, पर नौकरी न मिलने पर हारकर '46-47 में जबलपुर के हितकारिणी हाई स्कूल में अध्यापकी, दिन में। रात में दैनिक 'जयहिन्द' में काम। यहीं उन्होंने 'समता' द्वैमासिक में भी सम्पादन-सहयोग किया।

'48 में जबलपुर से मुक्तिबोध नागपुर आ गये–नागपुर के रेडियो के समाचार विभाग में। यहीं नरेश मेहत्ता, अनिल कुमार, जीवनलाल वर्मा 'विद्रोही' आदि से मैत्री। फिर स्वामी कृष्णानंद 'सोख़ता' के सम्पादन में 'नया खून' में साहित्यिक और राजनीतिक लेखन। यहीं से उनका सम्पर्क हरिशंकर परसाई से भी हुआ। '58 में राजनाँदगाँव के दिग्विजय महाविद्यालय में प्राध्यापकी। 11 सितम्बर '64 से लंबी बीमारी के उपरांत मृत्यु, दिल्ली के एक अस्पताल में।

प्रकाशन– 'कामायनी एक पुनर्विचार', 'भारत, इतिहास और संस्कृति' (म.प्र. सरकार द्वारा प्रतिबंधित अब नये सिरे से प्रकाशित), 'नई कविता का आत्मसंघर्ष तथा अन्य निबंध', 'नये साहित्य का सौन्दर्यशास्त्र' 1971, 'चाँद का मुँह टेढ़ा है' 1964, 'एक साहित्यिक की डायरी', 'काठ का सपना', 'विपात्र', 'सतह से उठता आदमी', 'भूरी-भूरी खाक धूल' 1980, 'समीक्षा की समस्याएँ' और छह खंडों में कुल साहित्य 'मुक्तिबोध रचनावली' के नाम से कविमित्र नेमिचन्द्र जैन द्वारा सम्पादित।

- पाया पत्र तुम्हारा 1984 में (गजानन माधव मुक्तिबोध और नेमिचन्द्र जैन के पत्राचारों का संयुक्त प्रकाशन)।

...ओ मेरे आदर्शवादी मन,
ओ मेरे सिद्धांतवादी मन,
अब तक क्या किया?
जीवन क्या जिया!!
उदरम्भिर बन अनात्म बन गये,
भूतों की शादी में कनात-से तन गये
किसी व्यभिचारी के बन गये बिस्तर,

दुःखों के दाग़ों को तमगों-सा पहना,
अपने ख़यालों में दिन-रात रहना,
असंग बुद्धि व अकेले में सहना,
ज़िन्दगी निष्क्रिय बन गयी तलघर,

अब तक क्या किया
जीवन क्या जिया!!

बताओ तो किस-किस के लिए तुम दौड़ गये,
करुणा के दृश्यों से हाय! मुँह मोड़ गये,
बन गये पत्थर,

बहुत-बहुत ज़्यादा लिया
दिया बहुत-बहुत कम;
मर गया देश, अरे जीवित रह गये तुम!!

(चाँद का मुँह टेढ़ा है)

मध्य-वित्त

छत के बाँसों में धुएँ के लम्बे-लम्बे
घोर निराशा के काले-काले जालों को,
प्राण-शक्ति की दीर्घ यष्टि से निकाल फेंको।

गहन आपदाओं की छायाओं का यह घर
मानव-मुक्ति-व्यथा के आलोकों से धो लो,
किरणें आयीं, दीवालों की छाती खोलो।

झुकी, दबी मटमैली भीतों ही से घिरकर
हुई हवा साँवली, अँधेरे की छाँहों में,
खोलो द्वार, बिंधो मन प्रातः की बाँहों में।

खोहों की गीली गहराई की मिट्टी में
पाताली राहों-से बिल हैं साँप अहं के,
आर्यदेव, तुम जंगल काटो, मारो जम के।

अरे, साँप की बाधावाले घर को छोड़ो,
कीटक-स्वार्थी सजग छिपकली-से मन के इन
आखेटों का अन्त करो, हे मानव-जीवन!

जिनकी पीली हवा पुरानी खाँसी-डूबे
लाल-आँख, खुर्राट सत्य की साँस बनी अब
छोड़ो वे दालान पुराने, सायबान सब।

जिसके लकड़ी के ख़ानों में कबूतरों-से
दाने चुग कर प्रणय बोलते बौद्धिक सज्जन
तोड़ो वह सभ्यता घृणित वह संस्कृति-सर्जन।

लाल धुँआरी लौ बारीक निविड़ स्वार्थों की
जिसके मन के आँवे में धुएँ-से काले,
तोड़ो उस मृदु स्फटिक श्वेत संस्कृति को पहले।

पीला कचरा उठा गरम सूनी सड़कों का
बहती हवा मलिन अवचेन प्रक्षोभों से
बहो न ऐसे, चलो न ऐसी हवा-भरोसे।

आसमान में उठते हैं धुएँ के अजगर
राहों पर चलते हैं कपड़े पहन जानवर
अपने-अपने आखेटों को आँखों में भर।

गोल घुमाते धन-वादी लम्बे पट्टे पर
गोल घूमते चक्र तीव्र, मस्तिष्क प्राण के,
एक स्याह शैतानी ताक़त के उफान से।

घिनी कोयले-खींची काली रेखाओं में
यौन-चित्र-से आधी-टूटी दीवालों पर,
अवसरवादी स्वार्थ नग्न यों रहे उजागर।

बुद्ध-मूर्ति की आलंकारिक छाया में अब
संस्कृति की अभिजात हँसी का धोखा नंगा,
अहंलीनता की खुल पड़ती कामुक जंघा।

पूँजीवादी स्याह रेल के नीचे आकर
मरा पड़ा लोहे की पटरी पर यह मानव,
हुई भीड़ एकत्र, देखने मृत्यु-भीष्म शव।

बेच रहा है कालिदास सड़कों पर कंघी,
लगा चाय दूकान यक्ष सबका है संगी,
विरहिणि भार्या घन-कुबेर घर रंग-बिरंगी।

मटक-मटक मुँह बिचकाती है पथ पर पागल
बूढ़े स्तन लटकाये नंगी भाग्य-देवता,
फूटे बर्तन-सी तिरस्कृता जब मानवता।

छिन्न-भिन्न भागों के भूरे ढेरों-से ये
खंड-खंड व्यक्तित्व आज के अपराधों से,
विफल, भटकते चमगादड़-दल-सी साधों-से।

लोभ और कर्तव्य बीच के अंधकार की
मीलों गहरी खाई के गीले सूने में
भावुक मन के कातर होते विचार धीमे।

हुई बुद्धि निःसंग भव्यता में ही अपनी
निज सुदूर ऐकान्तिकता के मरुस्थलों में,
रात्रि कीटकों की किट्-किट् है शून्य पलों में।

गाढ़ालिंगन-बद्ध देह-मन अकस्मात्, पर
बीचोबीच उठी दूरी की छाया काली
करतल पर जलते कपास-सी हिय में साली।

गाढ़ालिंगन-बद्ध प्राण, पर चरम क्षणों में
पैरों पर से चढ़ा, रेंग, सर्पिल संवदेन,
काला-काला नाग वक्ष तक, कामुक दंशन।

दलदल के मटमैले छिछले-से पानी के
काले समतल में पूनम का शशि जा डूबा,
लक्ष्य-च्युत विद्वानों-कवियों से मन ऊबा।

मृदुल भावना के श्यामल-जल विवर अँधेरे
कर्क वक्र-पद अहं-बुभुक्षा का चिर-चंचल,
है चरित्र व्यक्तित्वहीन भावों का सम्बल।

यह मध्यमवर्गीय संस्कृति की प्रवंचना
एक लालसा के स्वप्निल सौन्दर्यों-डूबी
खंडित दर्पण देख रही अपना मुख लोभी।

फाड़ भव्य प्राचीन इमारत की दीवारें
बूढ़े बरगद की विकराल जड़ें हैं उभरी,
आत्म-विरोध, द्वित्व के तरु पर आँखें ठहरीं

एक साथ दो विरुद्ध अश्वों पर आरोहित
प्रासादों के राज्यमार्ग का भी अन्वेषक,
श्रमिक क्रान्ति का वैतालिक है बड़ा विदूषक।

ऐसे घोर नगर के भीषण नेताओं ने
घर-घर की उदास छायाएँ नहीं गुनी हैं,
उल्लू की आवाज़ रात में नहीं सुनी हैं।

वे न देख पाये हैं अब तक गीली गरमी
चिन्ता के स्थिर मेघ-श्याम वातावरणों की
गन्ध न देखी थके देह के आवरणों की।

अम्ल-क्षार-सी भस्म हृदयतल में अनुभव बन
थके हुए क्लर्कों के है जत्थे में डोली,
ज़िन्दा रहो राह, छाती पर झेलो गोली।

अब तक हैं विद्रूप भयानक आकारों में
कपोल-गह्वर, कपाल-रेखाओं के जाले,
मलिन साँवली गलियों की बौनी दीवालें।
जड़ीभूत कष्टों के प्रस्तर-स्थिर रूपों से,

वे डरावने मुख मेरे उर में यों तत्पर,
सघन, भयानक छाया-चित्रों-से भीतों पर।

शशि-खग्रास ग्रहण की श्यामल छायाओं का
वातावरण अपावन, अन्तर में अभिन्न-सा
एक भयंकर भावी के संकेत-चिह्न-सा।

कीचड़-सनी गली के श्यामल ओझल कोने
मरे हुए चूहे की बास, पुरानी घिन-सी,
रहती वहाँ मानवात्माएँ कैसी? किन-सी?

शीत उपेक्षा की भौंहों के नीचे फिरतीं,
भिन्न दिशाओं में सफ़ेद कौड़ी की आँखें,
बाह, काल का रूप कि जिससे रजनी झाँके।

आदर्शों के त्यक्त शिवालय के सूने में,
स्वार्थी इच्छा-श्वान दुबकते, सोते नीरव,
हैं सुविधानुसार सत्यों के प्रयोग अभिनव।

मन्तव्यों, वक्तव्यों, कर्तव्यों में अन्तर
देख शब्द का अर्थ अनाहत खोया-खोया,
बेहद के मैदान कबीरा बेबसे रोया।

अन्तर के पाताल-कक्ष में जलती रहती,
क्रोधी की रक्तिम आँखों में मेरी नीरव,
एक नकारात्मक विरोधिनी बुद्धि युगान्तक।

दक्षिण-ध्रुवी समुद्रों का ठंडा अँधियारा
चीर रही हैं लम्बीं बाँहें नील अनल की,
भिदी निराशा घुसी शलाका मेरे बल की।

1947

भाग गयी जीप

भाग गयी जीप, तुम
टापते खड़े रहे
हाय! अपने आप पर
झींख-झख मारते
व काँपते खड़े रहे
धेलमधेल धकापेल
भीड़ में भी बियाबान
सड़क एक सुनसान
और तुम ज़मीन में
गड़े रहे, गड़े रहे।
खड़े रहे खड़े रहे

और यूँ ही अकस्मात्
निज के ही गाल पर
चपत एक जड़ दी
थप्पड़ एक मार ली
निज के गाल पर!!

''फोड़ों मत नारियल
शनिश्चर के सामने
मेरा भाल फोड़ लो
ईश्वर के सामने

अभागे व भयकर
वचन ये तुम्हारे
गड़ गये दिल में इस
दिमाग़ में हमारे
सच तो है, सच तो है
ठेलमठेल, धकापेल!!
छूट गयी बस वह
चल दिये आगे लोग
बढ़ गये आगे लोग
फूल गये बढ़कर,
फल गये चढ़कर
अरे, तुम्हें पीछे छोड़
नये-नये मोड़ पर
बढ़ने लगी बस वह।
खूब भागी, खूब दौड़ी
पहाड़ी के पास वह।

सच तो है कहना
ग़लत किन्तु भावना
कि जिसकी फ़िलासफ़ी–
बस में ही ठुँस जाना ज़िन्दगी की जीत है
व इस घिनी कसौटी पर कसकर
हार गया मन औ' अन्तः
यह आत्मनिन्दा स्वर!!
ग़लत यह दर्शन
ग़लत यह भावना
सचमुच यदि तुम
चढ़ जाते बस में उस
तुम्हारी ही प्यारी इस
झाड़-तले झोपड़ी

के लिए तुम हीन-रस
हीन-चित् हीन-सत्
उसी समय हीन-मति
तत्काल सिद्ध होते
वह तुम्हें कभी नहीं
अपने ठंडे प्याऊ पर
स्नेह से पिलाती जल
हृदय का, प्राण का!!
तुममें कुछ
अच्छाई ही शेष थी
इसीलिए घबरा गये
पकड़ न सके बस
और वह छूट गयी
पीछे रह गये तुम!!

उन्नति के चक्करदार
लोहे के घनघोर
ज़ीने में अंधकार!!
गुम कई सीढ़ियाँ हैं
भीड़ लेकिन खूब है
बड़ी ठेलमठेल है
ऊपर की मंज़िल तक
पहुँचने में बीच-बीच
टूटी हुई सीढ़ियों में
कुछ फँस गये कुछ
धड़ाम-से नीचे गिर
मर गये सचमुच
प्रगति के चक्करदार
लोहे के घनघोर
ज़ीने में साँस रुक
जाने से स्वर्गधाम

कई पहुँच गये प्राण!!
बस मिस हो गयी
कर गये मिस तुम
बहुत अच्छा हुआ यह
प्राणों में हमारे
समासीन पूर्ण तुम

समय के मारे तुम
केवल हमारे हो,
केवल हमारे हो!!

(भूरी भूरी खाक-धूल)

बबूल

...वह बबूल भी
दुबला, धूलभरा, अप्रिय-सा, सहज उपेक्षित,
श्याम, वक्र अस्तित्व लिये वह रंक तिरस्कृत,
अपमानों को मौन झेलता, चिर-अपमानित,
पथ के एक ओर चुपचाप खड़ा है।
फटे-हाल जीवन की नंगी कठिन दीनता-सा जो वर्जित
वह बबूल है।
वृक्षों के अभिजात वर्ग की आँखों में वह सदा बहिष्कृत,
चिर-निर्वासित।
पर बसन्त के
अनियंत्रित समीर के झोंके
उसको छू ही लेते हैं।
वह नग्न सुदामा, विवश क्या करें!
उसके सदा तुच्छ समझे जाने वाले
उस गहन हृदय में
गूढ़ आँसुओं में
बसन्त के वासन्ती रंग चमक-चमक जाते हैं
बरबस
उभर-उभर उठती हैं अन्तस्तल की छुपी लकीरें
आसमान के ताराओं की,
सजल चाँद की
लाल सूर्य की
आकृतियों में घिरकर सब पर छा जाने को

उभर-उभर उठती हैं अन्तस्तल की छुपी लकीरें।
उसके तुच्छ उपेक्षित अंतर
में अथाह रस का जो सागर
जाने क्यों सुदूर के रवि के आकुल एक परस के द्वारा,
यों सचेत होकर अपने से
दूर दिशाएँ चाह रहा है अपने उर अंचल में ढँकना।
केवल क्षण-भर,
केवल क्षण-भर,
वही बहिष्कृत अन्तर
चाह रहा है दुलराना सारी जगती को
सब धरती को।
क्षण-भर, केवल क्षण-भर
दुलराने का सजल-नयन चुम्बन का
वह अधिकार माँगता है, निज नग्न डालियाँ हिला-हिलाकर
देह कंटकित होकर
माँग रही वरदान दिशा से कोमल आलिंगन का।

अरे, अचानक
जो बबूल के रक्तहीन कंटक-नख सूखे थे
अब नये रुधिर के आये,
निज कोमलता में शरमाये
और झेंपती हुई पत्तियाँ छोटी-छोटी
सूखी काली डालों पर गुपचुप आ बैठीं।
सूखा औ' खुरदरा तना, वे काली डालें
ज्यों मेहनत के धूलभरे कर, काली टाँगें
अपनी इस वसन्त-श्री पर ही लज्जित
गूढ़ हृदय की चिर-सम्पन्न भावना नित ही अवनत—
त्यों बबूल यह लजा गया निज नव-यौवन पर
पीले-फूल-लदी डालों को
सकुचा-सकुचा समेटता-सा,
जितना-जितना हुआ संकुचित लज्जानत वह

उतना-उतना उभर-उभर पड़ता यौवन-रस।
काँप रही है पत्ती-पत्ती
एक अकूल कम्प में डूबी शाखाएँ सपने में हँसतीं
पुलक-पुलक उठते हैं पीले फूलों के दल,
रस की एक भँवर में घिर कर
आत्म-विसर्जन-आकुल प्रतिपल।

अरे, अचानक,
उस बबूल के मूल
हृदय में धारण करने वाली धरती
की वह काली नंगी छाती
आप्लावित होती
बबूल के पीले आत्म-विसर्जित फूलों की वर्षा से।
सहसा सारी भूमि पीत,
तरु की आत्मा हल्की पुनीत
मन भी पुनीत, वन भी पुनीत।

उस बबूल को देख
तुरत ही
युगानुयुग सन्तप्त प्रपीड़ित जनता की महानता के
वे ऊँचे-ऊँचे चित्र उभर कर
छा जाते मेरी आँखों में,
जिनके सम्मुख
देशकाल-व्यापी छाया सिद्धार्थ बुद्ध की भी
फीकी लगती है सचमुच।
एक अजस्र प्रयाण
युगों की छाती पर नंगे, बिवाइयों-भरे
रुधिर-आप्लुत चरणों का
जन-जन का, उनके प्राणों का,
मुझे जकड़ लेता है
काला स्याह नाग ज्यों चन्दन की डाली को।

एक चित्र आता आँखों के सम्मुख कोमल तैर-तैरकर।
एक गाँव है, वहाँ नदी है,
नदी कूल से दूर दिशा तक खेत बिछी है
हरे-हरे वे श्यामल-श्यामल,
जिनमें छिपी, छिपी फिरती है लाल ओढ़नी
मुँह की श्यामल चमक सुरीली
साथ-साथ, मेहनत के पुतले
शोषण-हत ग़म खाने वाले
दुख के स्वामी
अविश्रान्त वे काले-काले हाथ व्यस्त हैं
रिक्त पेट की आँखों में दुख के प्रवाह ले
जिनकी बेबस कर्मशीलता ने युग-युग के
गोर कपोलों में लाली की मदिरा भर दी।
आह! त्याग की उत्कट प्रतिमा होरी महतो, भोली धनिया
जाग रहे हैं,
काम कर रहे हैं अब भी अपने खेतों में
उनकी श्वेत अस्थियों से इस युग का वज्र बनेगा भयकर।
वह बबूल
जो चिर-निर्वासित,
एक प्रतीक बना है केवल जन-जन के निःसीम त्याग का।
मेरी खिड़की से दिखती है
होरी की वह याद।
जवानी में आया है,
पीले फूलों को छिटकाता प्रिय बबूल वह,
अर्पण-आकुल, आत्म-चेतना में विह्वल हो
चाह रहा है मज्जित करना दिशा-कूल को।

(मुक्तिबोध रचनावली)

1945

मुझे पुकारती हुई पुकार

मुझे पुकारती हुई पुकार खो गयी कहीं...
प्रलम्बिता अँगार-रेख-सा खिंचा
अपार चर्म
वक्ष प्राण का
पुकार खो गयी कहीं बिखेर अस्थि के समूह
जीवनानुभूति की गभीर भूमि में।
अपुष्प-पत्र, वक्र-श्याम झाड़-झंखड़ों-घिरे असंख्य ढूह
भग्न-निश्चयों रुँधे विचार-स्वप्न-भाव के
मुझे दिखे
अपूर्त सत्य की क्षुधित
अपूर्ण यत्न की तृषित
अपूर्त जीवनानुभूति-प्राणमूर्ति की समस्त भग्नता दिखी
(कराह भर उठा प्रसार प्राण का अजब)
समस्त भग्नता दिखी
कि ज्यों विरक्त प्रान्त में
उदास-से किसी नगर
सटर-पटर
मलीन, त्यक्त, जँग-लगे कठोर ढेर—
भग्न वस्तु के समूह
चिलचिला रहे प्रचण्ड धूप में उजाड़...
दिख गये कठोर स्याह
(घोर धूप में) पहाड़
कठिन-सत्त्व भावना नपुंसका असंज्ञ के

मुझे दिखी विराट् शून्यता अशान्त काँपसी
कि इस उजाड़ प्रान्त के प्रसार में रही चमक।
रहा चमक प्रसार...
फाड़ श्याम-मृत्तिका-स्तरावरण उठे सकोण
प्रस्तरी प्रतप्त अंग यत्र-तत्र-सर्वतः
कि ज्यों ढँकी वसुन्धरा-शरीर की समस्त अस्थियाँ खुलीं
रहीं चमक कि चिलचिला रही वहाँ
अचेत सूर्य की सफ़ेद औ' उजाड़ धूप में।
समीर-हीन ख़ैबरी
अशान्त घाटियों गयी असंग राह
शुष्क पार्वतीय भूमि के उतार औ' उठान की निरर्थ
उच्चता निहारती चली वितृष्ण दृष्टि से
(कि व्यर्थ उच्चता बधिर असंज्ञ यह)
उजाड़ विश्व की कि प्राण की
इसी उदास भूमि में अचक जगा
मुझे पुकारती हुई पुकार खो गयी कहीं।

× ×

दरार पड़ गयी तुरत गभीर-दीर्घ
प्राण की गहन धरा प्रतप्त के
अनीर श्याम मृत्तिका शरीर में।

कि भाव स्वप्न भार ये
पुकार के अधीर व्यग्र स्पर्श से बिलख उठे
तिमिर-विवर में पड़ी अशान्त नागिनी—
छिपी हुई तृषा
अपूर्त स्वप्न-लालसा
सचेष्ट छिपकली
अजान शब्द-शब्द ज्यों करे
कि यों अपार भाव-स्वप्न-भार ये
प्रशान्ति गाढ़ में
प्रशान्ति गाढ़ से

प्रगाढ़ हो
समस्त प्राण की कथा बखानते
अधीर यन्त्र वेग से अजीब एक-रूप-तान
शब्द, शब्द, शब्द में।

मुझे पुकारती हुई पुकार खो गयी कहीं...
आज भी नवीन प्रेरणा यहाँ न मर सकी,
न जी सकी, परन्तु वह न डर सकी।
घनान्धकार के कठोर वक्ष
दंश-चिह्न-से
गभीर लाल बिम्ब प्राण-ज्योति के
गभीर लाल इन्दु-से
सगर्व भीम शान्ति में उठे अयास मुसकरा
घनान्धकार की भिदी परम्परा।
सफ़ेद राख के अचेत शीत
सर्व ओर रेंगते प्रसार में
दबी हुई अनन्त ज्योति जग उठी
मलीन मृत्यु-गीत के उदास छन्द बावरे
घनान्धकार के भुजंग-बन्ध दीर्घ साँवरे
विनष्ट हो गये
प्रबुद्ध ज्वाल में हताश हो
विशाल भव्य वक्ष से
बही अनन्त स्नेह की महान् कृतिमयी व्यथा
तुरत दिखी
कि भूल-चूक ध्वंसिनी अनावृता हुई।
पुकार ने समस्त खोल दी छिपी प्रवंचना
कहा कि शुष्क है अथाह यह कुआँ
कि अन्धकार-अन्तराल में लगे
महीन श्याम जाल
घृण्य कीट जो कि जोड़ते दिवाल से
व अन्तराल का तला
अमानवी कठोर ईट-पत्थरों भरा हुआ

न नीर है, न पीर है, मलीन है
सदा विशून्य शुष्क ही कुआँ रहा।

विराट् झूठ के अनन्त छन्द-सी
भयावनी अशान्त पीत धुन्ध-सी
सदा अगेय
गोपनीय द्वन्द्व-सी असंग जो अपूर्त स्वप्न-लालसा
प्रवेग में उड़े सुतीक्ष्ण बाण पर
अलक्ष्य भार-सी वृथा
जगा रही विरूप चित्र हार का
सधे हुए निजत्व की अभद्र रौद्र हार-सी
मैं उदास हाथ में
हार की प्रतप्त रेत मल रहा
निहारता हुआ प्रचण्ड उष्ण गोल दूर के क्षितिज।

शून्य कक्ष की उदास
श्वास-हीन, पीत-वायु शान्ति में
दिवाल पर
बही अशान्त प्राण से महान् मानवी कथा।
किसी उजाड़ प्रान्त के
विशाल रिक्त-गर्भ गुम्बजों घिरे
विहंग जो
अधीर पंख फड़फड़ा दिवाल पर
सहाय-हीन, बद्ध-देह, बद्ध-प्राण
हार कर न हारते
अरे नवीन मार्ग पा खुला हुआ
तुरन्त उड़ गये सुनील व्योम में अधीर हो।
मुझे पुकारती हुई पुकार खो गयी वहीं
सँवारती हुई मुझे
उठी सहास प्रेरणा।
प्रभात भैरवी जगी अभी-अभी।

(चाँद का मुँह टेढ़ा है)

ब्रह्मराक्षस

शहर के उस ओर खंडहर की तरफ़
परित्यक्त सूनी बावड़ी
के भीतरी
ठंडे अँधेरे में
बसी गहराइयाँ जल की...
सीढ़ियाँ डूबी अनेकों
उस पुराने घिरे पानी में...
समझ में आ न सकता हो
कि जैसे बात का आधार
लेकिन बात गहरी हो।

बावड़ी को घेर
डालें खूब उलझी हैं,
खड़े हैं मौन औदुम्बर।
व शाखों पर
लटकते घुग्घुओं के घोंसले
परित्यक्त, भूरे, गोल।

विगत शत पुण्य का आभास
जंगली हरी कच्ची गन्ध में बसकर
हवा में तैर
बनता है गहन सन्देह
अनजानी किसी बीती हुई उस श्रेष्ठता का जोकि

दिल में एक खटके-सी लगी रहती।
बावड़ी को इन मुँडेरों पर
मनोहर हरी कुहनी टेक
बैठी है टगर
ले पुष्प-तारे-श्वेत।

उसके पास
लाल फूलों का लहकता झौंर–
मेरी वह कन्हेर...
वह बुलाती एक ख़तरे की तरफ़ जिस ओर
अँधियारा खुला मुँह बावड़ी का
शून्य अम्बर ताकता है।

बावड़ी की उन घनी गहराइयों में शून्य
ब्रह्मराक्षस एक पैठा है,
व भीतर से उमड़ती गूँज की भी गूँज,
बड़बड़ाहट-शब्द पागल-से।
गहन अनुमानिता
तन की मलिनता
दूर करने के लिए प्रतिपल
पाप-छाया दूर करने के लिए, दिन-रात
स्वच्छ करने–
ब्रह्मराक्षस
घिस रहा है देह
हाथ के पंजे, बराबर,
बाँह-छाती-मुँह छपाछप
खूब करते साफ़,
फिर भी मैल
फिर भी मैल!!

और ... होंठों से
अनोखा स्तोत्र, कोई मंत्रोच्चार,

अथवा शुद्ध संस्कृत गालियों का ज्वार,
मस्तक की लकीरें
बुन रहीं
आलोचनाओं के चमकते तार!!
उस अखंड स्नान का पागल प्रवाह...
प्राण में संवेदना है स्याह!!

किन्तु, गहरी बावड़ी
की भीतरी दीवार पर
तिरछी गिरी रवि-रश्मि
के उड़ते हुए परमाणु, जब
तल तक पहुँचते हैं कभी
तब ब्रह्मराक्षस समझता है, सूर्य ने
झुक कर 'नमस्ते' कर दिया।

पथ भूलकर जब चाँदनी
की किरन टकराये
कहीं दीवार पर,
तब ब्रह्मराक्षस समझता है
वन्दना की चाँदनी ने
ज्ञान-गुरु माना उसे
अति-प्रफुल्लित कंटकित तन-मन वही
करता रहा अनुभव कि नभ ने भी
विनत हो मान ली है श्रेष्ठता उसकी!!

और, तब दुगुने भयानक ओज से
पहचान वाला मन
सुमेरी-बेबिलौनी जन-कथाओं से
मधुर वैदिक ऋचाओं तक
वह तब से आज तक के सूत्र
छन्दस्, मंत्र, थियोरेम,

सब प्रमेयों तक
कि मार्क्स, एंजेल्स, रसेल, टॉयनबी
कि हीडेग्गर व स्पेंग्लर, सार्त्र, गांधी भी
सभी के सिद्ध-अन्तों का
नया व्याख्यान करता वह
नहाता ब्रह्मराक्षस, श्याम
प्राक्तन बावड़ी की
उन घनी गहराइयों में शून्य।

...ये गरजती, गूँजती, आन्दोलिता
गहराइयों से उठ रहीं ध्वनियाँ, अतः
उद्भ्रान्त शब्दों के नये आवर्त में
हर शब्द निज प्रति-शब्द को भी काटता,
वह रूप अपने बिम्ब से ही जूझ
विकृताकार-कृति
है बन रहा
ध्वनि लड़ रही अपनी प्रतिध्वनि से यहाँ।

बावड़ी की इन मुँडेरों पर
मनोहर हरी कुहनी टेक सुनते हैं
टगर के पुष्प-तारे श्वेत
    वे ध्वनियाँ!

सुनते हैं करौंदी के सुकोमल फूल
सुनता है उन्हें प्राचीन औदुम्बर
सुन रहा हूँ मैं वही
पागल प्रतीकों में कही जाती हुई
×   ×   ×

खूब ऊँचा एक ज़ीना साँवला
    उसकी अँधेरी सीढ़ियाँ...

वे एक आभ्यन्तर निराले लोक की।
एक चढ़ना औ' उतरना,
पुनः चढ़ना औ' लुढ़कना,
मोच पैरों में
व छाती पर अनेकों घाव।
बुरे-अच्छे-बीच के संघर्ष
    से भी उग्रतर
अच्छे व उससे अधिक अच्छे बीच का संगर
गहन किंचित सफलता,
अति भव्य असफलता!!
... अतिरेकवादी पूर्णता
    की ये व्यथाएँ बहुत प्यारी हैं...
ज्यामितिक संगति-गणित
की दृष्टि के कृत
    भव्य नैतिक मान
आत्मचेतन सूक्ष्म नैतिक मान...
...अतिरेकवादी पूर्णता की तुष्टि करना
    कब रहा आसान
मानवी अन्तर्कथाएँ बहुत प्यारी हैं!!

रवि निकलता
लाल चिन्ता की रुधिर-सरिता
प्रवाहित कर दीवालों पर
उदित होता चन्द्र
व्रण पर बाँध देता
    श्वेत-धौली पट्टियाँ
उद्विग्न भालों पर
सितारे आसमानी छोर पर फैले हुए
अनगिन-दशमलव-से,
दशमलव-बिन्दुओं के सर्वतः
पसरे हुए उलझे गणित मैदान में

मारा गया, वह काम आया,
और वह पसरा पड़ा है...
वक्ष-बाँहें खुली फैलीं
एक शोधक की।

व्यक्तित्व वह कोमल स्फटिक-प्रासाद-सा,
प्रासाद में ज़ीना
व ज़ीने की अकेली सीढ़ियाँ
चढ़ाना बहुत मुश्किल रहा।
वे भाव-संगत तर्क-संगत
कार्य-सामंजस्य-योजित
समीकरणों के गणित की सीढ़ियाँ
हम छोड़ दें उसके लिए।
उस भाव-तर्क-व कार्य-सामंजस्य-योजन-शोध में
सब पंडितों, सब चिन्तकों के पास
वह गुरु प्राप्त करने के लिए
भटका!!

किन्तु—युग बदला व आया कीर्ति—व्यवसायी—
...लाभकारी कार्य में से धन,
व धन में से हृदय-मन,
और, धन अभिभूत अन्तःकरण में से
सत्य की झाईं
    निरन्तर चिलचिलाती थी।

आत्मचेतस् किन्तु इस
व्यक्तित्व में थी प्राणमय अनबन...
विश्वचेतस् बे-बनाव!!
महत्ता के चरण में था
विषादाकुल मन!
मेरा उसी से उस दिन होता मिलन यदि

तो व्यथा उसकी स्वयं जी कर
बताता मैं उसे उसका स्वयं का मूल्य
उसकी महत्ता!
व उस महत्ता का
हम-सरीखों के लिए उपयोग,
उस आन्तरिकता का बताता मैं महत्व!!

पिस गया वह भीतरी
औ' बाहरी दो कठिन पाटों बीच,
ऐसी ट्रेजिडी है नीच!!

बावड़ी में वह स्वयं
पागल प्रतीकों में निरन्तर कह रहा
वह कोठरी में किस तरह
अपना गणित करता रहा
    औ' मर गया...
वह सघन झाड़ी के कँटीले तम-विवर में
    मरे पक्षी-सा
    बिदा ही हो गया।
वह ज्योति अनजानी सदा को सो गयी
यह क्यों हुआ!
क्यों यह हुआ!!
मैं ब्रह्मराक्षस का सजल-उर शिष्य
होना चाहता
जिससे कि उसका वह अधूरा कार्य,
उसकी वेतना का स्रोत
संगत, पूर्ण निष्कर्षों तलक
पहुँचा सकूँ।

1962

मैं तुम लोगों से दूर हूँ

मैं तुम लोगों से इतना दूर हूँ
तुम्हारी प्रेरणाओं से मेरी प्रेरणा इतनी भिन्न है
कि जो तुम्हारे लिए विष है, मेरे लिए अन्न है।

मेरी असंग स्थिति में चलता-फिरता साथ है,
अकेले में साहचर्य का हाथ है,
उनका जो तुम्हारे द्वारा गर्हित हैं
किन्तु वे मेरी व्याकुल आत्मा में बिम्बित हैं, पुरस्कृत हैं
इसीलिए, तुम्हारा मुझ पर सतत आघात है!!
सबके सामने और अकेले में।
(मेरे रक्त-भरे महाकाव्यों के पन्ने उड़ते हैं
तुम्हारे-हमारे इस सारे झमेले में)

असफलता का धूल-कचरा ओढ़े हूँ
इसलिए कि वह चक्करदार ज़ीनों पर मिलती है
छल-छद्म धन की
किन्तु मैं सीधी-सादी पटरी-पटरी दौड़ा हूँ
जीवन की।
फिर भी, मैं अपनी सार्थकता में खिन्न हूँ
विष से अप्रसन्न हूँ
इसलिए कि जो है उससे बेहतर चाहिए
पूरी दुनिया साफ़ करने के लिए मेहतर चाहिए
वह मेहतर मैं हो नहीं पाता

पर, रोज़ कोई भीतर चिल्लाता है
कि कोई काम बुरा नहीं
बशर्ते कि आदमी खरा हो
फिर भी मैं उस ओर अपने को ढो नहीं पाता।

रिफ़्रेजरेटरों, विटैमिनों, रेडियोग्रैमों के बाहर की
गतियों की दुनिया में
मेरी वह भूखी बच्ची मुनिया है शून्यों में
पेटों की आँतों में न्यूनों की पीड़ा है
छाती के कोषों में रहितों की व्रीड़ा है

शून्यों से घिरी हुई पीड़ा ही सत्य है
शेष सब अवास्तव अयथार्थ मिथ्या है भ्रम है
सत्य केवल एक है जो कि
दुःखों का क्रम है।

मैं कनफटा हूँ हेठा हूँ
शेव्रलेट-डाज़ के नीचे मैं लेटा हूँ
तेलिया-लिबास में पुरज़े सुधारता हूँ
तुम्हारी आज्ञाएँ ढोता हूँ।

(चाँद का मुँह टेढ़ा है)

भूल-ग़लती

भूल-ग़लती
आज बैठी है जिरहबख़्तर पहन कर
तख़्त पर दिल के;
चमकते हैं खड़े हथियार उसके दूर तक :
आँखें चिलकती हैं नुकीले तेज़ पत्थर-सी;
खड़ी हैं सिर झुकाये
    सब क़तारें
            बेज़ुबाँ बेबस सलाम में,
अनगिनत खम्भों व महराबों-थमे
            दरबारे-आम में।
सामने
बेचैन घावों की अजब तिरछी लकीरों से कटा
चेहरा
कि जिस पर काँप
दिल की भाप उठती है...
पहने हथकड़ी वह एक ऊँचा क़द,
समूचे जिस्म पर लत्तर,
झलके लाल लम्बे दाग़
बहते खून के।
वह क़ैद कर लाया गया ईमान...
सुलतानी निगाहों में निगाहें डालता,
बेख़ौफ नीली बिजलियों को फेंकता।
ख़ामोश!!
    सब ख़ामोश

मनसबदार,
शाइर और सूफ़ी,
अल ग़ज़ाली, इब्ने सिन्ना, अलबरूनी,
आलिमोफ़ाज़िल, सिपहसालार, सब सरदार
    है ख़ामोश!!

नामंजूर,
उसको ज़िन्दगी की शर्म की-सी शर्त
नामंजूर,
हठ इनकार का सिर तान...खुद-मुख़्तार।
कोई सोचता उस वक़्त—
छाये जा रहे हैं सल्तनत पर घने साये स्याह,
सुलतानी ज़िरहबख़्तर बना है सिर्फ़ मिट्टी का,
वो—रेत का-सा ढेर—शाहंशाह,
शाही धाक का अब सिर्फ़ सन्नाटा!!
(लेकिन, ना,
ज़माना साँप का काटा)
भूल (आलमगीर)
मेरी आपकी कमज़ोरियों के स्याह
लोहे का ज़िरहबख़्तर पहन, खूँख़्वार
हाँ, खूँख़्वार आलीजाह;
वो आँखें सचाई की निकाले डालता,
सब बस्तियाँ दिल की उजाड़े डालता,
करता, हमें वह घेर,
बेबुनियाद, बेसिर-पैर...
हम सब क़ैद हैं उसके चमकते तामझाम में,
            शाही मुक़ाम में!!

इतने में, हमीं में से
अजीब कराह-सा कोई निकल भागा,
भरे दरबारे-आम में मैं भी

संभल जागा!!
क़तारों में खड़े खुदगर्ज़ बा-हथियार
बख़्तरबन्द समझौते
वहम कर, रह गये;
दिल में अलग जबड़ा, अलग दाढ़ी लिये,
दुमुँहेपने के सौ तजुर्बों की बुजुर्गी से भरे,
दढ़ियल सिपहसालार संजीदा
सहम कर रह गये!!

लेकिन, उधर उस ओर,
कोई, बुर्ज़ के उस तरफ़ जा पहुँचा
अँधेरी घाटियों के गोल टीलों, घने पेड़ों में
कहीं पर खो गया,
महसूस होता है कि वह बेनाम
बेमालूम दर्रों के इलाक़े में
(सचाई के सुनहले तेज़ अक्सों के धुँधलके में)
मुहैया कर रहा लश्कर;
हमारी हार का बदला चुकाने आयगा
संकल्प-धर्मा चेतना का रक्तप्लावित स्वर,
हमारे ही हृदय का गुप्त स्वर्णक्षर
प्रकट होकर विकट हो जायेगा!!

1963

एक भूतपूर्व विद्रोही का आत्मकथन

दुख तुम्हें भी है
दुख मुझे भी।
हम एक ढहे हुए मकान के नीचे
दबे हैं।
चीख़ निकलना भी मुश्किल है,
असम्भव...
हिलना भी।
भयानक है बड़े-बड़े ढेरों की
पहाड़ियों-नीचे दबे रहना और
महसूस करते जाना
पसली की टूटी हुई हड्डी।
भयंकर है! छाती पर वज़न टीलों
का रखे हुए
ऊपर के जड़ीभूत दबाव से दबा हुआ
अपना स्पन्द
अनुभव करते जाना,
दौड़ती रुकती हुई धुकधुकी
महसूस करते जाना भीषण है।
भयंकर है।

वाह क्या तजुर्बा है!!
छाती में गड्ढा है!!
पुराना मकान था, ढहना था, ढह गया,

बुरा क्या हुआ?
बड़े-बड़े दृढ़ाकार दम्भवान
खम्भे वे ढह पड़े!!
जड़ीभूत परतों में, अवश्य, हम दब गये।
हम उनमें रह गये,
बुरा हुआ, बहुत बुरा हुआ!!
पृथ्वी के पेट में घुसकर जब
पृथ्वी के हृदय की गरमी के द्वारा सब
मिट्टी के ढेर ये चट्टान बन जायेंगे
तो उन चट्टानों की
आंतरिक परतों की सतहों में
चित्र उभर आयेंगे
हमारे चेहरे के, तन-बदन के, शरीर के,
अंतर की तस्वीरें उभर आयेंगी, सम्भवतः,
यही एक आशा है कि
मिट्टी के अँधेरे उन
इतिहास-स्तरों में तब
हमारा भी चिन्ह रह जायेगा।
नाम नहीं,
कीर्ति नहीं,
केवल अवशेष, पृथ्वी के खोदे हुए गड्ढों में
रहस्यमय पुरुषों के पंजर और
जंग-खायी नोकों के अस्त्र!!
स्वयं की ज़िन्दगी फ़ासिल कभी
                    नहीं नहीं
क्योंकि हम बाग़ी थे,
उस वक़्त,
जब रास्ता कहाँ था?
दीखता नहीं था कोई पथ।
अब तो रास्ते ही रास्ते हैं।
मुक्ति के राजदूत सस्ते हैं।

आख़िर, बुरा क्या हुआ?
पुराना महल था,
ढहना था, ढह गया।

वह चिड़िया,
उसका वह घोंसला...
जाने कहाँ दब गया।
अँधेरे छेदों में चूहे भी मर गये,
हमने तो भविष्य
कह दिया था कि–
केंचुली उतारता साँप दब जायेगा अकस्मात,
हमने तो भविष्य पहले कह रखा था।
लेकिन अनसुनी की लोगों ने।
वैसे, चूँकि
हम दब गये, इसलिए
दुख तुम्हें भी है,
मुझे भी।

नक्षीदार कलात्मक कमरे भी ढह पड़े,
जहाँ एक ज़माने में
चूमे गये होंठ
छाती जकड़ी गयी आवेशालिंगन में
पुरानी भीतों की बास मिली हुई
इक महक
तुम्हारे चुम्बन की
और उस कहानी का अंगारी अंग-स्पर्श
गया, मृत हुआ!!
हम एक ढहे हुए
मकान के नीचे दबे पड़े हैं
हमने पहले कह रखा था महल गिर जायेगा।
खूबसूरत कमरों में कई बार,

हमारी आँखों के सामने,
हमारे विद्रोह के बावजूद,
बलात्कार किये गये,
नक्शीदार कक्षों में।
भोले निर्व्याज नयन हिरनी-से
मासूम चेहरे
निर्दोष तन-बदन
दैत्यों की बाँहों के शिकंजों में
इतने अधिक
इतने अधिक जकड़े गये
कि जकड़े ही जाने के
सिकुड़ते हुए घेरे में तन-मन
दबते-पिघलते हुए एक भाप बन गये।
एक कुहरे की मेह
एक धूमैला भूत
एक देह-हीन पुकार,
कमरे के भीतर और इर्द-गिर्द
चक्कर लगाने लगी।
आत्म-चैतन्य के प्रकाश—
भूत बन गये।
भूत-बाधा-ग्रस्त
कमरों को अंध-श्याम साँय-साँय हमने बताया तो
दंड हमीं को मिला
बाग़ी क़रार दिये गये
चाँटा हमीं को पड़ा
बंद तहख़ानों में—कुओं में फेंके गये
हमीं लोग!!
क्योंकि हमें ज्ञान था
ज्ञान—अपराध बना।
महल के दूसरे
और-और कमरों में कई रहस्य—

तकिये के नीचे पिस्तौल,
गुप्त ड्रॉअर,
गद्दियों के अंदर छिपाये-सिये गये
खून-रँगे पत्र, महत्वपूर्ण!!
अजीब कुछ फ़ोटो!!
रहस्य-पुरुष-छायाएँ
लिखती हैं
इतिहास इस महल का।

अजीब संयुक्त परिवार है—
औरतें व नौकर और मेहनतकश
अपने ही वक्ष को
खुरदरा वक्ष-धड़
मान कर घिसती हैं, घिसते हैं
अपनी ही छाती पर ज़बर्दस्ती
विष-दन्ती भावों का नाग-मुख
रक्त-प्लुत होता है।
नाग जकड़ लेता है बाँहों को
किन्तु वे रेखाएँ मस्तक पर
स्वयं नाग होती हैं।
चेहरे के स्वयं-भाव सरीसृप होते हैं,
आँखों में ज़हर का नशा रंग लाता है।
बहुएँ मुँडेरों से कूद अरे!
आत्महत्या करती हैं!!
ऐसा मकान यदि ढह पड़ा,
हवेली गिर पड़ी,
महल धराशायी, तो
बुरा क्या हुआ?
ठीक है कि हम भी तो दब गये,
हम जो विरोधी थे
कुओं-तहख़ानों में क़ैद-बन्द

लेकिन, हम इसलिए
मरे कि ज़रूरत से
ज़्यादा नहीं, बहुत-बहुत कम
हम बाग़ी थे!!

मेरे साथ
खँडहर में दबी हुई अन्य धुकधुकियो,
सोचो तो,
कि स्पन्द अब...
पीड़ा-भरा उत्तरदायित्व-भार हो चला,
कोशिश करो,
कोशिश करो,
जीने की
ज़मीन में गड़कर भी!

इतने भीम जड़ीभूत
टीलों के नीचे हम दबे हैं,
फिर भी जी रहे हैं!
सृष्टि का चमत्कार!!
चमत्कार प्रकृति का ज़रा और फ़ैलाएँ।
सभी कुछ ठोस नहीं खँडहरों में।
हज़ारों छेद, करोड़ों रन्ध्र,
जिनमें से छन-छन कर
पवन भी आता है।
ऐसा क्यों?
हवा ऐसा क्यों करती है?
ऑक्सीजन
नाक से
पी लें खूब, पी लें।
आवाज़ आती है,
सातवें आसमान में कहीं दूर

इन्द्र के ढह पड़े महल के खँडहर की
बिजली की गेतियाँ व फावड़े
खोद-खोद
ढेर दूर कर रहे।
कहीं से फिर एक
आती आवाज़—
'कई ढेर बिल्कुल साफ़ हो चुके',
और तभी—
किसी अन्य गंभीर-उदात्त
आवाज़ ने
चिल्लाकर घोषित किया—
"प्राथमिक शाला के
बच्चों के लिए एक
खुला-खुला, धूप-धूप-भरा साफ़
खेल-कूद-मैदान—सपाट—अपार—
यों बनाया जायेगा कि
पता भी न चलेगा कि
कभी महल था यहाँ भगवान इन्द्र का"

हम यहाँ ज़मीन के नीचे दबे हुए हैं
गड़ी हुई अन्य धुकधुकियों,
खुश रहो
इसी में कि
वक्षों में तुम्हारे अब
बच्चे ये खेलेंगे।
छाती की मटमैली ज़मीनी सतहों पर
मैदान, धूप व खुली-खुली हवा खूब
हँसेगी व खेलेगी।
किलकारी भरेंगे ये बालगण।
लेकिन, दबी धुकधुकियो,
सोचो तो कि

अपनी ही आँखों के सामने
खूब! हम खेत रहे।
खूब काम आये हम!!
आँखों के भीतर की आँखों में डूब-डूब
फैल गये हम लोग!!

आत्म-विस्तार यह
बेकार नहीं जायेगा।
जमीन में गड़े हुए देहों की ख़ाक से
शरीर की मिट्टी से, धूल से
ख़िलेंगे गुलाबी फूल।
सही है कि हम पहचाने नहीं जायेंगे।
दुनिया में नाम कमाने के लिए
कभी कोई फूल नहीं खिलता है
हृदयानुभव-राग-अरुण
गुलाबी फूल, प्रकृति के गन्ध-कोष
काश : हम बन सकें।

(चाँद का मुँह टेढ़ा है)
1959

रघुवीर सहाय

जन्म-तिथि–9 दिसम्बर, 1929

जन्म-स्थान–लखनऊ, उ. प्र.

शिक्षा–एम.ए. अंगरेजी तक की शिक्षा लखनऊ विश्वविद्यालय से 1951 में।

पिता–श्री हरदेव सहाय स्कूल शिक्षक थे। परिवार सामान्य मध्यवर्गीय।

माँ–श्रीमती तारामणि सहाय

पत्नी–श्रीमती बिमलेश्वरी सहाय

बेटे-बेटियाँ–मंजरी जोशी, हेमा सिंह, गौर रिचर्ड्स, वसन्त सहाय।

निधन–30 दिसम्बर 1990

लेखन और अध्ययन के साथ ही 'नवजीवन' दैनिक में नौकरी और आकाशवाणी के लिए प्रसारण। 1951 में मासिक 'प्रतीक', नयी दिल्ली, में सहायक सम्पादक। 1953-57 में आकाशवाणी (समाचार विभाग) में उप सम्पादक। 1957-58 में 'कल्पना', हैदराबाद, के सम्पादक मंडल में। 1959-63 में आकाशवाणी (समाचार विभाग) में संवाददाता। 1963-68 में 'नवभारत टाइम्स', नयी दिल्ली, में विशेष संवाददाता। 1968-69 में 'दिनमान' के समाचार सम्पादक। 1969-82 में 'दिनमान' के प्रधान सम्पादक। 1982 में 'नवभारत टाइम्स' में स्थानान्तरित, परन्तु 1983 में अवैध स्थानान्तरण के विरोध में टाइम्स ऑफ इण्डिया प्रकाशन से त्यागपत्र और स्वतन्त्र लेखन। 1984 में 'लोग भूल गये हैं' पर साहित्य अकादमी पुरस्कार। 30 दिसम्बर 1990 में निधन।

प्रकाशित पुस्तकें

'दूसरा सप्तक'–1952 में पहली बार पुस्तकाकार कविताएँ, सीढ़ियों पर धूप में–1960, आत्महत्या के विरूद्ध–1967, हँसो-हँसो जल्दी हँसो–1975, लोग भूल गये हैं–1982, कुछ पते कुछ चिट्ठियाँ–1989, एक समय था–1994 (कविता-संग्रह)।

रास्ता इधर से है–1972, जो आदमी हम बना रहे हैं–1982 (कहानी-संग्रह)।

लिखने का कारण–1978, ऊबं हुए सुखी–1983, वे और नहीं होंगे जो मारे जायेंगे–1983, भँवर, लहरें और तरंग–1983, शब्द शक्ति–1984, यथार्थ यथास्थिति नहीं–1984 (निबन्ध-संग्रह)।

अनुवाद

विवेकानन्द (रोम्या रोलाँ)–1967, बारह हंगरी कहानियाँ–1972, राख और हीरे (येर्ज़ी आन्द्रज़ेयेव्सकी)–1978, द्रीना नदी का पुल (इवो आंद्रिच)–1985 : चारों कृतियाँ साहित्य अकादमी के लिए अनूदित; बरनम वन (शेक्सपीयर का मैकबेथ)–1980, तीन आधुनिक हंगरी नाटक (फेरेंत्स कारिंथी; इष्टवान अर्केन्य; इष्टवान चुरका)–1983, बिरजीस कदर का कुनबा (लोर्का)–1985।

सायंकाल

खिंचा चला जाता है दिन का सोने का रथ
ऊँची-नीची भूमि पार कर
अब दिन डूब रहा है जैसे
कोई अपनी बीती बातें भुला रहा हो
परती पर की दूब घास में अरझ-अरझकर
उजले-उजले अनबोये खेतों से होकर
धूप अनमनी सी वापस लौटी जाती है।

दूर क्षितिज पर महुओं की दीवार खड़ी है
जिस पर चढ़कर सूरज का शैतान छोकरा
झाँक रहा है
चौड़े चिकने पत्तों की ललछौर फुनगियों को सरका कर
नीड़ों में फिर लौटीं मँडराती पिड़कुलियाँ
निकल-निकल जाती हैं उसके चपल करों से
अब छायाएँ दौड़ गयी हैं लम्बी-लम्बी
फैल गया गोरी धरती पर झिंझरा-झिंझरा
चाँदी के काँटों वाला बाँका बबूल
निर्जल मेघों की हलकी छायाओं जैसा।
है खड़ा हुआ तन कर खजूर
छाया का बोझा फेंक दूर निज मस्तक से
हाटों से लौट रहे हैं जन
फैले-फैले मैदानों में बहनेवाली
लग रहीं हवाएँ उनके चौड़े सीनों से

उनके कन्धों की लठिया जैसे सोने की
आगे-आगे गोरू जिनकी चिकनी पीठों
पर साँझ बिछलकर चमक रही।
लो होता श्रम का समय शेष
अब शीतल जल की चिन्ता में
लगती बहुओं की भीड़ कुएँ पर
मँजी गगरियों पर से किरणें घूम-घूम
छिपती जाती पनिहारिन के साँवल हाथों की चुड़ियों मे
धीरे-धीरे झुकता जाता है शरमाये नयनों सा दिन
छाया की पलकों के नीचे
लो डूब गया आलोक धवल
अम्बर में सातों रंग छोड़
वे रुके हुए ऊदे मेघों की बाँहों में
है श्याम धरा, रंगीन गगन
हो गयी साँझ, सो रहा सत्य, जग रहे सपन।

–दूसरा सप्तक से, 1951

वसन्त आया

जैसे बहन 'दा' कहती है
ऐसे किसी बँगले के किसी तरु (अशोक?) पर कोई चिड़िया कुऊकी
चलती सड़क के किनारे लाल बजरी पर चुरमुराये पाँव तले
ऊँचे तरुवर से गिरे
बड़े-बड़े पियराये पत्ते
कोई छह बजे सुबह जैसे गरम पानी से नहायी हो—
खिली हुई हवा आयी, फिरकी-सी आयी, चली गयी।
ऐसे, फुटपाथ पर चलते-चलते-चलते
कल मैंने जाना कि वसन्त आया।

और यह कैलेण्डर से मालूम था
अमुक दिन अमुक वार मदनमहीने की होवेगी पंचमी
दफ़्तर में छुट्टी थी—यह था प्रमाण
और कविताएँ पढ़ते रहने से यह पता था
कि दहर-दहर दहकेंगे कहीं ढाक के जंगल
आम बौर आवेंगे
रंग-रस-गन्ध से लदे-फँदे दूर के विदेश के
वे नन्दनवन होवेंगे यशस्वी
मधुमस्त पिक भौंर आदि अपना-अपना कृतित्व
अभ्यास करके दिखावेंगे
यही नहीं जाना था कि आज के नगण्य दिन जानूँगा
जैसे मैंने जाना, कि बसन्त आया।

सीढ़ियों पर धूप में-से, 1952

पढ़िए गीता

पढ़िए गीता
बनिए सीता
फिर इन सबमें लगा पलीता
किसी मूर्ख की हो परिणीता
निज घरबार बसाइये।
होंय कँटीली
आँखें गीली
लकड़ी सीली, तबियत ढीली
घर की सबसे बड़ी पतीली
भरकर भात पसाइये।

सीढ़ियों पर धूप में-से, 1952

अधिनायक

राष्ट्रगीत में भला कौन वह
भारत-भाग्य-विधाता है
फटा सुथन्ना पहने जिसका
गुन हरचरना गाता है।
मख़मल टमटम बल्लम तुरही
पगड़ी छत्र चँवर के साथ
तोप छुड़ाकर ढोल बजाकर
जय-जय कौन कराता है।
पूरब-पच्छिम से आते हैं
नंगे-बूचे नरकंकाल
सिंहासन पर बैठा, उनके
तमग़े कौन लगाता है।
कौन-कौन है वह जन-गण-मन-
अधिनायक वह महाबली
डरा हुआ मन बेमन जिसका
बाजा रोज़ बजाता है।

आत्महत्या के विरुद्ध-से

आत्महत्या के विरुद्ध

समय आ गया है जब तब कहता है सम्पादकीय
हर बार दस बरस पहले मैं कह चुका होता हूँ कि समय आ गया है।

एक ग़रीबी, ऊबी, पीली, रोशनी, बीबी
रोशनी, धुन्ध, जाला, यमन, हरमुनियम अदृश्य
डब्बाबन्द शोर
गाती गला भींच आकाशवाणी
अन्त में टड़ंग।

अकादमी की महापरिषद की अनन्त बैठक
अदबदाकर निश्चित कर देती है जब कुछ और नहीं पाती
तो ऊब का स्तर
एक सीली उँगली का निशान डाल दस्तख़त कर
तले हुए नाश्ते की तेलौस मेज पर।
नगरनिगम ने त्योहार जो मनाया तो जनसभा की
मन्थर मटकता मन्त्री मुसद्दीलाल महन्त मंच पर चढ़ा
छाती पर जनता की
वसन्ती रंग जानते थे न पंसारी न मुसद्दीलाल
दोनों ने राय दी
कन्धे से कन्धा भिड़ा ले चलो
पालकी।

कल से ज़्यादा लोग पास मँडराते हैं
जरूरत से ज़्यादा आसपास ज़रूरत से ज़्यादा नीरोग

शक से कि व्यर्थ है जो मैं कर रहा हूँ
क्योंकि जो कह रहा हूँ उसमें अर्थ है।

कल मैंने उसे देखा लाख चेहरों में एक वह चेहरा
कुढ़ता हुआ और उलझा हुआ वह उदास कितना बोदा
वही था नाटक का मुख्यपात्र
पर उसकी ठस पीठ पर मैं हाथ रख न सका
वह बहुत चिकनी थी।

लौटी आओ फिर उसी खाते-पीते स्वर्ग में
पिटे हुए नेता, पिटे अनुचर बुलाते हैं
मार फड़फड़ाते हैं पंख साल दो साल गले बँधी घंटियाँ
पढ़ी-लिखी गरदनें बजाती हैं फिर उड़ जाता है विचार
हम रह जाते हैं अधेड़
कुछ होगा कुछ होगा अगर मैं बोलूँगा
न टूटे न टूटे तिलिस्म सत्ता का मेरे अन्दर एक कायर टूटेगा टूट
मेरे मन टूट एक बार सही तरह
अच्छी तरह टूट मत झूठमूठ ऊब मत रूठ
मत डूब सिर्फ टूट जैसे कि परसों के बाद
वह आया बैठ गया आदतन एक बहस छेड़कर
गया एकाएक बाहर जोरों से एक नकली दरवाजा
भेड़कर
दर्द दर्द मैंने कहा क्या अब नहीं होगा
हर दिन मनुष्य से एक दर्जा नीचे रहने का दर्द
गरजा मुस्टंडा विचारक—समय आ गया है
कि रामलाल कुचला हुआ पाँव जो घसीटकर
चलता है अर्थहीन हो जायें।

छुओ
मेरे बच्चे का मुँह
गाल नहीं जैसा विज्ञापन में छपा

ओंठ नहीं
मुँह
कुछ पता चला जान का शोर डर कोई लगा
नहीं—बोला मेरा भाई मुझे पाँव-तले
रौंदकर, अंग्रेजी।

कितना आसान है पागल हो जाना
और भी जब उस पर इनाम मिलता है
नक़ली दरवाज़े पीटते हैं जवान हाथों को
काम सर को आराम मिलता है : दूर
राजधानी से कोई क़स्बा दोपहर बाद छटपटाता है
एक फटा कोट एक हिलती चौकी एक लालटेन
दोनों, बाप मिस्तरी, और बीस बरस का नरेन
दोनों, पहले से जानते हैं पेंच की मरी हुई चूड़ियाँ
नेहरू-युग के औजारों को मुसद्दीलाल की सबसे बड़ी देन

अस्पताल में मरीज़ छोड़कर आ नहीं सकता तीमारदार
दूसरे दिन कौन बतायेगा कि वह कहाँ गया
निष्कासित होते हुए मैंने उसे देखा था
जयपुर-अधिवेशन जब समेटा जा रहा था
जो मजूर लगे हुए थे कुर्सी ढोने में
उन्होंने देखा एक कोने में बैठा है
अजय अपमानित
वह उसे छोड़ गये
कुर्सी को
सन्नाटा छा गया

कितना आसान है नाम लिखा लेना
मरते मनुष्य के बारे में क्या करूँ क्या करूँ मरते मनुष्य का
अन्तरंग परिषद से पूछकर तय करना कितना
आसान है कितनी दिलचस्प है नेहरू की

आशंसा पाटिल की भर्त्सना की कथा
कितनी घुटन के अन्दर घुटन के
अन्दर घुटन से कितनी सहज मुक्ति
कितना आसान है रख लेना अपने पास अपना वोट
क्योंकि प्रतिद्वन्द्वी अयोग्य है
अत्याचारी हत्या किये जाय जब तक कि स्वर्णधूलि
स्वर्णशिखर से आकर आत्मा के स्वर्णखण्ड
किये जाय
गोल शब्दकोश में अमोल बोल तुतलाते
भीमकाय भाषाविद हाँफते डकारते हँकाते
अँगरेज़ी की अवध्य गाय
घंटा घनघनाते पुजारी जयजयकार
सरकार से क़रार जारी हज़ार शब्द रोज़
कैद
रोज़ रोज़ एक और दर्द एक क्रोध एक बोध
और नापैद

कल पैदा करना होगा भूखी पीढ़ी को
आज जो अनाज पेट भरता है
लो हम चले यह रक्खे हैं उर्वरक सम्बन्धी
कुछ विचार
मुन्न से बोले विनोबा से जैनेन्द्र दिल्ली मे बहुत बड़ी लपसी
पकायी गयी युद्ध से बदहवास
जनता के लिए लड़ो या न लड़ो
भारत पाकिस्तान अलग-अलग करो
फिर मरो कढ़िलकर
भूल जाओ
राजनीति
अध्यापक याद करो किसके आदमी हो तुम
याद करो विद्यार्थी तुम्हें आदमी से
एक दर्जा नीचे

किसका आदमी बनना है—दर्द?
दर्द, खैराती अस्पताल में डाक्टर ने कहा वह मेरा काम नहीं
वह मुसद्दी का है
वही भेजता है मुझे लिखकर इसे अच्छा करो
जो तुम बीमार हो तुमने उसे खुश नहीं किया होगा
अब तुम बीमार हो तो उसे खुश करो
कुछ करो
उसने कहा लोहिया से लोहिया ने कहा
कुछ करो
खुश हुआ वह चला गया अस्पताल में भीड़
भौचक भीड़ धाँय धाँय
सौ हज़ार लाख दर्द आठ दस क्रोध
तीन चार बन्द बाज़ार भय भगदड़ गर्द
लाल
छाँह धूप छाँह, नहीं घोड़े-बन्दूक
धुआँ खून ख़त्म चीख़
कर हम जानते नहीं
हम क्या बनाते हैं
जब हम दफ़नाते हैं
एक हताश लड़के की लाश बार-बार
एक बेबसी
थोड़ी-सी मिटती है
फिर करने लगती है भाँय-भाँय
समय जो गया है उसके सन्नाटे में राष्ट्रपति
प्रकटे देते हुए सीख समाचारपत्र में छपी
दुधमुँही बच्ची खाती हुई भीख
खिसियाते कुलपति
मुसद्दीलाल
घिघियाते उपकुलपति
एक शब्द कहीं नहीं कि वह लड़का कौन था
क्या उसके बहनें थीं

क्या उसने रक्खे थे टीन के बक्से में अपने अजूबे
वह कौन-कौन-से पकवान
खाता था
एक शब्द कहीं नहीं एक वह शब्द जो वह खोज
रहा था जब वह मारा गया।

सन्नाटा छा गया
चिट्ठी लिखते-लिखते छुटकी ने पूछा
'क्या दो बार लिख सकते हैं कि याद
आती है?'
'एक बार मामी की एक बार मामा की?'
'नहीं, दोनों बार मामी की'
'लिख सकती हो ज़रूर बेटी' मैंने कहा
समय आ गया है
दस बरस बाद फिर पदारूढ़ होते ही
नेतराम, पदमुक्त होते ही न्यायाधीश
कहता है—समय आ गया है—
मौका अच्छा देखकर प्रधानमन्त्री
पिटा हुआ दलपति अख़बारों से
सुन्दर नौजवानों से कहता है गाता बजाता
हारा हुआ देश।
समय जो गया है
मेरे तलुबे से छनकर पाताल में
वह जानता हूँ मैं

आत्महत्या के विरुद्ध-से, 1967

दो अर्थ का भय

मैं अभी आया हूँ सारा देश घूमकर
पर उसका वर्णन दरबार में करूँगा नहीं
राजा ने जनता को बरसों से देखा नहीं
यह राजा जनता की कमज़ोरियाँ न जान सके इसलिए मैं
जनता के क्लेश का वर्णन करूँगा नहीं इस दरबार में

सभा में विराजे हैं बुद्धिमान
वे अभी राजा से तर्क करने को हैं
आज कार्यसूची के अनुसार
इसके लिए वेतन पाते हैं वे
उनके पास उग्रस्वर ओजमयी भाषा है

मेरा सब क्रोध सब कारुण्य सब क्रन्दन
भाषा में शब्द नहीं दे सकता
क्योंकि जो सचमुच मनुष्य मरा
उसके भाषा न थी

मुझे मालूम था मगर इस तरह नहीं कि जो
ख़तरे मैंने देखे थे वे जब सच होंगे
तो किस तरह उनकी चेतावनी देने की भाषा
बेकार हो चुकी होगी
एक नयी भाषा दरकार होगी
जिन्होंने मुझसे ज़्यादा झेला है

वे कह सकते हैं कि भाषा की ज़रूरत नहीं होती
साहस की होती है
फिर भी बिना बतलाये कि एक मामूली व्यक्ति
एकाएक कितना विशाल हो जाता है
कि बड़े-बड़े लोग उसे मारने पर तुल जायें
रहा नहीं जा सकता

मैं सब जानता हूँ पर बोलता नहीं
मेरा डर मेरा सच एक आश्चर्य है
पुलिस के दिमाग़ में वह रहस्य रहने दो
वे मेरे शब्दों की ताक में बैठे हैं
जहाँ सुना नहीं उनका ग़लत अर्थ लिया और मुझे मारा
इसलिए कहूँगा मैं?
मगर मुझे पाने दो
पहले ऐसी बोली
जिसके दो अर्थ न हों।

हँसो हँसो जल्दी हँसो-से

बड़ी हो रही है लड़की

जब वह कुछ कहती है
उसकी आवाज़ में
एक कोई चीज़
मुझे एकाएक औरत की आवाज़ लगती है जो
अपमान बड़े होने पर सहेगी

वह बड़ी होगी
डरी और दुबली रहेगी
और मैं न होऊँगा
वे किताबें वे उम्मीदें न होंगी
जो उसके बचपन मे थीं
कविता न होगी साहस न होगा
एक और ही युग होगा जिसमें ताक़त ही ताक़त होगी
और चीख़ न होगी

लम्बी और तगड़ी बेधड़क लड़कियाँ
धीरज की पुतलियाँ
अपने साहबों को सलाम ठोंकते मुसाहबों को ब्याहकर
आ रही होंगी जा रही होंगी
वह खड़ी लालच में देखती होगी उनका क़द

एक कोठरी होगी
और उसमें एक गाना जो खुद गाया नहीं होगा किसी ने

कैदी से छीनकर गाने का हक़ दे दिया गया होगा वह गाना
कि उसे जब चाहो तब नहीं जब वह बजे तब सुनो
बार-बार एक-एक अन्याय के बाद वह बज उठता है

वह सुनती होगी मेरी याद करती हुई
क्योंकि हम कभी-कभी साथ-साथ गाते थे
वह सुर में मैं सुर के आसपास

एक पालना होगा
वह उसे देखेगी और अपने बचपन की यादें आयेंगी
अपने बचपन के भविष्य की इच्छा
उन दिनों कोई नहीं करता होगा
वह भी न करेगी

हँसो हँसो जल्दी हँसो-से

हँसो हँसो जल्दी हँसो

हँसो तुम पर निगाह रखी जा रही है

हँसो अपने पर न हँसना क्योंकि उसकी कड़वाहट
पकड़ ली जायेगी और तुम मारे जाओगे
ऐसे हँसो कि बहुत खुश न मालूम हो
वरना शक होगा कि यह शख़्स शर्म में शामिल नहीं
और मारे जाओगे

हँसते-हँसते किसी को जानने मत दो किस पर हँसते हो
सबको मानने दो कि तुम सबकी तरह परास्त होकर
एक अपनापे की हँसी हँसते हो
जैसे सब हँसते हैं बोलने के बजाय

जितनी देर ऊँचा गोल गुंबद गूँजता रहे, उतनी देर
तुम बोल सकते हो अपने से
गूँज थमते-थमते फिर हँसना
क्योंकि तुम चुप मिले तो प्रतिवाद के जुर्म में फँसे
अन्त में हँसे तो तुम पर सब हँसेंगे और तुम बच जाओगे

हँसो पर चुटकुलों से बचो
उनमें शब्द हैं
कहीं उनमें अर्थ न हों जो किसी ने सौ साल पहले दिये हों
बेहतर है कि जब कोई बात करो तब हँसो

ताकि किसी बात का कोई मतलब न रहे
और ऐसे मौकों पर हँसो
जो कि अनिवार्य हों

जैसे ग़रीब पर किसी ताक़तवर की मार
जहाँ कोई कुछ कर नहीं सकता
उस ग़रीब के सिवाय
और वह भी अक्सर हँसता है
हँसो हँसो जल्दी हँसो
इसके पहले कि वह चले जायें
उनसे हाथ मिलाते हुए
नजरें नीची किये
उनको याद दिलाते हुए हँसो
कि तुम कल भी हँसे थे

हँसो हँसो जल्दी हँसो-से

रामदास

चौड़ी सड़क गली पतली थी
दिन का समय घनी बदली थी
रामदास उस दिन उदास था
अन्त समय आ गया पास था
उसे बता यह दिया गया था उसकी हत्या होगी

धीरे-धीरे चला अकेले
सोचा साथ किसी को ले ले
फिर रह गया, सड़क पर सब थे
सभी मौन थे सभी निहत्थे
सभी जानते थे यह उस दिन उसकी हत्या होगी
खड़ा हुआ वह बीच सड़क पर
दोनों हाथ पेट पर रखकर
सधे कदम रख करके आये
लोग सिमटकर आँख गड़ाये
लगे देखने उसको जिसकी तय था हत्या होगी
निकल गली से तब हत्यारा
आया उसने नाम पुकारा
हाथ तौलकर चाकू मारा
छूटा लोहू का फ़व्वारा
कहा नहीं था उसने आख़िर उसकी हत्या होगी
भीड़ ठेलकर लौट गया वह
मरा पड़ा है रामदास यह

देखो देखो बार बार कह
लोग निडर उस जगह खड़े रह
लगे बुलाने उन्हें जिन्हें संशय था हत्या होगी

हँसो हँसो जल्दी हँसो-से

हैं

संस्कृति मन्त्री से कहा राजा ने देखो देखो मन्त्रीजी
हर एक विधा के भीतर कितने प्राचीन कलारूप—
क्या तुम्हें यह उपयोगी नहीं दिखाई देता?
क्यों नहीं तुम सैकड़ों कलाकार इसी काम पर लगा देते
कि वे उनमें से पुराने रूप लेकर नयी रचनाएँ करें?
क्या तुम नहीं समझ पाते कि यह उनको
एक अनिश्चित आगामी कल रचने से रोके रखने का सरलतम ढंग है?

यह समाज मर रहा है इसका मरना पहचानो मन्त्री
देश ही सबकुछ है धरती का क्षेत्रफल सबकुछ है
सिकुड़कर सिंहासन-भर रह जाये तो भी वह सबकुछ है
राजा ने मन में कहा जो राजा प्रजा की दुर्बलता नहीं पहचानता
वह अपने देश को नहीं बचा सकता प्रजा के हाथों से

यह समाज मर रहा है : नकल अपनी ही नकल करता जा रहा है
गाने में बजाने में पहनने में कुछ भी बनाने में यह उस
जरूरत की पवित्रता से तपाया हुआ निखरता नहीं जिससे वह बनाता है
चाहे वह भजन की धुन हो चाहे स्मारक का शिलालेख
यह नहीं कि वह सिर्फ़ कृतित्वहीन है
बल्कि उन कम होते हुए लोगों को भी अधिकाधिक
बड़ा शत्रु मानता जा रहा है जो अब भी अपनी आग से रचते हैं
और अपने लिए रचते हैं अपनी आग
इस तरह राजा ने सोचा एक बड़ी लड़ाई जारी है—कितनी सुन्दर!
और कहा उन कम होते हुए लोगों को संस्कृति मन्त्रालय भी

अपना शत्रु माने सब समाज के साथ

जनता से उसने कहा मैं जानता हूँ बहुत गिर चुका है तुम्हारे साथ
तुम्हारे विचारकों का व्यवहार
वे आते हैं और जहाँ काफी जी लिये
जीवन को सब कोई एक से शब्दों में निस्सार बताकर चले जाते हैं,
उनकी शैलियों में वैविध्य भी अब नहीं रहा जो मुझे रुचता था
इसलिए नौजवानों को पहले रोटी के बारे में सोचना चाहिए
और बाद में कुछ और जिसके लिए वक़्त बहुत पड़ा है बुढ़ापे में
इतना प्रकट कहकर राजा स्वगत बोला—जैसा वह
अब भी कभी-कभी करता था—
जो बूढ़े हो चुके वे हो चुके ख़त्म
जो बूढ़े हो रहे हैं वे अभी ज़िन्दा हैं
जो जवान हैं और नतीजों पर पहुँच चुके हैं
वे भी ख़त्म हो चुके
जो जवान हैं और हर बार ग़लतियाँ करके
जानते जा रहे हैं कि ग़लतियाँ क्या हैं
वे अभी ज़िन्दा हैं
जो अधमरे आदमी के चारों ओर पीटनेवालों की भीड़ देख
मन में हिसाब बैठाते हैं कि अब वह बचेगा या नहीं
और बचता न दिखे तो ऐलान करते हैं कि एक नया आदमी
पैदा करना है साथियो
वे ख़त्म हो चुके
जो अधमरे आदमी हैं वे ज़िन्दा हैं
वही देश के दुश्मन हैं—जोर से बोला
जो लोग कम होते जा रहे हैं शत्रु हैं संस्कृति मन्त्री ने कहा
जो लोग जो लोग जो लोग
कम होते कम होते कम होते
जा रहे जा रहे जा रहे
अन्त में उसने कहा हैं हैं हैं

हँसो हँसो जल्दी हँसो-से

लोग भूल गये हैं

लोग भूल गये हैं एक तरह के डर को जिसका कुछ उपाय था
एक और तरह का डर अब वे जानते हैं जिसका
कारण भी नहीं पता
इसमें एक तरह की ख़ुशी है
जो एक नीरस ज़िन्दगी में कोई सनसनी आने पर होती है
कभी किसी को मौत की ख़बर सुनकर मुस्करा उठते हुए
अनजाने में देखा होगा
वह एक तरह की अनायास ख़ुशी होती है
मौत का डर अपने से दूर चले जाने की राहत की
और फिर ध्यान उसी वक़्त कभी-कभी ऐसे बँट जाता है कि हम
मरनेवाले की तकलीफ़ कभी
जान सकने के लायक़ नहीं रह जाते

रोज कुछ और लोग वह भुतही मुस्कान लिये हुए
सामने से जाते
जब वह दोबारा आयेंगे देखना वे मरे हुए हैं
और जब तिबारा आयेंगे तो भ्रम होगा कि नहीं मरे हुए नहीं
यों ही वे आते-जाते रहेंगे
और तुम देखकर बार-बार यह दृश्य आपस में कहोगे
हम ऊब गये
एक ऊब और भुतही मुस्कान दोनों मिलकर
एक ख़ुशी और एक बेफ़िक्री बनते हैं
आज के समाज का मानस यही है तुम कहते हो इस कविता में

बगैर यह जाने कि तुम कितना कम इस समाज को जानते हो
कितना कम जानते हो तुम उस डर के कारण को
आज की संस्कृति का जो मूल स्रोत है

और क्या जानते हो तुम अतीत को?
तुम नहीं जानते तुम्हारे पुरखे कितने वर्ष हुए कहाँ-कहाँ थे
पीछे चलते हुए
तुम ठहर जाते हो सबसे समृद्ध और शक्तिवान
अपने किसी पूर्वज पर
उसके पीछे चलो
वह कैसे धनी हुआ किस बड़े अत्याचारी का गुमाश्ता बनकर
उनका भी बाप कहाँ रद्दी बीनता था
और किस-किसके सामने गिड़गिड़ाता था
तुम्हारा आदिपुरुष एक लावारिस बच्चे का दुत्कार से भरा
जीवन जीकर कैसे बड़ा हुआ
तुम्हें नहीं मालूम
तुम्हें नहीं मालूम कितना था वह धर्मात्मा
और उसके प्राणों ने किस तरह की यातनाएँ उठायी थीं
यात्रा में घर से निकलते ही एक सुख होता है
और शहर छोड़ते ही पश्चाताप एक
जिनको तुम पीछे छोड़ आये हो उनसे तुम्हारा व्यवहार उचित नहीं था
निर्दय था लोभी था
उनके साथ रहते हुए निजहित में लिप्त
और वे केवल छूट नहीं पाने की दुविधा में तुम्हारे साथ रहते थे
अब भी क्या मुक्त हैं तुम्हारे जाने पर वे?
नहीं
जानते हैं कि लौटकर तुम फिर से
उसी रुग्ण रिश्ते को फिर से बनाओगे
कहते हैं कि हम बहुत बेचारे हैं
क्रोध इस घर में न करो
टूटे हुए बच्चों के सहारे क्रोध से टूट जाते हैं

समय ही करेगा दुःख दूर यों कहते हो
आनेवाला समय कितने अन्यायों के बोझ से लदा हुआ
इस दुःख को काटेगा
अन्याय के शिकार के लिए मन में समाज के जगह नहीं होगी तो

एक घनी नफ़रत और साधारण लोगों से बदले की भावना
इन तमाम बूचे उटंगे मकानों को बनाती चली जाती है
यह संस्कृति इसी तरह के शहर गढ़ेगी
हम उपन्यास में बात मानव की करेंगे
और कभी बता नहीं पायेंगे
सूखी टाँगें घसीटकर खम्भे के पास में आकर बैठे हुए
लड़के के सामने पड़े हुए तसले का अर्थ
हम लिखते हैं कि
उसकी स्मृतियों में फ़िलहाल एक चीख़ और गिड़गिड़ाहट की
हिंसा है
उसकी आँखों में कल की छीनाझपटी और भागमभाग का
पैबन्द इतिहास
उसके भीतर शब्दरहित भय और जख़्मी आग है
यह तो हम लिखते हैं पर उस व्यक्ति में हैं जो शब्द वे हम
जानते नहीं
जो शब्द हम जानते हैं उसकी अभिव्यक्ति नहीं विज्ञापन हमारा है
कितनी ईमानदारी से देखती है
वह लड़की दर्पण
वह लड़की जो बहुत सुन्दर नहीं है पर कुछ उसमें सुन्दर है
कौन पहचानेगा कि आख़िर वह क्या है जो सुन्दर है?
वह ख़ुद
वह ख़ुद शीशे में जो पढ़ेगी वही सही होगा
नहीं तो और जो होगा
वह किसी बड़े राष्ट्र द्वारा
आदिवासियों में पायी जानेवाली किसी विचित्रता का होवेगा आविष्कार

दुनिया ऐसे दौर से गुज़र रही है जिसमें
हर नया शासक पुराने के पापों को आदर्श मानता
और जन वंचित जन जो कुछ भी करते हैं कामधाम रागरंग
वह ऐसे शासक के विरुद्ध ही होता है
यह संस्कृति उसको पोसती है जो सत्य से विरक्त है
देह से सशक्त और दानशील धीर है
भड़ककर एक बार जो उग्र हो उसे तुरन्त मार देती है
अपने-अपने कस्बों का नाम न लेकर वे लखनऊ का नाम लेते हैं
जहाँ वे नौकरी करने आये थे
जैसे वहीं पैदा हुए और बड़े हुए हों
क्योंकि वह किसी क़दर आधुनिक बनना है
और फिर दिल्ली उन्हें समोकर अथाह में आधुनिक होने
की फ़िक्र मिटा देती है

दूर के नगर से पत्र आया है
लिखा है कि गुड्डन की माँ का स्वर्गवास हो गया है
नहीं लिखा यह कि बीस वर्ष से विधवा थी वह
उसके बीस वर्ष कोई नहीं लिखता क्योंकि एक साथ बीस वर्ष
हैं अब वे
भाषा की बधिया हमेशा वक़्त के सामने बैठ जाती है
छुओ पोस्टकार्ड को उसमें दो टूक सन्दर्भहीन समाचार फिर पढ़ो
और कोशिश करो कि उस नगर के अकाल का कोई अतापता
लिपि से ही मिल जाये
नहीं वह सुथरी है साफ है सधी है अजब से तरीके से
लिखनेवाला मानो मर चुका था बच रहा था केवल धीरज
देखो अपने बच्चों के दुःख को देखो
जब उनकी देह में तुम देखते होगे अपने को देखना
वही मुद्राएँ जो तुम्हारी हैं बार-बार उन पर आ जाती हैं
हड्डियाँ जिससे वे बने हैं—एक परिवार की
और बचपन के गुदगुदे हाथ की हलकी-सी झलक भी

नाच गाना और भोग—विलास
फुरसती वर्ग के लड़के लड़कियों के शगल बनते हैं
फिर इनका रोब घट जाता है और ये समाज में वहीं कहीं पैठ जाते हैं
बिखराव बरबादी और हिंसा बनकर
एक बहुत बड़े षड्यन्त्र के बीच में अपने घर में रहनेवालों से
रिश्ते बनाओ
और सुधारो
घर में रह सकते नहीं हो मगर सारा दिन
कुछ दुःख बाहर से ले आयेंगे तुम्हारे घर उस घर के लोग
और लोगों को भी बार-बार घर से बाहर जाना होगा

शिक्षा विभाग ने कुछ दिन पहले ही घोषित किया है
छात्रवृत्ति के लिए अर्हता में यह भी शामिल हो
कि छात्र के पिता की हत्या हो गयी है

सावधान, अपनी हत्या का उसे एकमात्र साक्षी मत बनने दो
एकमात्र साक्षी जो होगा वह जल्दी ही मार दिया जायेगा।

लोग भूल गये हैं-से, नवम्बर '80

हिंसा

धर्माधिराज हल्के-हल्के मुस्काते थे
वह सोच रहे थे होकर मेरे वशीभूत
ये सभी जगह से ठुकराए भारत सपूत
मेरी निश्चलता से हो जायेंगे परास्त

वह बैठे चरखा कात रहे थे कान दिये
कब कहाँ कौन-सा शब्द सुन पड़े अकस्मात
जिससे मैं फ़ौरन पैदा कर लूँ एक बात
उस नौजवान की व्याकुलता को तोड़-मोड़

वह सुनकर आलोचना नहीं दिखते कठोर
जो उनके भीतर कौंध रहा है बार-बार
वह ज्ञान नहीं है हिंसा का है वह विचार
पर बोलेंगे मानो वह जीवन को निचोड़

देखो वह बोल रहे हैं कितनी बड़ी बात
कहते हैं बदल रहा है भारत का समाज
वह बदलेगा चाहे कोई कुछ करे आज
चाहे न करे इसलिए आप निश्चिन्त रहें

वह तुले हुए हैं व्याकुलता की हत्या पर
'हर प्रश्न बन गया है व्यापक उलझा-पुलझा
निरपेक्ष दृष्टि से देखो तो सब है सुलझा'
सुनकर हताश नवयुवक उठ गये दिशाहीन

यह वृद्ध-युवक संवाद हो चुका बार-बार
व्याकुलता युवजन की न मरी वह दुर्निवार
पर गाँधी के शिष्यों ने फिर-फिर कर प्रहार
हिंसा का निश्चित किया देश-भर में प्रचार।

लोग भूल गये हैं-से

दयाशंकर

इस बड़े शहर में कई नागरिक रहते हैं
उनमें से एक दयाशंकर कहलाता है
वह नक़लनवीसी करके एक कचहरी में
तनख़्वाह एक सौ दस रुपये घर लाता है

उसका घर एक कोठरी एक बरामदा है
उसमें बीवी औ, पाँचों बच्चे रहते हैं
वह भी रहता है रहता क्या है कोने में
बैठा अक्सर बेमतलब सर खुजलाता है

बच्चों को दोनों वक़्त दाल-रोटी देकर
सर झुका दयाशंकर की बीवी कहती है
तुम भी खा लो थाली को वहीं फर्श पर रख
वह बड़े नेम से हर लुकमा चबलाता है

बच्चे छोटे हैं इतने छोटे मगर नहीं
किससे मिलकर रहना चाहिए डरकर किससे
वे ख़ूब समझते हैं कब क्या कहना चाहिए
हाँ बच्चा है तो वह है जो तुतलाता है

उस रोज़ रात को बिस्तर पर कुछ शरमाकर
मुंशी की बीवी ने मुंशी से कहा सुनो
मेरा मन पूआ खाने को जब करता है
तब मुझको यह होना मुश्किल दिखलाता है

यह बात दयाशंकर ने दुःख के साथ सुनी
वह सात जनों के लिए कहाँ पूआ लाते
वह चुप होकर के लेट रहे इसलिए कि वह
माने बैठे थे पूआ पति घर लाता है

तब ज़रा देर कर इन्तज़ार बीवी बोली
उठ पड़ो अभी हम लोग पका खायें पूआ
बच्चे सोते हैं मीठी नींद झगड़ करके
बस जो तुतला है कभी-कभी अकुलाता है

वह उठी अरे वह कितनी सुन्दर लगती थी
दुबली कोई आवाज़ न होने दी उसने
ऐसे चुपचाप पकाये उसने चार पुए
जैसे पूआ ही मधुर मिलन कहलाता है

दोनों अपने-अपने हिस्से के पूए ले
जैसे थे जहाँ वहाँ पर बैठे खाते हैं
इतने में सब बच्चे एकदम से जगते हैं
उठ पड़ते हैं मुसकाते हैं सो जाते हैं।

लोग भूल गये हैं-से

अरे अब ऐसी कविता लिखो

अरे अब ऐसी कविता लिखो
कि जिसमें छन्द घूमकर आय
घुमड़ता जाय देह में दर्द
कहीं पर एक बार ठहराय

कि जिसमें एक प्रतिज्ञा करूँ
वही दो बार शब्द बन जाय
बताऊँ बार-बार वह अर्थ
न भाषा अपने को दोहराय

अरे अब ऐसी कविता लिखो
कि कोई मूड़ नहीं मटकाय
न कोई पुलक-पुलक रह जाय
न कोई बेमतलब अकुलाय

छन्द से जोड़ो अपना आप
कि कवि की व्यथा हृदय सह जाय
थामकर हँसना-रोना आज
उदासी होनी की कह जाय।

लोग भूल गये हैं-से

अभिनेत्री

अभिनेत्री जब बँध जाती है
अपने अभिनय की शैली से
तो चीख उसे दयनीय बनाती है
पुरुषों से कुछ ज्यादा
औ' हँसी उसे पुरुषों से ज्यादा बनावटी

यह इस समाज में है औरत की विडम्बना
हर बार उसे मरना होता है
टूटा हुआ बचाती है
वह अपने भीतर टूट-फूट के
बदले नया रचाती है

पर देखो उसके चेहरे पर
कैसी थकान है यह फैली
हँसने रोने को कहती है
उससे पुरुषों की प्रिय शैली

इन दोनों से कुछ ज़्यादा
औरत का चेहरा कह सकता है
पर क्या उसकी ऐसी आजादी
पुरुष कभी सह सकता है

वह उसे हँसाता रहता है

वह उसे सताता रहता है
वह अपने सस्ते रंगमंच पर
उसे खेलाता रहता है।

औरत का चेहरा है उदास
पर वह करती है अट्टहास
उसके भीतर की एक गरज
अनमनी चीख बन जाती है

वह दे सकती थी कभी-कभी
अपने संग्रह से गुप्तदान
पर दया सरे बाजार वही
खुद एक भीख बन जाती है।

लोग भूल गये हैं-से

स्वच्छन्द लेखक

लोग भूल जाते हैं
दहशत जो लिख गया
कोई किताब में

लोग भूल जाते हैं
झेली थी यातना
जो अपने आप में

अत्याचारी का मुँह
लोग भूल जाते हैं
उसके मुस्काने पर

याद रह जाता है
तब कैसे हँसते थे
बच्चे घर आने पर

पाँच बरस बहुत बरस
होते हैं एक गुलाम
औ' ग़रीब देश में

इतने में गया हुआ
वक्त लौट आता है
एक नये वेश में

हत्या कमज़ोर की
सीधे-सीधे हत्या
गाँव-गाँव होती है

कोई रोता नहीं
हाँ, मारी नहीं गयी
तो विधवा रोती है

पढ़े-लिखे लोगों का
जब दिल बहलाता है
ख़ून किसी और का

करता है आक्रमण
निरक्षर निहत्थे पर
दमन नये दौर का

आज मौन देख रहे हैं
जाता है शासक
हिंसा के रास्ते

कल तक जो व्याकुल थे
सिर्फ़ बोलने की आज़ादी
के वास्ते

सूखी मिट्टी पर वे
भूखों के दावों को
वाणी नहीं देते

देते हैं हथियार
शासक ग़रीबों को
पानी नहीं देते

दोनों मिलकर के यों
नया दमन चक्र यह
प्रेम से चलाते हैं

जो मारा गया है
उसके भी बोली थी
लोग भूल जाते हैं

वह बोली कहाँ गयी?
उस पर बन्दूक ने
लगाया प्रतिबन्ध है

कलम लिये बैठा है
शब्दों की खोज में
लेखक स्वच्छन्द है।

लोग भूल गये हैं-से

आज़ादी

चारों दिशाओं से चारों दिशाओं में
उजड़े घर छोड़कर
दूसरे उजाड़ों में लोग जा रहे हैं
भूख और अपमान की ठोकरें खाकर

इतिहास, पीड़ा का इतिहास उनको बताता है
यह ज़मीन यहाँ से वहाँ तक जुड़ी है
वह उनका घर नहीं
उनके बच्चे ही उनका घर हैं

बहुत बड़े देश में बहुत से मनुष्यों की पीड़ाएँ
अगर उसे बड़ा नहीं करती हैं तो ज़मीन को
उसके हत्यारे छोटा कर देते हैं
बेचकर विदेश में भेजने के लिए

ये पहाड़, जंगल, मिट्टी के मैदान हरे
छोटे हो रहे हैं जो इतिहास में बड़े देश के प्रमाण थे
इनकी विशालता का कोई गुणगान अब सुन नहीं पड़ता
देश के बड़े देश होने का गौरव अब
व्यक्ति की विदेश में प्रतिष्ठा बढ़ाता है
देश में बर्बरता
हत्याएँ चीथड़े ख़ून और मैल आज भारतीय संस्कृति के मूल्य हैं
और दया करते हैं लोग यह मानकर कि कष्ट अनिवार्य है

दया के पात्र को :
लूट ने ज़मीन के अन्दर तक मिट्टी को तोड़ दिया है
उसमें कहीं एक बीज था
उसे उठा लें अपने हाथ में
और वह मिट्टी भी :
हम अपना भूगोल ही भूल गये हैं
हर हत्या हमसे कुछ दूर हुई दिखती है
जब कि वह हमारे बहुत पास में हुई है
हत्याएँ याद रह जाती हैं लाशों के चेहरे नहीं याद रहते
उनकी ज़िन्दा तस्वीरें कम छपी थीं
वही बार-बार दीख पड़ता है रूपवान चेहरा जो
लाशों के पास अफसोस में खड़ा था
दिन ब दिन जानते जाते हैं हम वह हमारा चेहरा नहीं

आज यही कफ़नढके चेहरे हैं एक साथ रहने के
बचेखुचे कुछ प्रमाण और इन्हें जो याद रख नहीं सकते हैं
वे ही समाज पर राज कर रहे हैं
चेहरे के बिना लोग
कल किसी और बड़े देश के गुलाम हो जायेंगे।
हम अपने देश के उजाड़ों में खोजते रहेंगे अपना चेहरा
—आज़ादी!

लोग भूल गये हैं-से

समाधि लेख

आज महाकवि की कविताएँ
छाप रहे हैं महाप्रकाशक।

अलग-अलग विषयों पर ये
कविताएँ छह खण्डों में होंगी
एक साथ सब ग्रन्थ मँगायेंगे
तो बहुत रियायत देंगे
पाठकगण सन्देह मत करें
कविता इसी तरह बिकती है
कुछ कवि लिखते भी ऐसे हैं
कुछ को हम यों कर देते हैं।

एक साथ सम्पूर्ण महाकवि
कोई पढ़ता नहीं, पढ़े तो
उसमें कुछ चटपटा नहीं रह
जाता, बस बचता विषाद है।
एक साथ ही अगर चाहिए
तो वह भी हमने छापा है
लिखा महालोचक ने कवि पर
पूरे का सारांश दे दिया
उस पर अपना भाष्य किया है
ब्योरे का कुछ काम ही नहीं।
"मेरी कविता में ऊषा के

भीतर मेरी मृत्यु भी लिखी
चिड़िया के भीतर है मेरी
राष्ट्र भावना, बच्चों में दुःख।
माना सब कुछ गबड़सबड़ है
पर मैंने यों ही देखा था,

नारी चिड़िया देश जागरण
बच्चा प्रकृति दुःख वासना
अलग-अलग डिब्बों में मेरी
पीड़ाएँ मत बन्द कीजिए
जिन्हें एक में मिला-जुलाकर
मैंने की थी ये रचनाएँ।"

यह कहने आ नहीं सकेंगे
चले गये हैं स्वर्ग महाकवि
बचे रहे हैं कुशल मूर्तियों
और मकबरों के निर्माता।

कुछ पते कुछ चिट्ठियाँ-से

गुलामी

मनुष्य के कल्याण के लिए
पहले उसे इतना भूखा रखो कि वह और कुछ
सोच न पाये
फिर उसे कहो कि तुम्हारी पहली ज़रूरत रोटी है
जिसके लिए वह गुलाम होना भी मंजूर करेगा
फिर तो उसे यह बताना रह जाएगा कि
अपनों की गुलामी विदेशियों की गुलामी से बेहतर है
और विदेशियों की गुलामी वे अपने करते हों
जिनकी गुलामी तुम करते हो तो वह भी क्या बुरी है
तुम्हें तो रोटी मिल रही है एक जून।

एक समय था-से, जनवरी '72

अंग्रेज़ी

अंग्रेज़ी ने अंग्रेज़ी पढ़ाकर प्रजा बनाई
अंग्रेज़ी पढ़ाकर अब हम राजा बना रहे हैं।

एक समय था-से, फरवरी '72

मन्त्री के घर में

इतने बड़े-बड़े कमरे थे जिनमें सौ-सौ लोग समायँ
बार-बार जूते खड़काते वर्दीधारी आवें जायँ
घर के भीतर बैठे गृहमंत्रीजी दूध-मिठाई खायँ
बाहर बैठे हुए सबेरे से मिलनेवाले जमुहायँ
मुंशी आया आगे-आगे पीछे मन्त्री दर्शन दीन्ह
किया किसी को अनदेखा तो लिया किसी को तुरतै चीन्ह

एक समय था-से

मेरी चीख़

मृत्यु के भय से
मैं करता रहता हूँ
निर्दलीय चीत्कार
दल बिखरते दलों के नेता
विरोधी पाखण्ड कोलाहल
मेरी चीख़ बनकर रह जाती है निरा काव्य।

एक समय था-से

❑❑